ABRÉGÉ
DE
GRAMMAIRE HÉBRAÏQUE

BIBLIOTHÈQUE DES TEXTES PHILOSOPHIQUES

SPINOZA

ABRÉGÉ
DE
GRAMMAIRE HÉBRAÏQUE

Introduction, traduction française et notes

Joël Askénazi

et

Jocelyne Askénazi-Gerson

Troisième édition augmentée

LIBRAIRIE PHILOSOPHIQUE J. VRIN

6, Place de la Sorbonne

PARIS V^e^

Imprimé en France
ISSN 0249-7972
ISBN 978-2-7116-0688-7

www.vrin.fr

INTRODUCTION

« … Enfin vous croyez que les citations de l'Évangile de Jean et de l'Épître aux Hébreux contredisent mes paroles ; c'est que vous essayez de comprendre les phrases d'une langue orientale selon les tournures européennes : quoique Jean ait écrit son Évangile en grec, il n'en est pas moins vrai qu'il hébraïse. Quoi qu'il en soit, croyez-vous que lorsque l'Écriture dit que Dieu s'est manifesté dans un nuage ou qu'Il a résidé dans le Tabernacle et dans le Temple, Dieu Lui-même ait, en vérité, pris la forme[1] d'un nuage, du Tabernacle, du Temple ?… »

Spinoza, *Lettre LXXV à Oldenburg*, *in fine*

« Quels qu'aient été le moment et les circonstances de son apparition dans l'échelle de la vie animale, le langage n'a pu naître que tout d'un coup… Un passage s'est effectué, d'un stade où rien n'avait un sens, à un autre où tout en possédait… L'Univers… a signifié dès le début la totalité de ce que l'humanité peut s'attendre à en connaître. L'homme dispose dès son origine d'une intégralité de signifiant dont il est fort embarrassé pour faire l'allocation à un signifié, donné comme tel sans être pour autant connu. Il y a toujours une inadéquation ente les deux, *résorbable pour l'entendement divin seul…* »

Claude Levi-Strauss, *Introduction à l'œuvre de Marcel Mauss Sociologie et Anthropologie*, Paris, PUF, 1950, p. XLVII-XLIX

« … Et le monde fut créé en hébreu »

Rachi, *Commentaire sur la Genèse*, chapitre II, v. 23

1. « naturam assumpserit ».

Le *Compendium Grammatices linguae hebraeae* fut publié en 1677 avec la première édition des *Opera Posthuma* de Spinoza – il en constituait le cinquième et dernier titre. Nous n'en connaissons pourtant que trois traductions : une en hébreu (1905), deux en anglais (1962-1965, malheureusement parfois un peu approximatives). Et si le *Compendium* a été quelquefois cité ou attaqué au dix-huitième siècle, il faut dire qu'il est pourtant très loin d'avoir connu la célébrité des autres ouvrages de Spinoza. Voire même que de 1880 à 1960 il a été, à quelques exceptions remarquables près, « oublié » par la critique philosophique et linguistique.

L'une de ces exceptions est à trouver chez notre maître Ferdinand Alquié qui, au mois de novembre 1953, lors de son premier cours de l'année universitaire consacré à Spinoza, rappelait l'existence d'un traité ignoré dans la totalité des éditions françaises (dont certaines affirmaient pourtant présenter ses *Œuvres complètes*) et faisait l'hypothèse que la prise en compte de ce texte ne confirmerait pas nécessairement les interprétations en usage du *Traité théologico-politique*, voire de l'*Éthique*.

Nous eûmes à ce propos, dans les mois qui suivirent, plusieurs discussions passionnantes avec Ferdinand Alquié, qui nous décidèrent à entamer la traduction de l'ouvrage. Tout au long d'une recherche qui s'avéra d'autant plus ardue qu'elle nous amenait à reconsidérer des pans entiers de l'œuvre spinoziste et s'étendit sur dix années pleines, Monsieur Alquié ne cessa de nous encourager, nous indiquant avec une intuition sans faille les plus importantes des lignes de recherche autour desquelles nous avons ordonné les notes critiques de la traduction et les questions abordées dans cette introduction.

Notre dette est immense. Ce travail lui est donc respectueusement dédié, en témoignage de reconnaissance pour son enseignement, sa confiance, ses conseils bienveillants et sagaces, tout ce qu'enfin nous aura appris la réinsertion, qu'il nous fallut opérer contre les avis dominants, du *Compendium* dans l'œuvre spinoziste.

Si l'on en croit l'« Avertissement au lecteur », c'est à la demande de ses amis hébraïsants que Spinoza commença de rédiger cette grammaire. Certains indices[1] permettent effectivement de soutenir

1. Voir *infra*, chap. VIII, note 92, p. 98.

qu'il s'agissait primitivement d'un cours de langue hébraïque dispensé à un groupe de disciples, mais aussi de supposer qu'il n'était pas destiné à la publication sous cette forme. La préface latine des *Opera Posthuma* nous indique que Spinoza aurait décidé, en cours de route, de lui donner la « forme géométrique » de l'*Éthique*. Mais l'ouvrage est resté inachevé : il y manque la rédaction de la syntaxe, à laquelle Spinoza renvoie le lecteur à plusieurs reprises, et, toujours selon la préface latine, une présentation où Spinoza aurait rappelé un certain nombre de caractéristiques de l'hébreu, déjà évoquées au chapitre VII du *Traité théologico-politique*.

D'un point de vue purement linguistique les trente-trois chapitres rédigés du *Compendium* soulèvent donc déjà deux questions intimement liées.

En premier lieu : pourquoi Spinoza n'a-t-il pas renvoyé ses disciples désireux d'apprendre l'hébreu aux grammaires existantes, qu'il connaissait, qu'il cite et qui, rédigées en latin par des érudits juifs ou chrétiens, permettaient d'acquérir une connaissance suffisante pour aborder l'étude des textes de l'Ancien Testament ?

En second lieu : l'explication de la grammaire hébraïque que propose le *Compendium* n'est-elle en réalité, comme pourrait le faire supposer sa terminologie très particulière, que la projection du Spinozisme sur la langue hébraïque, projection militante de nature à légitimer une lecture « antithéiste plate » du T.T.P ? ou, au contraire, comme nous essayons de le montrer dans la présente introduction et dans les notes critiques de la traduction, cette explication constitue-t-elle historiquement la première approche véritablement scientifique et systématique de la langue hébraïque, à travers une méthodologie que retrouveront, sur plusieurs points essentiels mais vraisemblablement sans toujours s'en apercevoir, les philosophes du langage et les linguistes modernes ?

Ferdinand Alquié, dans sa préface à la première édition de 1968, résumait d'autre part superbement ainsi, en pages 9 et 10, les questions philosophiques posées par le texte : « Au chapitre V, Spinoza déclare que les mots hébreux, contrairement aux mots latins, ont presque tous la valeur et les propriétés du nom. Le nom est *un mot par lequel nous signifions ou indiquons quelque chose qui tombe sous l'entendement.*

Or, ce qui tombe sous l'entendement, ce sont, d'une part *des choses, leurs attributs, leurs modes et leurs relations*, d'autre part *des actions, ainsi que leurs modes et leurs relations*. Voici déjà des termes qui éveillent l'intérêt de tout historien du spinozisme. Le chapitre X nous apprend, en ce sens, que les prépositions sont des noms, et peuvent avoir un pluriel. Ainsi, le pluriel de *entre* nous fait connaître, *non pas la relation d'un chose individuelle avec une autre*, mais les *intervalles*, c'est-à-dire les *lieux* ou les *temps*, *intermédiaires* entre les choses…

Ailleurs, Spinoza considère le rapport des modes et du temps, et met en lumière le lien, pour lui essentiel, de la temporalité et de l'actualité. Ainsi tout participe *dégénère* [1] en adjectif, c'est-à-dire en idée générale, quand on cesse de considérer la chose comme *affectée dans le présent*. Le participe qui désigne d'abord un homme comptant, c'est-à-dire un homme *qui est occupé à compter en ce moment*, finit par signifier l'homme qui a pour fonction de compter, à savoir un scribe. Et celui qui désigne un homme jugeant finit par signifier un juge. Il est clair qu'en ceci la critique des idées générales, et celle de l'idée de fonction, l'intérêt attaché par Spinoza au concret, et à ce qui, effectivement et réellement, a lieu, sont impliqués.

Et ce n'est pas le seul cas où le *Compendium* nous amène à réfléchir sur la conception spinoziste du temps. Le chapitre XIII nous apprend que les Hébreux n'admettaient, comme *parties* du temps, que le passé et le futur, et qu'ils *ne considéraient le présent que comme un point*. Le présent était pour eux la limite indivisible de deux temps. A la fin du chapitre XIV, il ne sera pas moins intéressant d'étudier ce que dit Spinoza des rapports de l'impératif et du futur : ne savons nous pas que, pour lui, la défense ou l'ordre divins n'ont de sens que comme annonce de ce qui se passera si tel acte est commis ? De tels principes jouent un rôle essentiel dans l'explication spinoziste du péché d'Adam[2].

Au chapitre VII nous trouvons l'idée (appliquée, il est vrai, à l'ensemble des textes) selon laquelle on ne saurait connaître une partie si l'on ne connaît le tout. Le chapitre XII pose le problème de la causalité, et de la conception que s'en faisaient les Hébreux : toute l'interprétation du *Tractatus theologico-politicus* peut être ici mise en question. Le chapitre XX, relatif au verbe réfléchi actif, touche au problème de la cause immanente ».

1. Chapitre XXXIII.
2. Voir *Traité théologico-politique*, chapitre IV.

Un certain nombre de remarques et de digressions du *Compendium* permettent de se faire une idée assez exacte des raisons pour lesquelles Spinoza avait entrepris de formaliser une nouvelle étude de la langue hébraïque. Quels que soient l'érudition et les mérites des grammairiens de l'hébreu qui l'avaient précédé, il y a une différence essentielle entre la tentative de Spinoza et celle des hébraïsants du moyen âge. C'est que les « grammairiens ont écrit la grammaire de l'Écriture, non celle de l'hébreu »[1]. Ils ont posé règles et exceptions comme si les livres de l'Ancien Testament constituaient la totalité des sources de la langue. Or l'Écriture ne constituant qu'une partie de la littérature des Hébreux, elle ne pouvait nous fournir l'ensemble des matériaux nécessaires à l'édification d'une grammaire. Ce n'était d'ailleurs pas son rôle. « Elle avait pour but de nous enseigner les choses, non la langue »[2]. Pour « parler »[3] l'hébreu et non pas seulement le « chanter », le psalmodier, il faut donc atteindre une connaissance « universelle »[4]. Seule cette connaissance universelle nous mettra en possession d'une « méthode sûre », « facile », et nous libérera de toute « hésitation »[5] ou incertitude.

Le chapitre VII du *Tractatus* consacré à l'interprétation de l'Écriture permet d'éclairer ce que Spinoza entend par « connaissance universelle » de la langue hébraïque. Cette connaissance universelle suppose la possession de « données et principes certains »[6]. Dans ce but il faut s'attacher à la découverte des réalités les plus universelles et communes, de leurs lois et de leurs règles, pour aboutir par degrés à partir de ces fondements aux autres choses moins universelles. Cette méthode n'exige rien d'autre que la lumière naturelle. La nature et la vertu de cette lumière consistent en ce qu'elle déduit et conclut par voie de légitime conséquence les choses obscures à partir de celles qui sont connues[7].

En application de cette méthode « fondée sur la seule vertu de l'entendement »[8] le *Compendium* va s'efforcer de définir ces notions

1. *Infra*, chap. VII, p. 80 et chap. XVII, p. 156.
2. Chap. XV, p. 147.
3. Chap. V, p. 60.
4. Chap. VIII, p. 88.
5. Chap. XXXI, p. 218.
6. Spinoza, *Œuvres complètes*, « Bibliothèque de la Pléiade », Paris, Gallimard, p. 769.
7. *Ibid.*, p. 784.
8. *Ibid.*, chap. V, p. 744.

communes, ces « fundamenta »[1], qui caractérisent l'hébreu, d'établir des règles, d'inférer des lois, d'expliquer la morphologie, de comprendre la syntaxe. Dès le premier chapitre qui traite des lettres – c'est-à-dire des consonnes – et des voyelles, de premières définitions font apparaître les problèmes que pose la structure de la langue hébraïque.

La *lettre* est le signe d'un mouvement de la bouche. Ce mouvement varie en fonction des organes d'émission du son entendu : gosier, lèvres, palais… La *voyelle* indique, quant à elle, un son fixe et déterminé. Lettres et voyelles sont donc radicalement différentes. Cette distinction se marque concrètement par le fait que seules les consonnes ont été primitivement transcrites, les voyelles étaient sous-entendues, non exprimées graphiquement dans les textes. C'est pourquoi, rappelle Spinoza, les Hébreux disent que « les voyelles sont l'âme des lettres », et les lettres sans voyelles « des corps sans âme ». Comparaison capitale qu'il nous faut maintenant expliquer pour en saisir l'immense portée.

« Les voyelles sont l'âme des lettres ». Les consonnes sont donc le squelette, la matière des mots. Les voyelles mettent en mouvement le texte, lui donnent un sens. Sans elles, le texte est littéralement muet, inexpressif. Mais les mots ne sont nullement mutilés. Imprononçables, ils ne sont pas pour autant inintelligibles. En effet les racines des mots hébraïques ne sont constituées que par ces consonnes. Aucun mot hébreu ne commence par une voyelle. Préfixe et suffixes supposent également une base consonantique. Il est donc possible de déceler immédiatement dans un texte non vocalisé la racine d'un mot, constitué en général de trois consonnes, quelquefois de deux. La relative fixité de l'ossature du mot constitué par la racine a permis – tant que l'hébreu fut une langue parlée – de négliger les inconvénients que pouvait faire naître le fait de ne pas noter graphiquement les voyelles sur le texte.

Mais les textes resteraient définitivement incompréhensibles à celui qui ignorerait le système vocalique de l'hébreu et qui ne se trouverait donc que devant une suite de consonnes. « Il y a bien une tradition des Juifs – note incidemment Spinoza – que dans notre méthode nous sommes obligés de supposer pure de toute corruption, c'est la signification des mots de la langue hébraïque, puisque nous la tenons d'eux… »[2]. Cette tradition, orale jusqu'aux premiers siècles de l'ère chrétienne, fut fixée vers le VIIe siècle par des savants juifs galiléens. Le

1. *Compendium*, chap. I, *infra*, p. 35.
2. *Tractatus*, chap. VII, « Bibliothèque de la Pléiade », Paris, Gallimard, p. 777.

travail des écoles dites *de Tibériade* aboutit alors à créer un système de signes indiquant la vocalisation des consonnes – points ou traits placés selon le cas au-dessus, au-dessous, ou à gauche des consonnes – mais aussi certaines modalités de la prononciation des consonnes, la division syllabique, le ton, la liaison des mots entre eux, les pauses, la modulation. En d'autres termes le texte biblique, composé jusqu'alors d'une suite de consonnes espacées en mots, fut assorti de voyelles ainsi que d'accents servant de ponctuation et permettant, en même temps, la cantilation du texte.

Ces quelques notions permettent de comprendre l'enjeu de la fixation du texte biblique. D'une part cette représentation graphique du « souffle des lettres » assurait la sauvegarde du texte hébraïque de l'Écriture ainsi que la survie de la langue, mais d'autre part elle risquait de déterminer, de limiter « l'âme » des textes. S'interrogeant sur la vérité du discours biblique, Spinoza critiquait dans le *Tractatus* le caractère absolu attribué au sens que supposaient la vocalisation et la ponctuation opérées. Dans le *Compendium*, où il s'agit de découvrir les principes de la langue, Spinoza semble au contraire prendre appui sur cette vocalisation des mots ou des groupes de mots, en partant du principe que *la langue est l'expression d'une collectivité, non l'invention subjective d'un auteur*. Qu'on ne s'y trompe pas, il a pourtant complémentarité véritable, sur ce point, du *Tractatus* avec le *Compendium*. Sinon pourquoi Spinoza y aurait-il tenu à préciser que la « langue est conservée à la fois par le peuple et par les érudits » et qu'il « n'a pu venir à l'esprit de personne de corrompre une langue » ?

Découvrir les principes de la langue compte tenu des définitions données au chapitre Ier du *Compendium* c'est donc découvrir les lois de la vocalisation des mots de l'hébreu. C'est de façon plus approfondie se demander quelles raisons peuvent rendre nécessaires l'augmentation des consonnes de la racine ou la disparition de certaines d'entre elles, augmentation ou diminution qui déclenchent les modifications de voyelles à l'intérieur des mots. Spinoza découvre, *ce que nul grammairien n'avait fait avant lui*, que pour savoir, de façon certaine, comment vocaliser les consonnes des mots d'une langue sémitique, il faut comprendre pourquoi[1] la racine puis le radical (racine vocalisée) se

1. « qua ratione », voir *infra*, chap. V, *in fine*.

modifient. De façon plus précise, nous dirons qu'*il met en lumière l'unité indissoluble de la morphologie et de la syntaxe*. Il montre ainsi qu'en hébreu la syntaxe est littéralement morphologie, c'est-à-dire *raison des formes grammaticales*.

Afin de vérifier l'originalité et la fécondité linguistiques de la recherche spinoziste, nous prendrons comme exemple les explications données dans le *Compendium* sur la relation génitivale appelée en hébreu *état de régime* ou *état construit*.

Le chapitre VIII du *Compendium* qui traite de cette question commence par la définition suivante : « Les choses sont exprimées ou bien de façon absolue, ou bien en relation avec d'autres choses. Dans ce dernier cas, la relation a pour but de les indiquer de façon plus claire et plus expressive. Par exemple : *Le monde est grand*. Dans cette phrases, le terme *monde* est exprimé à l'état absolu, mais dans la phrase : *Le monde de Dieu est grand*, le terme *monde* est à l'état relatif, état qui l'exprime de façon plus efficace[1] ou l'indique de façon plus claire ».

Signalons, à propos de cette définition, une caractéristique de construction. En latin dans *mundus Dei*, c'est le complément (*Dei*) du nom (*mundus*) qui est modifié. En hébreu, dans une formule comme *le monde de Dieu*, c'est le nom *monde* qui est à l'état de régime et qui subit une modification de voyelle. Le complément de nom *Dieu* reste inchangé. Ainsi donc la clarté et *l'efficacité* dans l'expression d'une réalité, en relation à autre chose, entraînent une modification morphologique, celle-ci étant consécutive à la relation exprimée. Et nous voudrions, avant d'en venir aux explications de Spinoza sur les modifications de l'état construit, confronter la définition qu'il donne à celles proposées par deux grammairiens modernes.

La première insiste sur la subordination du terme mis en relation, cette subordination expliquant la transformation morphologique dont nous avons parlé.

« Un nom, écrit Paul Joüon[2], peut être employé en liaison étroite avec un autre nom pour exprimer une idée de possession, d'appartenance, etc. Ce rapport est exprimé en hébreu par la simple union étroite des deux noms… Les deux noms forment une unité phonétique

1. « efficacius ».

2. *Grammaire de l'Hébreu biblique*, Rome, 1947, p. 220.

consécutive à l'unité logique. Le premier nom est appelé *nom régissant* (nomen regens) le second *nom régi* (nomen rectum). Le premier nom est dit à l'*état construit* parce qu'il s'appuie phonétiquement sur le second comme une construction sur sa base. Le contraire de l'état construit est *l'état absolu* ».

On retiendra de cette explication que la mise en union phonétique du nom régissant et du nom régi renvoie à une mise en union logique, syntaxique : la liaison phonétique entraîne pour le nom régissant un déplacement et une diminution du ton, et l'un des effets de cette diminution de ton est l'abréviation ou la disparition de certaines voyelles du « nomen regens ». Joüon retrouve donc ici, très exactement, la caractérisation spinoziste.

S'efforçant de préciser cette relation syntaxique, Michaeli[1] souligne quant à lui l'expression d'une *totalité*. « Deux mots qui se déterminent l'un à l'autre deviennent inséparables, ils se construisent ensemble, n'ont plus qu'un accent tonique et pratiquement ne forment plus qu'un terme. On ne peut rien mettre entre le déterminant et le déterminé… Il s'agit désormais d'une unité globale et indivisible… La forme du premier mot est dite à *l'état construit* parce qu'elle est une abréviation de *l'état absolu* afin d'articuler étroitement ce mot au suivant. Le plus remarquable, c'est que, pour ajouter un possessif au premier mot, on l'ajoute en réalité au second qui en fait partie intégrante. De là, les fréquentes expressions comme : *la montagne de ma sainteté* pour dire : *ma montagne sainte*, *le Dieu de ma justice* pour : *mon Dieu juste* ».

L'idée de totalité qu'exprime pour ce dernier auteur l'état construit est parfaitement exacte du point de vue d'une réflexion sur la *représentation* portée par la structure de la langue hébraïque.

Mais il ne faut pas perdre de vue qu'il s'agit d'une totalité construite, d'une totalité *artificielle* – dans un sens analogue à celui où Hobbes emploie le qualificatif. Et donc souligner que l'étude phonétique et morphologique conduite par Spinoza permet de comprendre que la totalité construite doit s'entendre beaucoup plus comme une *union* (avec ses risques) que comme une *unité* (essentielle).

Pour délimiter le champ d'application de l'état construit, Spinoza va s'interroger sur l'origine des modifications morphologiques – modifications de voyelles – que subit le *nom régissant* exprimé à l'état

1. *Grammaire hébraïque et Théologie biblique*, Montpellier, 1960, p. 153.

construit. Selon quelles lois les mots passent-ils de l'état absolu à l'état construit ? Spinoza l'indique après avoir, toujours au chapitre VIII, illustré sa définition de l'état construit à l'aide de quelques exemples de modification.

Il commence par rappeler « que les terminaisons הָ (AH) ou ת (Th) au singulier et וֹת (OTh) au pluriel, qui marquent en hébreu le féminin, appartiennent en propre aux adjectifs et aux participes. Car le même nom-adjectif est attribué tantôt à un mot masculin, tantôt à un mot féminin. C'est la raison pour laquelle des noms-adjectifs doivent avoir les deux terminaisons. Mais cette règle n'est pas applicable aux substantifs. Et donc seul l'usage a fait que l'on rapporte toujours au féminin les substantifs terminés en ה (H) ou ת (Th), substantifs qui pourtant n'expriment ni mâles ni femelles ».

Autrement dit, dans les substantifs qui expriment des êtres mâles ou des êtres femelles, le genre n'est indiqué par aucune désinence caractéristique. Il existe pourtant, en hébreu, une terminaison propre au féminin singulier et au féminin pluriel. Cette terminaison, explique Spinoza, ne concerne primitivement que les adjectifs et les participes : ces derniers, en hébreu, s'accordent en genre et en nombre avec le sujet auquel ils se rapportent. Si donc on rencontre un substantif féminin qui possède la terminaison caractéristique du féminin (H pour le singulier, Th pour le pluriel), ce n'est pas parce que cette caractéristique est commune aux substantifs, aux adjectifs et aux participes, mais parce qu'il s'agit de substantifs formés à partir d'adjectifs féminins, ou encore parce que l'usage a attribué le genre féminin aux substantifs qui se terminaient comme les adjectifs féminins.

La morphologie de la langue hébraïque nous enseigne donc, si l'on suit le raisonnement de Spinoza, que le genre s'appréhende directement et n'est exprimé par aucun signe pour les choses qui par nature sont mâles ou femelles, les désinences ne s'ajoutant aux noms (adjectifs ou participes) que lorsque le genre n'exprime pas la nature des choses mais leur est attribué[1].

1. Spinoza cite à ce propos l'avis d'un grammairien juif ; voir *infra*, note 6 du chap. VII. On pourrait établir, par la relecture de nombreux passages, son insistance à ne fonder de conclusions que sur des bases purement grammaticales. Laquelle invalide les suppositions (par exemple celles de Sylvain Zac dans *Spinoza et l'Interprétation de l'Écriture*) d'une « subjectivité » spinoziste à propos de la langue hébraïque.

Ce qui vient d'être dit des désinences du masculin et du féminin qui, originairement, sont celles des adjectifs et des participes, introduit les explications de Spinoza sur le champ d'application de l'état de régime.

« De même que les terminaisons des substantifs ont eu pour origine celles des adjectifs et des participes, ainsi les changements [vocaliques] que subissent les noms à l'état de régime ont pour origine les modifications des infinitifs et des participes. En effet, tous les noms hébraïques (et ceci est connu de tous les hébraïsants) sont formés selon des modèles verbaux. Ajoutons que le premier et principal usage du nom substantif est de faire connaître les choses de façon absolue et non en relation avec d'autres choses. Il en est de même pour les noms propres, qui eux ne se trouvent jamais à l'état de régime. Par contre les actions se comprennent difficilement sans relation d'agent ou de patient, aussi les trouve-t-on très rarement exprimées à l'état absolu »[1].

Spinoza met l'accent sur la similitude morphologique des modifications que subissent les infinitifs, les participes et les substantifs à l'état de régime. Cela l'amène à préciser que primitivement les substantifs ne connaissent que l'état absolu, et que l'état de régime n'exprime qu'une connaissance relative des choses. Ce sont les actions et non les choses qui, pour être comprises, ont besoin d'être mises en relation avec d'autres choses. A la limite jamais un nom propre ne sera exprimé autrement qu'à l'état absolu.

Mais Spinoza ne se contente pas de définir l'état de régime et de citer des exemples de cette construction. Il met en évidence les conséquences morphologiques et syntaxiques qui peuvent s'en déduire, lesquelles vont nous permettre de *vérifier récursivement* la justesse de son analyse.

Voyons tout d'abord les conséquences morphologiques. Si les terminaisons des substantifs en ce qui concerne le genre féminin ont pour origine les terminaisons des adjectifs et des participes, il est donc permis d'employer comme terminaison féminine du substantif, non seulement la terminaison féminine caractéristique des adjectifs, mais aussi celle des participes, même si dans la Bible il n'y a pas d'exemple de cet usage[2].

1. Spinoza évoque par là les *noms d'action*.

2. Chap. VI, p. 70 et 71, note 14b.

Or il est caractéristique qu'il ne s'agisse nullement d'une simple hypothèse. La forme proposée par Spinoza au chapitre VI du *Compendium* est en effet inusitée dans les textes sacrés… mais a été employée par un écrivain juif du XVe siècle[1].

D'autre part, puisque les modifications de voyelles que subissent les noms substantifs à l'état de régime tirent leur origine de celles des *infinitifs* et des participes[2], puisque l'on peut constater la similitude morphologique des infinitifs et des *adjectifs*[3], puisque, de même, lorsque des substantifs sont employés avec fonction d'infinitifs[4], ce sont des substantifs à terminaison féminine[5], il est légitime d'assimiler les terminaisons de l'état de régime à celles du féminin[6].

Enfin la forme de l'état de régime et son sens intensif se retrouvent aussi dans les prépositions[7].

Dès lors les conséquences syntaxiques de l'analyse précédente prennent tout leur sens. Puisque tous les mots hébreux (substantifs, adjectifs, infinitifs, prépositions) subissent de telles modifications et obéissent aux mêmes lois de transformation des voyelles, puisque d'autre part la relation génitivale n'est nullement limitée aux substantifs, *il n'existe pas de parties du discours et tous les mots hébreux sont des noms*[8]. Pour ne l'avoir pas compris, les grammairiens[9] ont cru à des irrégularités[10].

1. Rabbi Isaac Abravanel (*Commentaire sur le chap. IX des Juges*) cité par Elieser ben Iehuda, *Thesaurus…*, vol. IX, p. 4.430, Jérusalem, 1952-1953.

2. *Supra*, p. 22.

3. *Infra*, chap. XIII, p. 132.

4. *Infra*, chap. XIII, p. 136.

5. Sur ce point encore les recherches modernes ont confirmé les conclusions de Spinoza. Voir par exemple A. J. Wensinck, *Some aspects of gender…*, Amsterdam, 1927, p. 20.

6. *Infra*, chap. VIII, p. 88, notes 30 à 41.

7. *Infra*, chap. X, p. 108-109 et notes 4 et 5.

8. *Infra*, chap. V, p. 65-66.

9. Les grammairiens antérieurs à Spinoza, Ibn Djanah, Ibn Ezra, David Kimhi, Buxtorf admettent le verbe comme partie du discours distincte du nom. Ils ne peuvent mettre en évidence des lois de la vocalisation communes à tous les mots hébreux, et signalent à plusieurs reprises irrégularités et exceptions. Profiat Duran, aux chapitres 9 et 10 de sa grammaire (*Maasé Ephod*), ne parlera lui que de noms à propos des mots hébreux, insistera sur l'analogie du nom commun et de la substance, des noms d'action et de l'accident.

10. Lors d'une séance de recherches à la Sorbonne, le 23 février 1962, Monsieur Alquié avait insisté à notre intention sur la portée philosophique et épistémologique du lien entre l'affirmation selon laquelle tous les mots hébreux sont des noms et la négation du concept d'irrégularité, puis souligné le parallélisme entre cette inférence de Spinoza et les thèmes majeurs de son ontologie : « Une des idées dominantes de Spinoza est que les grammairiens,

Ce que l'on entend généralement par verbe ne peut s'appliquer à la langue hébraïque. Les infinitifs se modifient comme les noms[1]. Le présent n'était pas considéré par les Hébreux comme pouvant être représenté, ainsi que le sont passé et futur (chapitres XIII et XXXIII). Le futur dérive de l'infinitif à l'état de régime[2]. Le passé est une forme adjectivale[3].

La seule distinction grammaticalement fondée à l'intérieur du discours hébraïque est donc la distinction entre le nom commun et le nom propre : le nom propre n'exige pour être compris aucune détermination (qu'elle soit génitivale ou indicative)[4], il ne subit aucune modification de consonne ou de voyelle.

Le *Compendium*, inachevé, ne nous permettrait que difficilement de poursuivre cette analyse si un texte du *Tractatus* ne montrait comment, pour Spinoza, l'élucidation de la grammaire hébraïque répondait non seulement à un souci de clarté et de certitude, mais encore à une exigence spirituelle.

« Dieu (*Exode*, chap. VI, v. 3) dit à Moïse[5] : *Je me suis révélé à Abraham, à Isaac et à Jacob en tant que Dieu Chadaï, mais ils ne m'ont pas connu sous mon nom de Jéhovah.*

El Chadaï signifie en hébreu le Dieu qui suffit car Il donne à chacun ce dont il a besoin… D'autre part, on ne trouve jamais dans l'Écriture d'autre nom que *Jéhovah* pour indiquer l'Essence absolue de Dieu sans relation aux choses créées. C'est pourquoi les Hébreux affirment que

avant lui, *ont cru irrégulières beaucoup de choses parfaitement régulières* (début du chapitre V). Et, tout au long du *Compendium*, Spinoza s'élève contre la notion d'exception. Comment ne pas rapprocher ce souci de celui qui anime le philosophe lorsqu'il considère les lois de la nature comme universelles, proclame leur nécessité, affirme que rien, même dans l'apparence des miracles, ne peut se produire en dehors d'elles, et contrairement à elles ? ». Double et féconde remarque qui nous encouragea à traquer (le mot n'est pas trop fort), au delà des significations morpho-syntaxiques de la définition spinoziste du discours hébraïque, les implications non négligeables qui pouvaient en être dégagées, s'agissant de la compréhension de plusieurs autres textes de Spinoza.

1. Page 89, note 47.

2. Pages 142 et 143, note 36.

3. Cf. *supra*, note 19. Voir aussi A. J. Wensinck, *op. cit.*, p. 12.

4. Page 89, note 48. Voir aussi p. 67, 96, 100, 107.

5. Nous avons retraduit à partir du texte latin (sur B.D.S. *Opera*, Van Vloten et Land, 1895, t. II, p. 103). L'édition de la Pléiade (*Œuvres Complètes*, *op. cit.*, p. 854-855) comportait en effet de nombreuses inexactitudes.

c'est le seul Nom propre de Dieu [1], les autres noms n'étant que des noms communs [2]. Effectivement les autres noms de Dieu, qu'ils soient substantifs ou adjectifs, sont des attributs qui ne s'appliquent à Dieu que dans la mesure où Il est considéré en relation avec les choses créées, ou en tant qu'Il se manifeste à travers elles… Par conséquent, lorsque Dieu dit à Moïse que les Patriarches ne L'ont pas connu sous le nom de Jéhovah, il suit de là qu'ils n'ont connu aucun attribut de Dieu, attribut expliquant Son essence absolue. Ils n'ont connu que Ses effets et Ses promesses, c'est-à-dire Sa puissance en tant qu'elle s'est manifestée par l'intermédiaire de choses visibles ».

Ce texte nous amène à introduire une seconde distinction à l'intérieur de la classification entre noms communs et noms propres. Le texte biblique, que Spinoza n'ignorait pas, nous invite à séparer le Nom propre de Dieu des autres noms propres. Il nous indique en effet bien les consonnes du Nom divin Y H W H [3], mais les voyelles *o* et *a* que la tradition rabbinique a ajoutées, de façon tout à fait réfléchie, à ces consonnes ne nous renseignent en rien sur la vocalisation « véritable » – ce sont simplement celles du mot hébreu qui signifie « Seigneur » [4].

Ce qui sépare le nom propre divin des autres noms propres, c'est qu'Il n'est donné dans le texte biblique que comme un ensemble de consonnes. Comment comprendre le sens de cette absence de vocalisation ? A Moïse qui interroge Dieu pour connaître Son Nom, Dieu répond : « Je suis Ce que Je suis » [5] et « Voici mon nom pour l'éternité » [6]. Se référant à la racine hébraïque du mot *éternité*, racine qui signifie « cacher », et s'appuyant sur le fait qu'il manque dans le verset une consonne à ce terme, le Talmud [7] interprète la réponse de Dieu comme signifiant « Mon nom doit demeurer caché ». Le Midrach [8] fait remarquer que c'est la *prononciation* du Tétragramme qui est cachée

1. Wolfson (*The Philosophy of Spinoza…*, t. I, p. 144) indique comme sources vraisemblables Maïmonide, *Le Guide des Égarés*, t. I, chap. 61, et Juda Halévi, *Le Kuzari*, II, 2. La source la plus directe de Spinoza réside sans doute plutôt dans le *Commentaire* d'Abraham Ibn Ezra consacré au *Livre de l'Exode*, chap. III, v. 15 (voir *infra*, note 48 du chap. VIII).

2. *Apellativa*.

3. Transcrit par Spinoza J H V H.

4. *Cf.* A. Neher, *Amos…*, Paris, Vrin, 1950, p. 10.

5. Plus exactement encore : « Je serai Ce que Je serai », *Exode*, chap. III, v. 14.

6. *Ibid.*, v. 15.

7. *Traité Kiddouchine*, p. 71a.

8. Midrach Rabba sur l'*Ecclésiaste*, chap. III, v. 11.

à l'homme, c'est-à-dire les voyelles vraies – certainement pas le Tétragramme lui-même.

Spinoza souligne que le nom propre de Dieu « indique Son Essence absolue sans relation aux choses créées ». Les recherches du *Compendium* nous indiquent le sens de l'absolu du nom propre divin : les voyelles n'ajoutent rien à son essence – détermination nécessaire à l'homme, elles ne peuvent, en Dieu, être distinguées des consonnes.

Spinoza dira dans *l'Éthique*[1] en termes identiques « Per Deum intelligo ens absolute infinitum ».

A partir du chapitre XII du *Tractatus* Spinoza, après avoir expliqué l'Écriture du point de vue de l'homme (du point de vue du contexte historique), tentait de l'expliquer du point de vue de la vérité, c'est-à-dire de l'Éternité : « La parole éternelle de Dieu, son pacte et la religion vraie sont divinement écrits dans le cœur de l'homme, c'est-à-dire dans la pensée humaine. C'est cette véritable charte que Dieu a scellée de son sceau, autrement dit de son idée, comme d'une image de sa divinité. La religion a été à l'origine offerte aux juifs comme une loi écrite parce qu'ils étaient alors tels des enfants. Mais plus tard Moïse (*Deutéronome*, chapitre XXX, verset 6) et Jérémie (chapitre XXXI, verset 33) leur annoncèrent qu'un temps viendrait où Dieu écrirait sa Loi dans leurs cœurs ».

Spinoza évoque évidemment ici le verset 26 du chapitre I de la *Genèse*, « …Dieu dit : *Faisons l'homme à notre image selon notre ressemblance* ». Mais il s'inspire très étroitement en plus, pour en préciser le sens, d'un commentaire classique de Rachi : « *A notre image* – littéralement *avec notre image* –, cela signifie faisons l'homme *avec le moule que nous avons préparé pour le créer*, faisons l'homme *avec un sceau, comme une médaille fabriquée à l'aide d'un coin. Selon notre ressemblance*, cela signifie *faisons l'homme capable de penser et de comprendre* ».

Les choses se compliquent un peu avec la référence de Spinoza au *Deutéronome*, dont on ne voit pas immédiatement en quoi elle impliquerait une abolition de la loi écrite : « Et le Seigneur ton Dieu circoncira ton cœur ainsi que le cœur de ta descendance, pour aimer le

1. Livre I, Définitions, VI. *Cf.* V. Delbos, *Le Spinozisme*, Paris, Vrin, 1950, p. 51, et F. Alquié, *Nature et Vérité dans la Philosophie de Spinoza*, Paris, C.D.U., 1958, p. 61.

Seigneur ton Dieu de tout ton cœur et de toute ton âme afin que tu vives ».

C'est que ce lien, en relation avec la deuxième citation opérée par Spinoza, nécessite pour devenir explicite le détour par un commentaire de Nahmanide[1] : « Au temps messianiques le fait de choisir le bien sera devenu un phénomène naturel; le cœur n'enviera plus rien de ce qui ne coïncide pas avec le bien. C'est la circoncision du cœur, car l'envie et le désir sont l'incirconcision du cœur. Circoncire son cœur c'est ne plus envier et ne plus être soumis au désir, c'est revenir à ce temps qui précéda la faute d'Adam. Le premier homme faisait alors naturellement ce qui convient et ne désirait pas à la fois une chose et son contraire. Et de même il est écrit dans le *Livre de Jérémie : Voici les jours qui viennent, a dit le Seigneur, où Je contracterai avec la maison d'Israël et la maison de Juda une Nouvelle Alliance. Ce ne sera pas comme celle que J'ai contractée avec vos pères... C'est en eux-mêmes que Je donnerai ma Loi. C'est dans leurs cœurs que Je l'inscrirai* ».

L'idée fondamentale de Nahmanide est ici que la nécessité des devoirs, c'est-à-dire des préceptes religieux, et de leur récompense (le mérite) est liée au désir envieux. Le désir source de faute est manque de discernement, indistinction, ignorance. La faute humaine – la totalité de la faute humaine – réside dans cette transgression du principe de contradiction : *désirer une chose et son contraire*. Aussi bien dans les rapports de l'homme avec la nature que dans ses relations avec autrui.

C'est donc dans ce commentaire que réside la source de la critique spinoziste du désir qui asservit l'homme parce que contre nature, et qui est contre nature parce qu'irrationnel. L'origine de ce désir contre nature est que l'homme assimile à lui-même des êtres ou des choses soit extérieurs à lui soit différents de lui. L'erreur d'Adam, selon Spinoza, fut de prêter au monde animal sa propre nature : « dans la croyance que les bêtes étaient semblables à lui, il se mit aussitôt à imiter leurs sentiments et perdit sa liberté »[2].

Mais ce n'est que lorsque l'homme agit conformément à sa nature qu'il peut éprouver la joie d'exister en vérité : « La satisfaction

1. Philologue, théologien et kabbaliste du XIIIe siècle. Spinoza lui attachait une telle importance qu'il conservait chez lui, à portée de main, une version développée de son exégèse de la Bible, due à Menahem Récanati.

2. *Éthique IV*, scolie de la proposition 68.

intérieure véritable[1] est la joie qui naît de ce que l'homme se considère lui-même et sa puissance d'agir »[2].

Nahmanide, toujours lui, utilisant dans son *Introduction au commentaire de la Genèse* le fait que les consonnes de la *Thora* (du Pentateuque) pourraient être vocalisée d'une façon différente de celle retenue par la tradition, remarquait que si elle est habituellement lue (vocalisée) comme une histoire et un ensemble de commandements, elle serait aussi lisible comme « toute entière faite de Noms de Dieu ».

Du point de vue de l'homme et de son histoire, de ses tentatives et de ses échecs, il y a une *Thora* historique et provisoire qui nous parle d'Adam et d'Eve, des patriarches, de Moïse et des Hébreux. Mais du point de vue d'un homme qui aurait la Loi écrite dans le cœur et donc la comprendrait *en vérité*, les consonnes utilisées représentent un déploiement gigantesque du Nom divin.

L'auteur donne en exemple le premier verset de la Bible, dont la traduction historique est *Au commencement Dieu créa le ciel et la terre*. Avec les mêmes consonnes hébraïques, mais en vocalisant et en identifiant (séparant) de manière différente les unités de langage, on pourrait traduire ainsi : *En tête (en vérité) Dieu se crée, avènement du ciel et avènement de la terre*. Du point de vue historique le verbe créa (*bara* en hébreu) est transitif. Mais dans la lecture de Nahmanide la forme verbale dont il s'agirait appartiendrait à la conjugaison réfléchie (*ytbaré*) et serait intransitive.

Or que dit Spinoza à propos de la conjugaison réfléchie en hébreu ? « ...parce qu'il arrive souvent qu'agent et patient soient une seule et même personne, les Hébreux ont pensé qu'il était nécessaire de former une nouvelle et septième sorte d'infinitifs pour exprimer l'action rapportée à la fois à l'agent et au patient, c'est-à-dire une catégorie d'infinitifs ayant à la fois forme d'actif et de passif... C'est pourquoi il a été nécessaire d'inventer[3] une autre catégorie d'infinitifs qui exprimerait l'action reliée à l'agent ou cause immanente »[4].

1. « acquiescentia in se ipso » : le fait que Spinoza n'ait pas simplement écrit « in se » mais « in se ipso » correspond au fait qu'il ne s'agit pas d'une satisfaction subordonnée à des variabilités personnelles, mais liée à la nature humaine en ce qu'elle a de constitutif.

2. *Éthique III*, définition 25 des *Affections*.

3. « excogitare ».

4. *Compendium*, chapitre XII, *in fine*.

Le sujet du verbe à la forme réfléchie est *cause immanente* de l'action exprimée. C'est par la forme réfléchie « qu'on exprime que l'agent est à lui-même son propre patient, ou plutôt parce que le terme qui suit le verbe n'appartient pas à un cas différent du nominatif de ce verbe »[1]. Si le terme qui suit le verbe n'appartient pas à un cas différent de celui du sujet, c'est que la cause immanente n'est pas transitive mais nominative.

« Dieu, écrit parallèlement Spinoza dans l'*Éthique*[2], est cause immanente, mais non transitive, de toute chose ».

La lecture traditionnelle du premier verset du *Pentateuque* explique Dieu au point de vue de la création, où Il est considéré comme cause transitive du ciel et de la terre. Pourtant, une lecture du même verset au point de vue de la vérité révèle que Dieu n'est pas cause transitive mais *immanente* du ciel et de la terre, puisque dans une telle lecture « ciel » et « terre » ne sont plus compléments directs du verbe « créer », mais apposition au sujet grâce à la conjugaison réfléchie.

Au plan grammatical la cause immanente peut donc être appelée cause réfléchie, ce qui amènera Spinoza à préciser que « Dieu S'aime lui-même d'un amour intellectuel infini »[3].

C'est bien l'origine grammaticale de la définition spinoziste de l'immanence qui nous permet de saisir un passage voisin, lequel resterait énigmatique si l'on s'en tenait aux commentaires les plus en usages. Spinoza écrit en effet dans l'*Appendice* du Livre I que les hommes « ont pris pour certains que les jugements des Dieux dépassent de très loin la portée de l'intelligence humaine. Et cette seule raison, certes, eût suffi pour que la vérité demeurât à jamais cachée au genre humain, si la Mathématique, qui s'occupe non des fins mais seulement des essences et des propriétés des figures, n'avait montré aux hommes une autre règle de vérité. Outre la mathématique, d'ailleurs, d'autres raisons encore (qu'il est superflu d'énumérer ici) ont pu permettre aux hommes d'apercevoir ces préjugés habituels et les amener à la vraie connaissance des choses »[4].

1. Début du chapitre XX.
2. Livre I, proposition 17.
3. *Éthique*, Livre V, proposition 35.
4. *Ibid.*, proposition 37.

Tentant d'expliquer ce texte Martial Guéroult supposa que Spinoza évoquait ainsi « la philosophie de Descartes mathématisant la physique et proscrivant d'elle la considération des causes finales »[1]. Cette hypothèse nous parait quelque peu acrobatique, et se heurte à trois arguments parallèles :

– lorsque Spinoza évoque, en d'autres endroits de son œuvre, les travaux de Descartes, il le fait en des termes directement évocateurs;

– on ne voit pas ce qui ferait dire à Spinoza que la mathématisation de la physique pourrait s'inspirer d'une autre norme de vérité que… la mathématique;

– à supposer même que ces deux premiers arguments ne suffisent pas, pourquoi Spinoza dit-il *outre la mathématique?* La formule d'exclusion est trop nette pour ne pas viser un champ *radicalement différent de celui des mathématiques.*

Dans le *Traité de la Réforme de l'Entendement*, Spinoza recherchait un bien véritable et qui pût se communiquer. Dans l'*Éthique*, il pose que l'homme qui pratique la vertu désire pour les autres hommes le bien qu'il désire pour lui-même. A partir de son expérience malheureuse de la vie communautaire, et dans sa recherche consécutive sur la liberté de pensée et de parole, Spinoza poursuit un but constant : *penser l'homme et les choses du point de vue de l'éternité.* Le principe de la pensée politique de Spinoza est le même que celui de son ontologie et de l'*Éthique :* la vérité est immanente à l'Être, et toute médiation débouche sur un risque d'altération ou d'aliénation.

La genèse de son inspiration ne variera pas : l'Écriture est seconde lecture provisoire de la nature humaine, mais s'avère fondamentalement divine, et naturelle par essence. La nature est avènement éternel de Dieu cause immanente, et elle En révèle l'idée. Selon ce point de vue, parole, chose et ordre ne sont plus distingués, ainsi que le montre une étude sérieuse de la langue hébraïque. Prenant d'un côté pour norme de vérité les mathématiques, Spinoza bannit évidemment les causes finales de l'interprétation de l'Écriture, en séparant le sens des textes de leur vérité immédiate. Mais cela débouche inévitablement, d'un autre côté, n'en déplaise à certains commentateurs, sur l'idée que cette vérité se révèle sans la médiation de preuves extérieures à elle-même : *l'objet*

1. *Spinoza : Dieu* (*Éthique I*), Paris, Aubier, 1968, p. 395.

de connaissance porté par la langue se découvre dans l'étude même de la langue.

Dans une note marginale complexe du T.T.P où il s'étend sur la séparation des pouvoirs entre Moïse et Josué, qui transforma le régime politique des Hébreux, Spinoza évoque le verset 23 du chapitre XXVII des *Nombres*, où l'on apprend que l'ordination politique (mais non religieuse) de Josué eut lieu par « imposition des mains ».

Le verbe signifiant « imposer » qui est employé dans ce verset dérive de la racine S-M-Kh, dont le sens est *s'appuyer sur quelqu'un ou quelque chose, et en même temps les fortifier*. En imposant ses mains sur Josué, Moïse lui transmettait une partie de ses pouvoirs (le fortifiait), mais en même temps s'appuyait sur lui quant à l'administration des Hébreux.

Or c'est à partir de la même racine biblique, S-M-Kh, que les grammairiens juifs ont formé le mot SeMiKhouT, qui désigne le régime du nom ou état construit. Cependant, contrairement aux grammaires hébraïques rédigées en latin dont il se servait, Spinoza privilégie la première appellation (*regimen nominis*) aux dépens de la deuxième (*status constructus*). Ce choix terminologique est révélateur de la découverte par Spinoza d'une identité de structure entre la langue et les institutions politiques des Hébreux telles qu'elles peuvent se voir comprises, l'une comme les autres, à partir de l'Écriture. Réfléchissant dans le *Compendium* sur la morphologie et la syntaxe hébraïques, dans le *Tractatus* sur le régime politique des Hébreux, Spinoza leur découvre, à partir des commentaires classiques, un *sens commun*. Porté par le même terme SeMiKhouT, qui désigne en grammaire le régime du nom et en politique la transmission exécutive, ce sens est l'*efficacité* visée à la fois par les médiations langagières et le transfert du droit naturel des hommes (de leur puissance) à une autorité. Efficacité relative puisque l'imposition des mains n'est viable que si le politique ne contamine pas le religieux, puisque les médiations du discours ne sont utiles que si elles ne sont pas absolutisées, et restent des *moyens*.

Il ne serait pas forcément inintéressant de continuer les illustrations mais le lecteur aura, nous le pensons, déjà compris les principes essentiels de l'approche linguistique spinoziste. Il peut alors, en de nombreux endroits, trouver matière à poursuivre lui-même la réflexion, à partir des notes critiques que nous apportons.

Confirmons donc seulement l'importance des considérations développées par Spinoza à propos de l'hébreu dans le *Compendium* par un dernier exemple : le résultat de leur application à une remarque du *Tractatus* où l'auteur s'efforce, à partir des *Proverbes de Salomon*[1] et du *Deutéronome*[2], de faire comprendre ce en quoi peut consister la « Loi de Dieu ».

Le texte resterait difficilement compréhensible sans référence à l'idée que l'état plein du nom est l'état absolu, l'état de régime impliquant des accommodements ou restrictions.

« Il est à noter que par *vie*, absolument parlant en hébreu on entend la *vie vraie*... », trouve-t-on indiqué dans la plupart des traductions, qui rendent le latin *absolute hebraice* par « absolument parlant en hébreu ». Mais ce que veut en réalité dire ici Spinoza c'est que lorsque le mot « vie » est employé en hébreu à l'*état absolu* il s'agit de la *vie authentique*, de la *vie divine*, plutôt que de la vie au sens étroitement biologique, laquelle peut se voir signifiée par l'*état de régime*. L'idée était déjà présente dans l'*Appendice des Principes de la Philosophie de Descartes*, mais sous une forme qui conduisit nombre d'interprètes du spinozisme à se méprendre : « c'est pour cette raison – parce que Dieu est la vie, et ne se distingue pas de la vie – que les juifs quand ils juraient, disaient : *Par Dieu vivant*[3], et non : *Par la vie de Dieu* ».

A partir du *Compendium* se redessine et s'éclaire l'argument principal du spinozisme : la *vraie* vie fait dépasser les hantises de mort[4], la *véritable* sagesse revient à méditer les possibilités d'une telle vie.

Joël ASKÉNAZI

1. Chapitre XVI, verset 22 (« L'entendement est pour son maître une source de vie... »).

2. Chapitre XXX, verset 19 (« ...Tu choisiras la vie... »).

3. « HaY HaCheM », précise Spinoza ; l'état absolu est *HaY*, l'état de régime serait *HéY*. Il s'agit en fait de la reprise, quasi littérale, d'un passage du *Guide des Egarés* de Maïmonide.

4. Y compris les hantises de mort *culturelles*. Le *réalisme rationaliste* de Spinoza, plus ambitieux que le matérialisme schématique qu'on lui prête trop souvent – jusqu'au mépris de ses propres mises au point, *cf.* la *Lettre LXXIII à Oldenburg* – constitue donc, même si c'est « avant la lettre », le modèle dunc réflexion qui démythifie les pièges du totalitarisme.

INDICATIONS POUR LA PRÉSENTE ÉDITION

Nous avons établi cette traduction du *Compendium* à partir de la deuxième édition latine des *Œuvres* de Spinoza par J. Van Vloten et J. P. N. Land, parue en trois volumes à La Haye en 1895.

Cette édition latine comporte, en ce qui concerne le *Compendium*, quelques remarques additionnelles de Spinoza et quelques corrections proposées par les éditeurs. Nous les avons traduites en notes, indiquant entre parenthèses leur origine et leur auteur.

Dans le chapitre II, Spinoza donne une transcription en caractères latins des lettres de l'alphabet hébraïque. Cette transcription utilise pour certains sons un assemblage de deux et même trois consonnes ; elle reste cependant insuffisante pour le lecteur n'ayant jamais entendu prononcer l'hébreu. C'est pourquoi il nous a semblé préférable d'employer à l'intérieur des notes unes transcription simplifiée des mots et des noms propres hébraïques.

Outre ce souci de simplification, le fait qu'elle est postérieure au XVIIe siècle nous a fait écarter pour ce travail la transcription dite scientifique adoptée par les grammaires modernes.

Les références que nous donnons des citations bibliques comportent le titre abrégé du livre auquel il convient de se reporter (on trouvera la liste complète des différents livres bibliques dans l'index des pages 237 et suivantes), puis un chiffre romain qui renvoie au chapitre, enfin un chiffre arabe qui renvoie au verset.

Quand le livre biblique comporte deux volumes, la mention du titre est précédée d'un chiffre romain correspondant au volume considéré.

Ainsi, page 169, note (7) : *I Rois*, *II*, 31, signifie *Livre I des Rois*, chapitre II, verset 31.

Il arrive que Spinoza donne en exemple une citation qui se retrouve en plusieurs endroits de la Bible. Lorsque l'énumération de toutes les références ne nous semble pas indispensable, nous indiquons par des points de suspension que la liste n'est pas complète.

Dans certains chapitres, les III et IV particulièrement, les mêmes termes hébraïques reviennent à plusieurs reprises. Nous avons préféré ne pas les traduire chaque fois, afin de ne pas surcharger la traduction par des notes accumulées. Nous donnons la traduction d'un terme la première fois qu'il se présente, puis nous renvoyons le lecteur à la note du même chapitre où ce terme se trouve traduit pour la première fois.

La numérotation des notes repart de l'unité à chaque nouveau chapitre, et le renvoi à une note se fait toujours à l'intérieur d'un même chapitre.

Ainsi chapitre IV, page 56 : à l'intérieur de la traduction, après l'indication de la note (21) se trouve la mention (16) qui renvoie à la note (16) de ce même chapitre IV, dans les pages précédentes, où le mot hébreu *gahgja* a été traduit une première fois.

En dépit des nombreuses difficultés et aussi des quelques inconvénients que présente une telle méthode, nous nous sommes attachés à donner du *Compendium* une traduction littérale. D'autre part nous avons conservé la terminologie grammaticale de Spinoza, bien qu'elle diffère de la terminologie des grammaires classiques et de celle des grammaires modernes, risquant de dérouter le lecteur hébraïsant.

Ces deux choix se sont imposés à nous après de multiples essais, quand nous nous sommes rendu compte qu'une simple adaptation, peut-être plus accessible, laisserait souvent le lecteur dans l'ignorance des solutions grammaticales de grande valeur élaborées par Spinoza, qu'il aurait sans doute explicitées dans la syntaxe mais dont la présence dans le *Compendium* inachevé se révèle déjà, à la faveur de la préférence accordée à un terme ou au travers de l'invention d'un autre.

Trente-sept ans après la première publication, qui avait bénéficié du concours du CNRS, quel espace, quels échos pour cette recherche?

Plusieurs utilisations (pas toujours précisément référencées il est vrai – ainsi chez Geneviève Brykman ou Omero Proietti). Mais ce que nous avions principalement établi reste toujours assez « neuf » :

– le *Compendium* met en forme *une véritable révolution dans la connaissance de l'objet de langue*;

– la méthodologie impliquée (pour faire court, et au risque de l'anachronisme : une systémie morpho-syntaxique) est directement et massivement à l'œuvre dans la construction philosophique spinoziste;

– il convient alors d'opérer rectification de sources et de sens dans plusieurs autres textes, sur d'importants passages.

Avec le *Compendium* Spinoza offre donc à lire des choses bien rebutantes pour les esprits partisans ou simplificateurs.

Il s'y affirme l'héritier des grands philologues juifs commentateurs du *Pentateuque*, et certaines des analyses qu'il effectue rendent intenable de continuer à soutenir qu'il aurait préfiguré les matérialistes opportunistes, utilisant des graphes de comploteur craintif pour suggérer ce qui présenterait risque à se voir explicité. *Le pensionnaire de Rijnsburg publie peu parce qu'il écrit en clair.*

Mais une considération informée du *Compendium* doit interdire symétriquement aux mouvances traditionalisantes de se le réapproprier. Car y apparaît le détail d'un minutieux et fécond travail de *dépassement*, grâce auquel la connaissance entreprend de faire voler en éclats les médiations aliénantes.

Puisse donc cette troisième édition[1] contribuer modestement – contribuer pourtant – à réintroduire, au sein des études spinozistes, la finesse et l'exigence qui avaient présidé à l'avènement des philosophies rationalistes.

1. Pour la mise à jour de laquelle José Seknadjé m'a sympathiquement apporté son aide.

Même si c'est quelquefois par delà les murailles de l'existence contingente, outre bien évidemment à Ferdinand Alquié, « sans qui rien ne serait arrivé », on voudra nous permettre de renouveler ici l'expression de notre gratitude :

– à André Caquot (École pratique des hautes études), dont les observations nous furent très utiles ;

– à Willy Singer, (Université libre de Bruxelles), qui traduisit pour nous du néerlandais l'article de J. M. Hillesum ;

– à André Néher (Faculté des lettres et sciences humaines de Strasbourg), qui nous suggéra plusieurs aménagements justifiés ;

– au baron Emmanuel d'Hoogvorst, dont l'érudition nous fut précieuse ;

– à Monsieur Lurquin (Athénée de Koekelberg), qui nous aida à préciser plusieurs points de fait ;

– à Yvette Gerson, qui nous apporta son aide lors des premiers essais de ce travail.

Jocelyne ASKÉNAZI-GERSON

AVERTISSEMENT AU LECTEUR

L'Abrégé de Grammaire hébraïque que nous te présentons ici, Lecteur bienveillant, l'Auteur commença à le rédiger à la demande de quelques-uns de ses amis passionnés par l'étude de la Langue Sacrée. Il avait été initié dès son plus jeune âge à l'étude de l'hébreu et de nombreuses années encore il s'y était totalement consacré. Il possédait le génie[1] que l'on s'accorde à reconnaître à la Langue Sacrée — cette langue que nul mieux que lui ne connaissait. Ses amis le savaient bien. Et tous les hébraïsants le sauront aussi, ceux qui ne dédaigneront pas de lire tels quels les feuillets de cet ouvrage resté inachevé, comme d'autres œuvres de l'Auteur, à cause d'une mort prématurée. Quoiqu'il en soit, Lecteur bienveillant, nous t'offrons cet écrit en partage et nous ne doutons pas que le travail de l'Auteur et notre zèle à te rendre service te seront très agréables.

1. « Si quis his jactis fundamentis Hebraeam Syntaxin superstruxerit, nae illo a philo-hebraeis haud exiguam inibit gratiam, quo Linguae Sanctae genius, hactenus satis ignotus, melius innotescat » (Préface de 1677).

CHAPITRE PREMIER

DES LETTRES ET DES VOYELLES EN GÉNÉRAL

Les lettres et les voyelles sont les éléments fondamentaux de toute langue ; aussi devons-nous dire avant tout ce que sont en hébreu les lettres et les voyelles.

La lettre est le signe d'un mouvement de la bouche, mouvement différent suivant l'origine du son émis.

Exemples : א indique que le son entendu a son origine dans le gosier qui s'ouvre ; ב indique que le son entendu a son origine sur les lèvres qui s'ouvrent ; ג indique qu'il a son origine à l'extrémité de la langue et du palais, etc.

La voyelle est un signe indiquant un son fixe et déterminé.

De ces définitions, nous comprenons qu'en hébreu les voyelles ne sont pas des lettres. C'est pourquoi les Hébreux disent que « les voyelles sont l'âme des lettres[1] » et que les lettres sans voyelles sont des « corps sans âme[2] ».

1. Comparaison employée par le *Zohar*. Ainsi, à propos du verset 3, ch. 12 du Livre de Daniel : « Et ceux qui font comprendre brilleront comme la splendeur du firmament, et ceux qui établissent la justesse de la multitude comme des étoiles pour l'éternité », le *Zohar* explique :

Ceux qui font comprendre : « Ce sont les accents, leur mélodie entraîne en mouvement derrière eux, comme une armée derrière le Roi, les lettres et les voyelles. Les lettres sont le corps ; les voyelles, sont l'âme ; toutes suivent la marche des accents et s'arrêtent en même temps qu'eux. »

Ceux qui font comprendre brilleront : « Ce sont les lettres et les voyelles. »

Comme la splendeur : « C'est la mélodie des accents. »

Du firmament : « C'est le déploiement de la mélodie au moyen des accents. »

Ceux qui établissent la justesse de la multitude : « C'est la division du texte en versets, permettant le sens du discours. »

Ils brilleront : « Lettres et voyelles éclairent ensemble leur marche dans le secret enfoui, dans les sentiers occultes, d'où se déploie la totalité. » (*The Wisdom of the Zohar* by F. Lachover and I. Tishby) (volume one, 2nd édition 1957, Jérusalem, p. 166. Édition en hébreu).

2. « Toutes les lettres sont comme un corps sans âme ; viennent les voyelles, le

A la vérité, pour que cette différence entre lettres et voyelles soit plus clairement comprise, on peut très bien l'expliquer en prenant l'exemple de la flûte que les doigts touchent pour jouer ; les voyelles, c'est le son de la musique ; les lettres, ce sont les trous touchés par les doigts. Mais en voilà assez sur ce sujet.

corps devient vivant... Au moment où les lettres parurent hors du secret suprême..., au moment où elles se matérialisèrent selon la forme du premier homme, parurent les voyelles qui leur insufflèrent souffle de vie ; c'est alors que les lettres furent véritablement, comme l'homme qui grâce au souffle de vie se tint debout. » (*Zohar* sur le *Cantique des Cantiques*, texte araméen et traduction hébraïque par R. J. Aschlag. Jérusalem 1945-55, § 603 et 634, volume 21).

CHAPITRE II

DES LETTRES : FORME, VALEUR, NOM, CLASSIFICATION ET PROPRIÉTÉS

L'alphabet hébreu a vingt-deux lettres dont la forme et l'ordre[1], employés par les plus anciens auteurs, sont les suivants :

א ב ג ד ה ו ז ח ט י, etc.

א : Ne peut s'expliquer par aucune lettre d'une langue européenne[2]. Elle indique comme nous l'avons dit un son d'origine gutturale[2]. Le nom de cette lettre est Alef.

ב *b* : nom Bet.

ג *g* : Gimel ; sans point à l'intérieur, la lettre est douce.

ד : Dalet ; sans point à l'intérieur, lettre douce.

ה : Cette lettre s'appelle Hé[3]. Elle indique que le son a son origine dans la partie la plus profonde de la gorge.

ו *v* : Vau, et aussi U, et je crois d'ailleurs que les anciens ne l'ont jamais prononcée autrement ; cependant ce n'est pas une voyelle, mais une lettre qui indique l'origine labiale du son émis.

1. L'ordre des lettres de l'alphabet hébreu est indiqué dans certains poèmes alphabétiques des Hagiographes (Ps. 34 ; Prov. XXXI, 10-31 ; Lam. ch. I).

2. Gutturale sourde qui correspond à l'esprit doux du grec (transcription des LXX par exemple 'Αβειγαία : I Chr., ch. II, v. 17). M. Caquot nous a fait remarquer avec raison que l'*apertionem gutturis* dont parle Spinoza correspond exactement à ce que les phonéticiens appellent le *coup de glotte*. Sur cette expression voir aussi *Traité de Prononciation française* par L. Goemans et A. Grégoire, Liège-Paris-Hollande 1954, p. 85.

3. En français, équivaut à l'h aspirée.

ז *z* : Zaïn.

ח *gh* : Ghet[4].

ט *t* : Tet.

י *jot* : Elle indique que le son a pour origine le milieu de la langue et du palais. La lettre a la valeur d'un *i*[5]. Mais ainsi que nous l'avons vu pour le ו qui se prononce *U*, ce n'est pas une voyelle.

כ *k* : Kaf lorsque la lettre a un point à l'intérieur ; sans point, elle a la valeur de *Ch* ou du *X* grec.

ל *l* : Lamed.

מ *m* : Mem.

n : Nun.

ס *s* : Samech.

ע *hg* : Hgain[6].

פ *p* : Pé, avec un point. Sans point à l'intérieur, *ph*.

צ *ts*[7] : Tsadé.

ק *kh* : Khof.

ר *r* : Lorsque la lettre est placée au milieu d'un mot, elle est douce ; mais elle est dure au commencement d'un mot.

שׁ *sch* : Schin, lorsque le point se trouve au-dessus du jambage de droite. Lorsque le point est à gauche, la lettre a la même prononciation que Samech.

ת *th* : Thau. Lettre douce ; avec un point à l'intérieur, elle a la même valeur que t.

On doit noter que parmi ces lettres, cinq s'écrivent différemment selon qu'elles se trouvent au début ou au milieu du mot, ou à la

4. Gutturale beaucoup plus forte que le ה. Elle correspond à l'*Ḥ* des Arabes dans Moḥammed.

5. Pratiquement, se prononce comme y.

6. On le transcrit par l'esprit rude dans les langues indo-européennes, mais il est beaucoup plus fort que l'esprit rude du grec. C'est une gutturale sonore propre aux Sémites (cf. l'arabe : 'aïn).

7. Prononciation erronée en usage encore dans certaines communautés juives. Il s'agit en réalité du son ç transcrit conventionnellement S. Il faut noter que dans les communautés juives en contact avec la langue arabe, cette lettre est bien prononcée ç, par exemple en Afrique du Nord.

fin du mot. Ce sont כמנפצ. Ainsi, lorsque Kaf est à la fin du mot, le jambage inférieur de la lettre s'allonge comme ceci : ך. Mém est fermé à la partie inférieure ם. Les trois autres lettres s'allongent de la même façon que כ, ץ ף ן. Enfin, on a l'habitude en hébreu d'abréger ל et א en les unissant ainsi : ﭏ.

D'autre part, les caractères que nous reproduisons ici sont syriaques[8]. Ezra les a choisis de préférence aux anciennes lettres hébraïques[8] et les Pharisiens l'ont imité de façon superstitieuse dans leurs écrits sacrés. Mais les auteurs se servent très fréquemment d'autres caractères. On peut se référer à ce sujet au Thésaurus de Buxtorf[9].

En outre les grammairiens, non sans utilité, divisent les lettres en cinq classes : gutturales, labiales, dentales, linguales et palatales.

אההע *ahaghahg*[10] sont appelées gutturales ; בומף *bumaph :* labiales ; גיכק *gicakh :* palatales ; דטלנת *dallenalh :* linguales ; זסצרש *zaslserasch :* dentales.

8. Les caractères reproduits par Spinoza et toujours en usage sont désignés par le *Talmud* (*Traité Sanhédrin* p. 21b) sous le nom d'« écriture assyrienne ». Cette écriture ramplaça au temps d'Ezra l'écriture ancienne dite « hébraïque » (écriture de l'inscription de Siloé vers le VIIIe siècle avant J.-C. et de monnaies asmonéennes).

On trouvera un tableau comparatif des différentes écritures hébraïques et araméennes dans la *Grammaire hébraïque* de J. Touzard, Paris 1905, Paradigmes, p. 3.

Il faut signaler d'autre part l'importance, du point de vue paléographique, des manuscrits récemment découverts près de la Mer Morte (spécialement dans les grottes de Murabba'at) et qui comportent différents modèles d'écriture. Frank Moore Cross Jr en donne des exemples dans un tableau : « Key to chart of Jewish Scripts » p. 78, de son ouvrage : *The Ancient Library of Qumran and Modern Biblical Studies*, New York, 1958.

9. *Johannis Buxtorfi Thesaurus Grammaticus Linguae Sanctae Hebraeae...* Bâle 1651 (1re édition 1609), p. 2 : En plus des caractères reproduits par Spinoza, Buxtorf cite deux alphabets : l'un « dont les lettres plus petites et plus arrondies est mieux adapté à l'écriture ; il est employé par les Juifs espagnols et italiens », l'autre « dont les lettres sont plus larges, moins élégantes..., qui est surtout employé par les Juifs allemands ». Les caractères dont Buxtorf dit qu'ils sont employés par les Juifs espagnols sont appelés aussi écriture de « Rachi ». Ils sont toujours usités dans les Bibles Rabbiniques pour les commentaires imprimés en marge du texte. Quant à l'alphabet judéo-allemand, il est tombé en désuétude.

10. Terme mnémonique servant à désigner les cinq groupes de lettres et obtenu en ajoutant une voyelle sous chacune des consonnes de façon à pouvoir les prononcer en un seul mot.

Dans un mot, chaque lettre doit être accompagnée d'une voyelle. Cette voyelle est soit longue, soit brève, soit très brève. Toutefois, dans certains cas, les quatre lettres אהוי *ehevi* n'ont pas de voyelle ; pour cette raison, elles sont appelées *muettes* ou *quiescentes*.

Chaque lettre devant avoir une voyelle, il suit de là qu'une consonne entre deux voyelles ne peut être redoublée de façon expresse. Mais la consonne qui doit être redoublée est seulement marquée d'un point. Ce point est appelé דגש *dagesch*[11]; ainsi dans פִּקֵּד écrit au lieu de פִּקְקֵד *pikkéd*[12].

Entre deux voyelles, les lettres gutturales ne peuvent être redoublées, car elles indiquent une amplitude déterminée et une certaine quantité de respiration. Ainsi, comme pour la lettre latine H, le redoublement des gutturales hébraïques entre deux voyelles est impossible. De plus, la lettre ר *r* dont la prononciation est toujours douce au milieu d'un mot, n'est pas non plus redoublée, en règle générale, entre deux voyelles. C'est pourquoi les cinq lettres אהחער n'ont jamais de point dagesch.

Il faut noter ensuite que si le redoublement d'une lettre entre deux voyelles est marqué par un point dagesch, inversement le dagesch n'indique pas toujours le redoublement de la lettre. C'est ainsi qu'il sert à transformer les lettres douces בגדכפת *begadkephat* en lettres dures[13], comme nous l'avons noté en son temps. Enfin, on inscrit quelquefois un point dans la lettre ה placée à la fin d'un mot : nous en donnerons la raison en temps utile. Ce point n'est pas appelé dagesch mais מפיק *mappikh*[14].

Lorsqu'elles sont placées au commencement d'un mot, les lettres בגדכפת sont dures, ce qui veut dire qu'elles ont un point dagesch. Toutefois ces lettres restent douces lorsque le mot qui les précède

11. Se lit « daguesch ». Mot araméen dérivant d'une racine qui signifie percer ou piquer.

12. « Il a examiné ».

13. On l'appelle dans ce cas *dagesch léger* par opposition au *dagesch fort* qui sert à redoubler une lettre.

14. *Ce qui fait ressortir* c'est-à-dire *prononcer* une lettre. Mot araméen.

est terminé par une lettre quiescente. Dans le cas où la lettre quiescente est un ה avec mappikh, les lettres בגדכפת doivent avoir un dagesch[15] ; de même lorsque le mot qui les précède — terminé par une lettre quiescente — a un accent fort[16].

Enfin, souvent, dans l'Écriture, les lettres d'un même groupe sont employées l'une pour l'autre. Ainsi א pour ע, ס pour ז, ב pour פ, ט pour ת, etc.

Ceci provient, je pense, de ce que l'Écriture a été composée par des hommes parlant des dialectes différents. Ces dialectes ne sont plus reconnaissables, c'est-à-dire qu'il n'est plus possible de savoir à quelle tribu tel ou tel dialecte a appartenu. Il est certain que la langue hébraïque ne diffère pas en cela des autres langues. L'Écriture nous l'apprend d'ailleurs elle-même. En effet, les membres de la tribu d'Éphraïm[17] employaient partout ס *samech* au lieu de ש[18], lettres qui sont articulées par le même organe.

Toutefois, bien qu'il soit certain que dans les Lettres Sacrées, des lettres d'un même groupe soient employées l'une pour l'autre, on ne doit plus faire de même, car cela n'a abouti qu'à la confusion des dialectes.

15. En effet, bien que n'ayant pas de voyelle, le ה avec mappikh n'est plus considéré comme une lettre muette.

16. C'est-à-dire un accent disjonctif.

17. « On lui disait alors : dis Schibboleth. Et il disait Sibboleth... » (Juges XII, 6). Cf. C. Brockelmann : *Précis de Linguistique Sémitique*, Paris 1910, p. 20. « Au sujet de différences dialectales à l'intérieur de l'hébreu, nous n'avons qu'une tradition directe, c'est l'information bien connue de *Juges* XII, 6. »

18. Schin.

CHAPITRE III

DES VOYELLES : FORME, NOM, VALEUR ET PROPRIÉTÉS

En hébreu, comme nous l'avons dit, les voyelles ne sont pas des lettres, mais sont comme l'âme des lettres. Elles sont donc soit sous-entendues, soit exprimées par des points ajoutés aux lettres de la façon suivante :

בַ Le trait tracé sous la lettre indique que l'on doit entendre après la lettre le son *a* appelé פתח *pathagh*[1].

בָ Lorsqu'un point s'ajoute au trait, la voyelle indique un son composé de *a* et de *o* et appelé קמץ *khamets*[2].

בֶ Trois points indiquent un son *é* très proche du η grec et appelé סגול *ségol*[3].

בֵ S'il n'y a que deux points l'un à côté de l'autre, ils indiquent un son composé de *a* et de *i* qui est appelé צרי *tséré*[4].

בְ Si les deux points sont placés l'un au-dessus de l'autre, ils indiquent le son très bref *é*, appelé שוא *schéva*[5].

בִ Un seul point sous la lettre indique que l'on doit entendre après la lettre un son *i* appelé חירק *ghirekh*[6].

1. *Ouverture.*
2. *Compression.*
3. *Grappe.*
4. *Fente.*
5. *Néant, rien.*
6. *Grincement.*

בֹ Si le point est marqué au-dessus de la lettre, le son indiqué est un *o* et est appelé חלם *gholém*[7].

בֻ Trois points, disposés au-dessous de la lettre en une sorte de ligne tracée obliquement et inclinée vers la droite, indiquent un son analogue au upsilon *U*. Ce son est appelé קבוץ *kibbuls*[8].

בוּ Enfin, si à la lettre on ajoute Vau avec un point au milieu, le son indiqué est un son composé de *o* et de *U* ou le υ grec. Ce son est appelé שורק *shurekh*[9].

La diphtongue *ai* est exprimée par patagh suivi de י *jol*, ainsi דְּבָרַי *debarai*[10], sauf dans le cas où le mot a un grand accent[11] — il en sera question au chapitre suivant.

La diphtongue *au* est exprimée par khamets suivi des lettres jot et vau — ainsi דְּבָרָיו *debarau*[12] — et aussi par patagh et vau — ainsi קַו *khau* (ligne) ; toutefois les Juifs Lusitaniens ont l'habitude de prononcer *debarav*.

Enfin *eu* est exprimée par tséré suivi de vau — ainsi שֵׁלֵו[13] *schaleu*.

Je ne puis dire avec certitude si les Hébreux possédaient d'autres diphtongues en dehors de celles-ci car nous ignorons en grande partie la façon de prononcer des anciens.

On entend toujours la voyelle, ou son, après la lettre. Mais lorsqu'un mot se termine par l'une des trois gutturales החע, elles-mêmes précédées de tséré, ghirek, gholem ou schurekh, ces gutturales sont alors ponctuées d'un patagh que l'on entend avant la lettre. Pour cette raison, ce patagh est généralement appelé *furtif* par les grammairiens. Ainsi שֹׁמֵעַ *schoméahg*[14], גָּבוֹהַּ *gaboah*[15], פָּתוּחַ *paluagh*[16], etc.

7. *Plénitude, fermeture.*
8. *Réunion, rapprochement* (des lèvres).
9. *Sifflement.*
10. *Mes paroles.*
11. Dans ce cas, le patagh devient khamets, par ex. : *Genèse*, XXIV, 33.
12. *Ses paroles.*
13. En réalité שָׁלֵו : *tranquille.*
14. *Écoutant.*
15. *Élevé.*
16. *Ouvert.*

Pour certaines raisons, l'usage exige souvent le redoublement d'une lettre entre deux voyelles. Nous avons dit que ce redoublement est marqué par un point dagesch inscrit dans la lettre à redoubler. Or il arrive souvent que cette lettre soit une gutturale. Et nous avons montré au chapitre II que les lettres gutturales ne peuvent être redoublées. Aussi, lorsque le cas se présente, c'est la voyelle précédant la gutturale que l'on modifie et de la façon suivante :

Si la voyelle précédant la lettre gutturale à redoubler est patagh ַ, le point dagesch qui aurait dû être inscrit dans la gutturale est placé sous le ַ patagh, qui devient ָ kamets. Ainsi הָעוֹבֵר *hahgober* au lieu de הַעוֹבֵר *hahghgober*[17]. Et dans les noms le ַ patagh qui précède ח et ע se change aussi en ֶ. Ainsi הֶעָנָן *hehganan* au lieu de הַעָנָן *hahghganan*[18].

Si la voyelle précédant la lettre gutturale est ghirek, on y ajoute un point, ce qui donne ֵ tésré. Ainsi מֵהֶם *méhém* au lieu de מִהֶם *mihhém*[19].

Enfin, si la voyelle précédant la gutturale à redoubler est kibbuts ֻ, elle est changée en וֹ gholem ou en וּ schurek.

Mais ce que nous venons de dire n'a pas une valeur absolue, car dans certains cas la voyelle n'est pas modifiée ; il arrive même que la lettre ר soit redoublée lorsqu'elle suit un kibbuts[20].

Dès lors, on comprend, d'après les règles énoncées ci-dessus, pour quelle raison on ne trouve jamais les voyelles ָ khamets, tséré ֵ ségol ֶ וֹ gholem et וּ schurekh, avant une lettre redoublée entre deux voyelles, ce qui veut dire avant le point dagesch qui marque le redoublement de la lettre.

On divise, avec justesse, les syllabes en longues et en brèves. Ainsi ַ patagh est *a* bref. Mais ָ khamets peut être soit long, soit bref. Il peut en effet avoir la valeur tantôt du *a* long, tantôt du

17. *Celui qui passe.*
18. *Le nuage.*
19. *D'entre eux.*
20. Erreur. Il s'agit en réalité de la voyelle *khamets* (cf. *Ezechiel*, XVI, 4).

o micron. Ainsi dans פָּקְדָה *pakedah*[21] les deux *a* sont longs ; mais dans גָּרְנִי[22] *gorni*, le ָ khamets sous le gimel se prononce comme *o* micron, ֶ ségol est bref, ֵ tséré est long. Le ְ schéva est la syllabe la plus brève. Girekh est un *i* long lorsqu'il est suivi du jot muet ; sans le jot, c'est un *i* bref. וֹ Gholem est un *o* long et il est généralement suivi de ו vau muet et quelquefois de ה ou de א . ֻ kibbuts est bref. Enfin וּ schurek est long.

Je n'ignore pas que cette divison[23] déplaît à un certain Rabbi Abraham de Balmes ; c'est en vérité sans raison. On verra au contraire dans ce qui suit que cette division est d'une grande utilité ; et en tout premier lieu, on notera dès maintenant que la lettre que l'on compense généralement (dans le redoublement) par le point דגש, peut aussi être remplacée par le changement de la voyelle brève qui la précède en voyelle longue. Et ceci même si la lettre n'est pas une gutturale. Ainsi on écrit הֵתֵל[24] *héthel* au lieu de הִתֵּל[24] *hitthel* ou de הִתְתֵּל *hiththel*.

La syllabe ְ schéva, étant la plus brève, tantôt est contractée et adhère alors à la syllabe précédente, tantôt est prononcée.

21. *Elle a visité.*

22. *Ma grange.*

23. La distinction de cinq voyelles longues et de cinq voyelles brèves a été introduite par Joseph Kimhi, célèbre grammairien qui vivait au XIIe siècle à Narbonne. Selon P. Joüon (*Grammaire de l'hébreu biblique*, p. 23), cette distinction a peut-être été suggérée à Kimhi par le dialecte roman qu'il parlait, ou encore par l'arabe.

Les grammairiens juifs antérieurs à Kimhi distinguaient les voyelles selon le timbre ou la qualité des sons et non selon la quantité (longues et brèves). Ils suivaient en cela la tradition des Palestiniens du Nord (École de Tibériade) qui avaient établi une échelle vocalique de sept sons.

Abraham Ben Méir de Balmes (1440-1523) dont parle Spinoza, divise ces sept sons en : 3 voyelles simples : *pathagh* (ַ), *gholem* (וֹ), *ghirekh* (ִ) ; 4 voyelles composées : *grand khamets* (ָ) composé de pathagh et de gholem ; *petit khamets* (ֵ) composé de gholem et de ghirekh ; *petit pathagh* (ֶ) composé de pathagh et du petit khamets ; *schurekh* (וּ) son intermédiaire entre gholem et ghirekh.

A ces sept sons, De Balmes ajoute : kibbuts (ֻ) et khamets melafoum (khamets prononcé en fermant la bouche = O) appelé aussi « ghatuph » (rapide) : *Miknéh Abram (Peculium Abrami)*, Venise 1523. L'exemplaire consulté à la Bibliothèque Nationale ne comporte pas de numérotation aux pages.

24. *Gen.* XXXI, 7 : הֵתֶל *il s'est moqué.* Spinoza suit ici l'opinion de Buxtorf qui voit dans ce radical une forme intensive. Il s'agit en réalité de la forme causative de la racine תלל. Le ת ne devrait donc pas être ponctué de dagesch.

C'est pourquoi le schéva contracté est appelé par les grammairiens hébreux נָח nagh, *quiescent*, et le schéva prononcé נָע nagh *mobile.*

Le schéva ְ se prononce quand il se trouve au commencement du mot, ou au milieu du mot après une voyelle longue.

Ainsi dans בְּרֵאשִׁית béréschith, le ְ sous le ב se prononce car il est placé au début du mot ; il se prononce aussi dans les exemples qui suivent car il vient, au milieu du mot, après une voyelle longue. Ainsi dans פָּקְדָה *pakédah*[25], בֵּרְכוּ *béréchu*[26], יִירְאוּ *jiréu*[27], פּוֹקְדִים *pokédim*[28], הוּבְאוּ *hubéu*[29].

Ensuite, quand deux schéva se suivent au milieu du mot, le second se prononce.

Ainsi dans תִּפְקְדוּ *liphkédu*[30], le premier schéva se contracte et le deuxième se prononce. Il suit de cette règle que le schéva placé sous une lettre ponctuée de dagesch se prononce aussi, comme dans פִּקְּדוּ[31]. En effet, le point dans le ק indique que le ק doit être redoublé et le premier schéva contracté. Pour la même raison, le schéva se prononce quand une lettre est redoublée au milieu du mot mais non entre deux voyelles[32]. Ainsi dans הִנְנִי *hineni*[33] où le schéva placé sous le premier נ doit se prononcer. En effet, s'il devait être contracté, il adhèrerait à la syllabe précédente ghirek et le נ serait aussi contracté ; on aurait alors écrit הִנִּי *hinni* au lieu de הִנְנִי *hineni.*

Dans tous les autres cas le schéva est contracté.

25. *Elle a visité.*
26. *Ils ont béni.* II *Chron.*, XX, 26.
27. *Ils craindront. Jér.*, XXIII, 4...
28. *Visitant*
29. *On les avait fait venir. Gen.*, XLIII, 18.
30. *Vous dénombrerez. Nomb.* I, 3.
31. *Ils ont examiné.*
32. Le redoublement dont il s'agit ici est différent de celui que Spinoza a étudié plus haut. En effet, jusque-là il s'agissait d'un redoublement qui, au lieu de se traduire de façon expresse par la lettre écrite deux fois, était marqué par l'inscription du point דגש à l'intérieur de la lettre ou par l'allongement de la voyelle brève précédant la lettre. Le redoublement dont parle maintenant Spinoza réside dans le fait qu'une même lettre est employée au milieu du mot deux fois consécutives ; il y a donc deux mêmes lettres qui se suivent et elles font partie de deux syllabes différentes.
33. *Me voici.*

On notera donc particulièrement — nous l'avons clairement montré — qu'un schéva ne se prononce que s'il se trouve soit au commencement, soit au milieu du mot. Il n'est jamais prononcé à la fin du mot.

Pour mieux en comprendre la raison, il faut préciser que le schéva est une syllabe[34] très faible ; elle ne peut donc être entendue seule, mais doit toujours se rattacher à la syllabe précédente ou à la syllabe suivante. Par conséquent aucune monosyllabe n'est ponctuée de schéva. Il en résulte que le schéva contracté n'est rien d'autre qu'un *e* très bref qui se rattache à la syllabe qui le précède. Et le schéva prononcé n'est rien d'autre qu'un *é* très bref qui se rattache à la syllabe qui le suit ; comme il est perçu avant la syllabe, le son en est plus distinct.

Si donc le schéva est au commencement d'un mot, il est impossible qu'il se rattache à une syllabe précédente, tout comme il ne peut, à la fin d'un mot, se rattacher à une syllabe suivante.

C'est pourquoi à la fin du mot il est toujours contracté : qu'il suive une syllabe longue ou une syllabe brève, qu'il soit placé sous une lettre ponctuée de dagesch ou sous une lettre sans dagesch, enfin que le schéva soit unique ou qu'il soit double.

D'autre part, lorsque le schéva se trouve au milieu du mot après une voyelle longue, la règle de prononciation demande qu'il se rattache à la syllabe qui le suit ; s'il se présentait deux schéva, il faudrait que le premier se rattachât à la syllabe précédente et le second à la syllabe suivante. Il ressort clairement de ce qui vient d'être dit qu'il ne peut jamais y avoir deux schéva au commencement d'un mot, ni au milieu d'un mot après une syllabe longue. En effet, il n'est pas possible de rattacher deux schéva à la syllabe qui les suit.

34. Le mot « syllabe » est ici impropre. Le *schéva* qui se prononce est une voyelle extrêmement brève. Quant au *schéva* non prononcé, il indique une absence de voyelle. Seule la prononciation de la consonne est entendue. Dans tous les cas, le *schéva* n'est pas une syllabe.

Les lettres gutturales ne peuvent jamais avoir de schéva qui se prononce ; dans quelques cas rares, elles ont un schéva qui se contracte.

A la place du schéva elles ont trois syllabes[35] intermédiaires entre les brèves et les très brèves qui s'écrivent ainsi ֲ, ֳ, ֱ, et sont appelées חֲטֵפִים *ghatéphim*[36].

La première des trois désigne une syllabe[35] plus brève que ַ *patagh;* la seconde une syllabe[35] plus brève que ָ le khamets voyelle brève ou *O* micron ; la troisième enfin une syllabe[35] intermédiaire entre le ֶ ségol, *é* bref, et le schéva ְ, *é* très bref.

Ces syllabes[35] se différencient du schéva par les caractéristiques suivantes : elles ne précèdent jamais un schéva simple et, d'autre part, on ne trouve jamais deux d'entre elles l'une à la suite de l'autre, non seulement au commencement d'un mot mais même au milieu et à la fin.

En ce qui concerne les autres caractéristiques, ces syllabes[35] ressemblent entièrement au schéva ; ainsi elles ne se présentent jamais seules et ne sont jamais accentuées.

Telles sont les règles principales que l'on observera au sujet des voyelles ; et l'on observera plus particulièrement ce que nous avons dit de l'emploi du schéva : il ne peut jamais y avoir deux schéva qui se suivent au début d'un mot ; on ne trouve jamais sous une lettre gutturale un schéva qui se prononce ; enfin, les lettres gutturales n'ont que très rarement un schéva contracté.

Ce sont là des règles très usitées.

35. Ce sont des voyelles et non des syllabes.

36. *Rapides.* Ces voyelles sont composées du *schéva* et d'une voyelle brève.

CHAPITRE IV

DES ACCENTS

Les règles que l'on a l'habitude d'enseigner au sujet des accents[1] fatiguent plus qu'elles n'instruisent ceux qui étudient la langue hébraïque ; elles auraient été supportables si elles avaient ouvert la voie à la connaissance de la langue ou à l'élocution ; mais si l'on interroge ceux qui en sont les plus instruits, ils avoueront tous, unanimes, qu'ils ignorent la raison d'un si grand nombre d'accents.

A la vérité, je crois que ce n'est pas sans raison que ceci a été fait ; je pensais même autrefois que si leur auteur en a introduit l'usage, ce n'est pas seulement pour élever ou abaisser le ton de la syllabe et servir de ponctuation au discours, mais aussi pour exprimer les affections de l'âme que nous avons l'habitude de manifester par la parole ou le visage.

Et en effet nous n'avons pas la même intonation lorsque nous parlons avec ironie et lorsque nous parlons avec simplicité ; notre ton n'est pas le même non plus lorsque nous voulons exprimer la louange, l'admiration, le blâme ou enfin le mépris. Ainsi donc, à chaque affection notre voix et notre visage se modifient. Et les

1. Ainsi que l'explique Spinoza au cours de ce chapitre, les accents dont est muni le texte biblique sont des signes qui, en plus des voyelles, accompagnent les consonnes. Ces signes indiquent la place du ton dans chaque mot. Ils servent d'autre part de ponctuation. Enfin ils expriment des notes musicales permettant le chant de la Bible. Les accents se disent en hébreu טְעָמִים *raisons*, *sens*, *goûts* ou encore נְגִינוֹת *mélodies*. Cf. *supra*, ch. I, note 1.

hommes qui inventèrent les lettres ayant négligé de représenter les affections par des signes, nous pouvons donc exprimer beaucoup mieux notre état d'esprit de vive voix que par l'écriture.

J'avais donc supposé que l'auteur des accents hébraïques avait voulu pallier ce défaut général. Mais en examinant ces accents par la suite, je n'ai rien trouvé de tel. Bien au contraire, les accents confondent non seulement les affections de l'âme mais les parties du discours elles-mêmes. En effet l'Écriture se sert des mêmes accents, qu'elle parle avec ironie ou avec simplicité ; d'autre part le même accent a la propriété du point et aussi de la virgule et des deux points. Si bien qu'au travers même de leur profusion apparaît une insuffisance des accents.

C'est pourquoi je pense que les accents ont été introduits[2], après que les Pharisiens aient pris l'habitude de lire la Bible en assemblée publique chaque Sabbat, afin que cette lecture ne soit pas trop rapide (ce qui arrive généralement pour les prières[3] que l'on répète souvent). J'en laisserai donc les petits détails aux Pharisiens et aux Massorèthes[4] oisifs et je ne noterai que ce qui semble avoir une certaine utilité.

2. Au ch. VII du *Traité Théologique et Politique*, Spinoza, notant « les causes d'ambiguïté » propres à la langue hébraïque, insiste sur deux d'entre elles, beaucoup plus graves que les autres et écrit : « Tout d'abord les Hébreux n'ont pas de lettres voyelles. Ensuite ils n'avaient pas l'habitude de se servir de signes pour diviser le discours et pour en faire ressortir le sens. Sans doute des points et des accents leur tenaient lieu de voyelles et de signes, mais nous ne pouvons nous fier à ces voyelles et à ces signes, car ils ont été inventés et institués par des hommes d'un âge postérieur dont l'autorité n'a aucune valeur à nos yeux. Les Anciens écrivaient sans points (c'est-à-dire sans voyelles et sans accents) — ceci est établi par de nombreux témoignages —. Ce sont leurs descendants qui ajoutèrent les voyelles et les accents d'après ce qu'ils crurent comprendre de la Bible. Les points et les accents que nous avons maintenant ne sont donc que des interprétations modernes et ne méritent ni plus de foi, ni plus de crédit que les autres explications. » (Benedicti De Spinoza *Opera*... J. Van Vloten et J. P. N. Land, 1895, tome II, p. 46 et 47).

3. Cf. à la fin du ch. IX du *Traité Théologique et Politique :* « Les Livres Sacrés qui font actuellement partie du canon ont été choisis parmi beaucoup d'autres et en vertu de leur seul décret par les *Pharisiens du deuxième Temple qui ont aussi institué les formules des prières.* »

4. *Massorèthes :* mot formé à partir de l'hébreu *Massor* (tradere) et qui désigne les auteurs ayant participé à l'établissement du texte biblique tel que nous le possédons actuellement. Spinoza critique longuement l'œuvre des Massorèthes au ch. IX du *Traité Théologique et Politique.* On trouvera sur la *Massora* (œuvre des Massorèthes) quelques renseignements, succincts mais clairement exposés, dans l'*Histoire du Judaïsme* d'André Chouraqui (P.U.F. 1957, p. 34 et 35).

Les accents servent à séparer ou à relier les parties du discours et en même temps à élever ou à abaisser le ton des syllabes.

Aucun accent n'indique qu'un verset, ou phrase, est terminé ; mais ceci est habituellement marqué par deux points, הָאָרֶץ׃[5], signe appelé סִילוּק[6] *silukh.* Ce signe marque généralement, mais non dans tous les cas, que — comme nous venons de le dire — le discours est achevé.

Les accents permettent de séparer les parties de chaque verset ou phrase. J'entends ici par parties du verset, non seulement les verbes, mais aussi les cas des noms. C'est ainsi que l'accent qui a, à peu près, la fonction de la virgule, est aussi employé pour séparer le nominatif et le verbe de l'accusatif et des autres cas : ceci quand l'accusatif suit le nominatif[7] ; mais si l'accusatif est placé entre le verbe et le nominatif, alors le verbe, l'accusatif et le nominatif ne forment ensemble qu'une seule partie du verset. De même que ne forment aussi qu'une seule partie du verset deux verbes qui sont liés par la conjonction *et*, et qui n'ont pas entre eux de nom à un autre cas que le nominatif.

Si donc une seule partie est à séparer (du reste du verset), cette partie est isolée par l'accent appelé טַרְחָא[8] *targha*, que l'on inscrit au-dessous du mot de la façon suivante : בֽ.

Si deux parties sont à séparer (du reste du verset), la première est marquée de טַרְחָא *targha*[8], la seconde de l'accent appelé אַתְנָח *athnagh*[9] que l'on inscrit au-dessous du mot de la façon suivante : ה֑, comme אֱלֹהִ֑ים *élohim* ; c'est le plus important de tous les accents qui servent à distinguer les parties du verset — ceci ressortira clairement de ce que nous dirons plus bas. Chaque verset n'a qu'un seul athnagh[9], sauf un très petit nombre de versets qui en comportent deux.

5. *La terre.*
6. *Fin* (du verset).
7. Il faut préciser qu'en hébreu le sujet est généralement placé après le verbe.
8. Modulation *lente.*
9. *Qui fait reposer.*

S'il y a trois parties à séparer (du reste du verset), la première est marquée de טרחא *largha*[8], la deuxième de אתנח *athnagh*[9] et la troisième de nouveau de טרחא *largha*[8].

Mais si l'on doit en séparer quatre, la première est généralement marquée de deux points au-dessus du mot — comme dans דֶּשֶׁא — et l'on a l'habitude d'appeler cet accent *zakheph khalon*[10]; la seconde partie est marquée de טרחא[8] ; la troisième de אתנח[9] ; et la quatrième, de nouveau de טרחא[8].

Si, d'autre part, il y a cinq parties à séparer (du reste du verset), c'est généralement par un point appelé רביע *rabiahg*[11] que l'on marquera la première partie — comme dans אֱלֹהִים ; — on marquera la deuxième partie de זקף קטן[10] ; la troisième de טרחא[8] ; la quatrième de אתנח[9] ; la cinquième enfin de טרחא[8].

Mais on peut aussi marquer la première de זקף קטן[10], la seconde de טרחא[8], la troisième de אתנח[9], la quatrième de nouveau de זקף קטן[10] et la cinquième de טרחא[8].

Enfin, si l'on doit séparer six parties (du reste du verset) la première est marquée de רביע[11], la seconde de זקף קטן[10], la troisième de טרחא[8], la quatrième de אתנח[9], la cinquième de nouveau de זקף קטן[10] et la sixième de טרחא[8].

De la même manière, s'il arrive que l'on doive séparer (du reste du verset) un plus grand nombre de parties encore, on se sert généralement de plusieurs autres accents ayant la même fonction que זקף קטן[10] et רביע[11], mais une forme différente. C'est pourquoi on les emploie souvent à la place de ces deux derniers accents. Mais je les laisse de côté. Je laisse aussi de côté ceux que les grammairiens appellent *accents serviles* parce qu'ils ne servent qu'à annoncer les accents qui séparent la partie de la phrase dans laquelle ils se trouvent de la partie suivante.

On notera cependant que טרחא[8] sert plus à annoncer סִילוּק[6] et אַתְנָח[9] qu'à séparer les parties du discours. En effet, on ne peut

10. *Petite élévation.*
11. *Qui s'étend.*

faire suivre טרחא[8] d'aucun accent disjonctif autre que אתנח[9] ou סילוק[6] ; inversement, on ne trouve aucun סילוק[6] ni אתנח[9] précédés d'un accent autre que טרחא[8]. Nous en dirons bientôt la raison.

Lorsqu'aucun accent n'est placé au-dessus ou au-dessous d'un mot, celui-ci est relié au mot suivant par un trait que les grammairiens appellent מקף *makhaf*[12], comme dans כִּי־טוֹב *ki-tob*[13].

La deuxième fonction des accents est, comme nous l'avons dit, d'élever ou d'abaisser le ton de la syllabe.

Par conséquent, comme l'ont montré les exemples précédents — ils doivent, dans le mot, être placés au-dessus ou au-dessous de la lettre dont la voyelle doit être accentuée.

En effet, dans דֶּשֶׁא, זוקף קטון[10] est au-dessus du ד, car on doit prononcer *dé*sché et non dés*ché*[14] ; mais dans אֱלֹהִים, רביע[11] est au-dessus du ה parce que l'on doit dire élo*him* et non *élo*him. D'autre part, tout mot accentué au-dessous ou au-dessus de la dernière syllabe est dit מִלְּרַע *millerahg*, ce qui signifie *en bas ;* mais si c'est l'avant-dernière syllabe qui est accentuée, le mot est dit מִלְּעֵיל *millehgel*, ce qui signifie *en haut.* Silukh[6] et makhaf[12] n'étant inscrits ni au-dessus ni au-dessous d'une syllabe mais après le mot, on marque la syllabe qui, dans le mot, doit être accentuée d'un petit trait placé juste au-dessous ; comme dans הָאָֽרֶץ׃ où le petit trait placé sous א précède silukh et indique que la voyelle khamets doit être accentuée. De même עֹֽשֶׂה־פְּרִי *hgoséh-péri*[15] porte sous le ע un petit trait qui précède מקף[12] et indique que la voyelle gholem doit être accentuée. Ce trait est généralement désigné sous le nom de גַּעְיָא[16] *gahgja.* Il est cependant omis si le mot suivi de makhaf n'a qu'une seule syllabe, comme dans כִּי־טוֹב[13].

Les mots composés de plusieurs syllabes ont généralement deux accents : l'un à la dernière ou à l'avant-dernière syllabe qui

12. *Qui rapproche, qui lie.*
13. *Car il est bon.*
14. *Herbe ; cf. Genèse* I, 11.
15. *Qui donne un fruit : Genèse* I, 12.
16. Ou encore : געיה *élévation de la voix.*

indique — nous l'avons montré — si le mot est *millehgel*[17] ou *millerahg*[18], l'autre à l'antépénultième ou à la syllabe précédente pour indiquer que le ton de cette syllabe doit être élevé. Ainsi dans הַנּוֹעָדִים[20] בְּמוֹעֲדֵיכֶם[19]. Cet accent est généralement gahgja[16] qui précède toujours un schéva composé. On observera d'ailleurs qu'il est fréquent qu'un mot composé de plusieurs syllabes ait trois accents. Ainsi וַיְבָרֲכֻהוּ[21].

Mais pour savoir quelles syllabes élever ou allonger ou quels mots marquer de deux ou de trois accents, on doit surtout observer les règles suivantes :

Toute voyelle suivie d'un schéva qui se prononce — sujet traité au chapitre précédent — est marquée de גַּעְיָא *gahgja*[16], c'est-à-dire est légèrement allongée pour mieux indiquer que le schéva qui la suit se rattache à la syllabe suivante. Il en découle que toute voyelle précédant un schéva composé, qu'elle soit brève ou longue, doit être marquée de cet accent, comme dans נַעֲשֶׂה[22]. En effet le schéva composé n'est jamais contracté, ce qui veut dire qu'il adhère à la syllabe qui le suit, jamais à celle qui le précède. Deuxième conséquence : lorsqu'une voyelle longue est suivie d'un schéva simple, elle doit être accentuée, ou bien marquée de gahgja[16], afin que l'on perçoive plus clairement que le schéva ne se rattache pas à elle mais à la syllabe qui suit ce schéva ; d'où שֹׁמְרִים[24], הוּבְאוּ[23] פָּקְדָה[26], בֵּרְכוּ[25], sont marqués de l'accent גַּעְיָא[16] ; et de même הִנְנִי[27] où la voyelle, bien que brève, est accentuée parce qu'elle est suivie d'un schéva qui se prononce. Toutefois, bien que le schéva se

17. *Mot accentué sur l'avant-dernière syllabe.*
18. *Mot accentué sur la dernière syllabe.*
19. *Au moment de vos fêtes : Nombres* XV, 3...
20. Barbarisme. Sans doute הַנּוֹעָדִים *ceux qui se sont assemblés : Nombres* XIV, 35...
21. *Et ils l'ont béni : Genèse* XIV, 19...
22. *Nous ferons : Genèse* I, 26...
23. *Ils ont été amenés : Genèse* XLIII, 18...
24. *Ceux qui gardent : Nombres* III, 38...
25. *Ils ont béni :* II *Chron.* XX, 26.
26. *Elle a visité.*
27. *Me voici.*

prononce aussi lorsqu'il est placé sous une lettre ayant un dagesch, on ne doit pas marquer de gahgja[16] la voyelle qui précède ce schéva. — A moins que la lettre en question ne soit une de celles qui n'admettent pas le point dagesch, c'est-à-dire le redoublement ; voir à ce sujet le chapitre II[28].

La règle précédente[29] vient, je pense, de ce que le dagesch indique que la lettre et le schéva contracté qu'il sous-entend se rattachent à la syllabe précédente. De sorte que la voyelle qui précède un schéva que l'on prononce à cause d'un dagesch[30] doit être considérée comme une voyelle suivie en réalité de deux schéva : un premier qui, comme nous le disons plus haut, se contracte et un deuxième qui se prononce ; ce qui veut dire un premier schéva qui se rattache à la syllabe précédente et un deuxième schéva qui se rattache à la syllabe suivante[31].

Lorsqu'une voyelle précédée d'un schéva — quel qu'il soit — doit être accentuée[32], la voyelle qui précède ce même schéva devra aussi être accentuée. Cette règle est générale et s'applique que le schéva soit exprimé ou sous-entendu.

Ex. : הכנעני[33]. La voyelle pathagh qui se trouve après le schéva simple est accentuée car elle-même est suivie d'un schéva composé. Il découle de là que la voyelle pathagh qui se trouve avant le schéva simple doit aussi être accentuée. Ainsi וישתחוו[35], תתנחלו[34], etc., ont pour la même raison deux gahgja.

28. Les consonnes que l'on ne peut marquer du point dagesch sont les lettres gutturales ainsi que la lettre ר.

29. Selon laquelle on ne doit pas marquer de *ga'ya* la voyelle qui précède un *schéva* qui se prononce parce que placé sous une lettre ayant un *dagesch*.

30. Point placé à l'intérieur de la consonne.

31. Spinoza reprend ici les explications données au ch. II. Cf. *supra*, p. 40 et 46.

32. Littéralement *lorsqu'une voyelle doit être allongée.* Mais l'allongement dont parle ici Spinoza ne se marque pas par la substitution d'une voyelle longue à une voyelle brève primitive ; l'allongement indiqué par le trait vertical *ga'ya* a pour but de marquer une accentuation supplémentaire.

33. *Le Cananéen. Gen.* X, 18...

34. *Vous recevrez en héritage. Nbres* XXXIV, 13...

35. *Et ils se sont prosternés. Gen.* XXXIII, 7...

Je dis qu'il doit en être de même quand le schéva est sous-entendu. Ainsi dans מִמָּחֳרַת[36] où il y a un gahgja[16] sous chacun des מ parce que le mot doit être lu מִמְּמָחֳרַת. Kamets a donc en réalité un schéva qui le précède, mais ce schéva est remplacé par le point דגש[30]. D'autre part, à cause du schéva composé qui le suit, ce kamets est accentué ; aussi la voyelle qui précède le point דגש[30] — ce point remplaçant un schéva — doit donc être accentuée.

Ainsi וִיבָרֶכְךָ[40], הַמַּעֲשֶׂה[39], בַּמַּחֲנֶה[38], הַנַּעֲרָה[37] et d'autres exemples du même genre, très nombreux, qui portent deux gahgja[41].

Lorsqu'un mot comprend deux voyelles longues, celles-ci ont toujours un accent ou un gahgja.

Si l'avant-dernière syllabe et l'antépénultième sont longues, l'antépénultième portera un accent ; si c'est la deuxième syllabe qui a un accent, l'antépénultième doit porter un gahgja ; ainsi dans אָנֹכִי[42] le kamets est accentué lorsque l'accent du mot est sur la dernière syllabe ; mais lorsque l'accent est sur l'avant-dernière syllabe, alors le gahgja est omis, ainsi dans דָּן אָנֹכִי[43] ; et dans וַהֲקִימוֹתִי[46], נְשִׂיאֵיהֶם[45], הַכּוֹכָבִים[44], l'antépénultième a un gahgja. Et si un mot a plusieurs voyelles longues, on observera toujours que jamais deux voyelles longues ne restent sans un accent ou sans un gahgja ; comme dans בְּשָׁבוּעוֹתֵיכֶם[47]. On notera ici que khibbuts[48],

36. *A partir du lendemain. Gen.* XIX, 34...
37. *La jeune fille. Gen.* XXIV, 14...
38. *Dans le camp. Exode* XXXVI, 6.
39. *Le fait. Gen.* XLIV, 15...
40. *Et il t'a béni.* Ne se trouve pas dans la Bible. Peut-être וִיבָרְכֶךָּ *Gen.* XLIX, 25 ou plutôt וַאֲבָרְכֶךָּ *Gen.* XXVI, 3.
41. Dans les Bibles imprimées, les exemples cités par Spinoza (notes 33 à 40) ne comportent qu'un seul *ga'ya*. Toutefois Buxtorf (que cite Spinoza au ch. II) marque deux *ga'ya* aux exemples (36) et (38) : « *Thesaurus Grammaticus... op. cit.*, p. 38 et 40 ».
42. *Je.*
43. *Je juge: Gen.* XV, 14.
44. *Les étoiles: Gen.* I, 16...
45. *Leurs chefs: Nbres* XVII, 21...
46. *Et je raffermirai: Lév.* XXVI, 9.
47. *Pendant vos semaines;* en réalité בְּשָׁבֻעֹתֵיכֶם : *Nbres* XXVIII, 26.
48. Voyelle brève *ou*.

quelquefois employé à la place de schurek, est alors considéré comme une voyelle longue.

Ainsi dans מִשְּׁבֻעָתִי[49] khibbuts est accentué — comme le serait une voyelle longue — parce qu'il provient de la transformation de schurek du nom שְׁבוּעָה[50] ; alors qu'autrement khibbuts est toujours une voyelle brève.

On notera également qu'une voyelle brève à laquelle est rattaché un schéva doit être considérée comme une voyelle longue ; ainsi dans מֵנִקְתָּהּ[52], מוֹלַדְתִּי[51], etc., la voyelle longue qui précède la voyelle brève à laquelle adhère le schéva est accentuée comme le serait une voyelle longue qui précéderait une autre voyelle longue non accentuée. Et de même dans הִתְיַצְּבוּ[53], les deux premières syllabes sont considérées comme longues car à chacune d'elles est rattaché un schéva. Dans la première syllabe le schéva est exprimé, dans la deuxième il est remplacé par le dagesch du צ. Font exception à la règle précédente les voyelles brèves employées souvent à la place du schéva simple afin d'éviter qu'il n'y ait deux schéva au commencement d'un mot — ce que nous avons déjà indiqué au chapitre III. — Ainsi dans l'exemple תִּפְקְדוּ[54] la première voyelle est brève parce qu'elle remplace un schéva.

Il arrive ainsi lorsque deux voyelles brèves se suivent que la première soit accentuée quand la seconde remplace un schéva composé — le schéva composé, nous l'avons déjà dit, est toujours précédé de gahgja. — Comme dans וַיֶּחֶרְדוּ[55] qui s'écrit au lieu de וַיֶּחֱרְדוּ[55].

Enfin ו *vau* avec patagh et suivi de י *jod* s'écrit indifféremment avec ou sans gahgja comme dans וַיְדַבֵּר et וַֽיְדַבֵּר[56].

49. *De ma promesse: Gen.* XXIV, 8.
50. *Promesse.*
51. *Ma patrie: Gen.* XXIV, 4...
52. *Sa nourrice: Gen.* XXIV, 59.
53. *Soulevez-vous: Ex:* XIV, 13. En réalité ne comporte pas de *ga'ya.*
54. *Vous dénombrerez: Nbres* I, 3...
55. *Et ils ont tremblé: Gen.* XLII, 28.
56. *Et il parla.*

Telles sont, au sujet de cet accent, les principales règles que l'on peut apprendre à partir de l'étude des voyelles seulement il y en a une autre que l'on déduira des prépositions[57] ; nous l'expliquerons en son temps.

Pour le reste, je ne me soucie nullement de ce que les Juifs reculent maintenant gahgja d'une syllabe à cause de l'accent musical ~ qu'ils appellent *zarkha*[58]*;* cela en effet ne doit pas être imité de ceux qui veulent parler l'hébreu et non pas le chanter.

On notera cependant que l'on emploie souvent un autre accent à la place de gahgja ; et de plus, que quelques mots ont deux accents. Une de leurs syllabes est donc accentuée contrairement aux règles précédentes.

Ceci arrive dans les cas très rares où deux accents disjonctifs se suivent immédiatement — en effet en règle générale ils sont précédés d'accents serviles[59] — ; par exemple ni silukh[6] ni זָקֵף קָטֹן[10] ne suivent immédiatement athnagh[9] et inversement ni zakheph khaton[10] ni athnagh[9] ne suivent silukh[6] sauf dans des cas très rares.

Si donc un mot venant après athnagh[9] et zakheph khaton[10] doit avoir un de ces accents, ce mot doit alors être marqué d'un accent supplémentaire, l'une de ses syllabes étant exceptionnellement accentuée. Ainsi au chap. VII d'Ésaïe, verset 18, יְאֹרֵי מִצְרָיִם וְלַדְּבוֹרָה[60] où וְלַדְּבוֹרָה[61] a un accent supplémentaire au-dessus de ל à cause de zakheph khaton[10] et cette syllabe, contrairement à la règle courante, est accentuée car le mot est précédé de athnagh[62]. De même dans les *Nombres*, ch. XXVIII, versets 20

57. Ce n'est pas au chapitre traitant des prépositions que Spinoza énoncera la règle à laquelle il fait ici allusion, mais à celui concernant les pronoms (ch. XI). Voir *infra*, p. 120.

58. *Qui égrène* (les notes).

59. Cf. *supra*, p. 54.

60. « (En ce jour le Seigneur sifflera la mouche de l'extrémité) *des canaux de l'Égypte ; et l'abeille* (du pays d'Assour). »

61. *Et l'abeille.*

62. Cet accent est marqué dans la traduction du verset d'Esaïe par le point virgule. Cf. *supra*, note (60).

et 28, où le mot וּמִנְחָתָם[63] venant immédiatement après silukh a deux accents et où la voyelle sous le מ contrairement à la règle générale est accentuée. Comme aussi dans le *Deutéronome*, ch. XII, verset 1 לְרִשְׁתָּהּ כָּל־הַיָּמִים[64]. Pour la même raison dans le *Deutéronome*, ch. XIII, verset 12, וְכָל־יִשְׂרָאֵל[65] contrairement à la règle du trait makhaf[66], il y a un accent au-dessus de כָּל[67]. Il y a beaucoup d'exemples de ce genre et pour la même raison dans un grand nombre d'entre eux on remplace gahgja par un autre accent.

On notera enfin qu'un des accents disjonctifs appelé קַדְמָא[68] *khadma* est toujours inscrit à la fin du mot[69] et au-dessus de la façon suivante הָעוֹלִים[70] ; en cela il se distingue d'un accent servile, אַזְלָא : *azla*[71] qui lui est toujours inscrit au-dessus de la syllabe sur laquelle doit porter l'accent.

Si donc le mot marqué de קַדְמָא[68] est *millehgel*[72], il faut un accent supplémentaire pour indiquer l'accentuation de l'avant-dernière syllabe[73]. Ainsi puisque יָדַיִם[74] doit être marqué de l'accent khadma[68], la lettre ד *dalet* devra aussi être accentuée de אַזְלָא[71] afin que l'on sache que le mot est מִלְעֵיל[72].

De plus, je vois une autre raison pour expliquer qu'un mot soit marqué de deux accents.

Lorsqu'un mot millerahg[75] devient millehgel[72] — nous dirons bientôt pourquoi — sans modification de voyelles, l'accent de la

63. *Et leur oblation.*
64. ... *Pour le conquérir ; tous les jours...*
65. *Et tout Israël...*
66. Cf. *supra*, p. 55, note (12).
67. *Tout.*
68. *Antérieur.*
69. Cet accent est toujours inscrit à la fin du mot et non au-dessus de la syllabe sur laquelle doit porter l'accent.
70. *Ceux qui montent : Ezra* II, 1...
71. *Qui avance.*
72. C'est-à-dire si le mot doit être accentué sur l'avant-dernière syllabe.
73. Puisque l'accent *khadma* est toujours inscrit à la fin du mot, même si le mot en question doit pour des raisons grammaticales être accentué sur l'avant-dernière syllabe.
74. *Les deux mains :* cf. *Jérém.* XLVIII, 37.
75. C'est-à-dire un mot accentué sur la dernière syllabe.

dernière syllabe ne disparaît pas et l'avant-dernière syllabe doit aussi être marquée d'un accent. Cette règle est d'ailleurs parfaitement inutile puisque l'accent de la dernière syllabe ne sert plus à rien.

Il serait temps d'indiquer les mots qui doivent être accentués sur la dernière syllabe et ceux qui doivent l'être sur l'antépénultième[76] — c'est-à-dire les mots מִלְּעֵיל[72] et les mots מִלְּרַע[75] — mais comme on ne peut le savoir en n'ayant étudié que les lettres et les voyelles, je remets cette question pour le moment où il sera traité des verbes. J'ajouterai seulement ici que les accents athnagh[9] et silukh[6] rendent souvent millehgel[72] des mots qui sont millerahg[75]. Ceci a lieu lorsque la dernière syllabe du mot et l'antépénultième sont longues, comme dans אָנֹכִי[42]. Et si l'on doit marquer l'accent athnagh[9] ou l'accent silukh[6], le mot devient מִלְּעֵיל[72], ainsi דָן אָנֹֽכִי[43]. Si l'avant-dernière syllabe a un schéva[77] — qui comme nous l'avons dit n'est jamais accentué —, dans les verbes le schéva[77] est remplacé par un khamets[78], dans les noms par un ségol[79]. Ainsi lorsque פָּקְדוּ[80] doit être accentué de athnagh[9], le schéva[77] du ק est changé en khamets[78] ָ et le mot devient פָּקָֽדוּ[80] ; et si שִׁמְךָ[81] est accentué de athnagh[9], il devient שְׁמֶֽךָ[81]. Mais dans les participes au féminin, le schéva est remplacé aussi bien par ֶ ségol[79] que par ָ khamets[78] et ce changement se produit aussi lorsque l'accent doit être זָקֵף קָטֹן[10].

On notera ensuite que les accents athnagh[9] et silukh[6] abolissent les propriétés de l'accent disjonctif qui les précède et en quelque sorte se l'annexent. Aussi l'accent disjonctif qui précède l'un ou l'autre de ces accents est-il toujours targha[8] qui, toujours, indique que athnagh[9] ou silukh[6] vont suivre. De ce fait, targha[8]

76. Erreur. Il s'agit de l'avant-dernière syllabe.
77. Cf. *supra*, ch. III, note (5).
78. *a* voyelle longue.
79. *é* voyelle brève.
80. *Elles ont manqué*, cf. *Isaïe* XXXIV, 16.
81. *Ton nom*, cf. *Gen.* XII, 2.

n'a pas les propriétés de l'accent disjonctif : il ne rend pas מִלְעֵיל[72] les mots, il suit souvent immédiatement zakheph khaton[10] ou un autre accent disjonctif et est suivi de athnagh[9] ou de silukh[6].

C'est pourquoi lorsque nous avons dit plus haut que deux accents disjonctifs ne peuvent immédiatement se suivre, ceci doit s'entendre pour tous les accents disjonctifs sauf pour טַרְחָא[8] qui — nous l'avons dit — perd les propriétés de l'accent disjonctif à cause des accents athnagh[9] et silukh[6].

CHAPITRE V

DU NOM

On divise, en latin, le discours en huit parties[1] ; mais on peut douter qu'il en soit de même en hébreu. En effet — si l'on excepte les interjections, les conjonctions et une ou deux particules — tous les mots hébreux ont la valeur et les propriétés du nom. Et c'est parce que les grammairiens ne l'ont pas compris qu'ils ont cru irrégulières beaucoup de choses parfaitement régulières — si l'on se réfère à l'usage de la langue — et qu'ils ont ignoré un certain nombre de choses nécessaires pour connaître et parler la langue hébraïque.

Aussi, que les Hébreux[2] aient fixé ou non autant de parties du discours que les Latins, en ce qui nous concerne, nous les ramènerons toutes au nom — à l'exception seulement, comme nous l'avons

1. Parmi les huit espèces de mots qui constituent en latin les parties du discours, quatre sont variables (nom, adjectif, pronom, verbe) et quatre sont invariables (adverbe, préposition, conjonction, interjection).

2. Au chapitre VII du *Traité Théologique et Politique*, Spinoza soulignait combien il est difficile d'avoir une connaissance parfaite de la langue hébraïque si l'on ne veut se fonder que sur les sources littéraires laissées par les anciens Hébreux. Cette difficulté provient de la destruction presque totale de la littérature hébraïque, y *compris les ouvrages grammaticaux:* « Antiqui linguae Hebraicae cultores nihil posteritati de fundamentis et doctrina hujus linguae reliquerunt ; nos saltem ab iisdem nihil prorsus habemus : non ullum Dictionarium neque Grammaticam, neque Rhetoricam ; Hebraea autem natio omnia ornamenta omneque decus perdidit (nec mirum, postquam tot clades et persecutiones passa est), nec nisi pauca quaedam fragmenta linguae et paucorum retinuit... Tum praecipue hujus linguae phraseologiam desideramus ; ejus enim phrases et modos loquendi, Hebraeae nationi peculiares, omnes fere tempus edax ex hominum memoria abolevit... *Linguae Hebraeae perfectam historiam non possumus habere...* » (B.D.S. *Opera, op. cit.*, tome II, p. 45). L'enquête historique ne pouvant nous donner qu'une connaissance fragmentaire de l'hébreu, il n'en reste pas moins « *qu'en ce qui concerne les choses que nous pouvons saisir par l'entendement et*

dit, des interjections, des conjonctions et d'une ou deux particules. Les chapitres suivants en montreront la raison, ainsi que la grande facilité qui en découle pour l'étude de l'hébreu.

Mais j'explique maintenant ce que j'entends par *nom*. J'entends par *nom* un mot par lequel nous signifions ou indiquons quelque chose qui tombe sous l'entendement[2]. Et, ce qui tombe sous l'entendement étant soit des choses, leurs attributs, leurs modes et leurs relations, soit des actions ainsi que leurs modes et leurs relations, il est facile de rassembler les espèces de noms. *Exemples :*

אִישׁ est le nom pour *homme*[3].

חָכָם *savant*, גָּדוֹל *grand*, etc. sont attributs d'homme.

הֹלֵךְ *allant*, יֹדֵעַ *sachant*, sont des modes.

בֵּין *entre*, תַּחַת *sous*, עַל *sur*, etc. sont des noms qui montrent la relation qu'un homme a avec des choses.

Et de même הָלוֹךְ *aller* est le nom d'une action qui n'a aucune relation au temps. En effet, on notera tout spécialement que l'infinitif, appelé en latin un mode, est, en hébreu, un nom pur et simple. L'infinitif ne connaît donc ni présent, ni passé, ni aucun autre temps[4].

dont nous formons facilement un concept clair », la lumière naturelle suffit. « La nature et la vertu de cette lumière consistent en ce qu'elle déduit et conclut par voie de légitime conséquence les choses obscures à partir de celles qui sont connues ou de celles qui sont données comme connues » (*op. cit.*, tome II, p. 49 et 50). Ainsi donc, même si *historiquement* les Hébreux se sont prononcé pour un aussi grand nombre d'éléments du discours que les Latins, Spinoza appliquant « la lumière naturelle » à l'étude de l'hébreu déduit tous les éléments du discours, du nom. (Certains grammairiens juifs antérieurs à Spinoza rapportaient déjà tous les éléments du discours au nom, sans en tirer toutefois les conséquences morphologiques et syntaxiques expliquées par Spinoza ; cf. notre Introduction).

3. C'est-à-dire אִישׁ est le nom commun qui signifie *homme*.

4. Toujours au ch. VII du *Tractatus* (*op. cit.*, tome II, p. 46), Spinoza indiquait qu'à l'infinitif « *en dehors du présent*, tous les temps manquent ». Il affirme ici que l'infinitif ne connaît aucun temps. C'est que, croyons-nous, dans le *Tractatus*, il s'exprime selon la terminologie grammaticale des langues européennes. Dire dans le *Tractatus* que l'infinitif n'a pas de présent alors qu'il existe en hébreu un infinitif impliquait que Spinoza énonce et fonde « ces règles certaines déduites facilement des éléments fondamentaux de la langue » dont il parle dans le même paragraphe du *Tractatus*. Mais il n'expliquera « ces règles déduites des éléments fondamentaux de la langue » que dans l'*Abrégé de grammaire hébraïque*. C'est pour cette raison qu'il ne parle qu'ici de l'absence du présent dans l'infinitif hébreu et non dans le *Tractatus*.

D'autre part מְהֵרָה *vite* est un mode de l'action de marcher. הַיּוֹם *aujourd'hui*, מָחָר *demain*, etc... sont des relations de temps ; nous verrons dans un autre chapitre[5] que ces relations peuvent être exprimées autrement.

Il y a donc six espèces de noms :

1) Le nom substantif divisé, comme l'on sait, en nom propre et nom commun ;

2) L'adjectif ;

3) Le relatif ou préposition ;

4) Le participe ;

5) L'infinitif ;

6) L'adverbe ;

Il faut aussi ajouter le pronom qui remplace le nom substantif. Ainsi אֲנִי *je*, אַתָּה *tu*, הוּא *il*, etc. Mais je traiterai de cette question dans un autre chapitre.

A propos des noms, il faut encore souligner que par le nom propre substantif nous ne pouvons exprimer qu'un individu singulier. En effet, chaque individu n'a qu'un seul nom propre et il en est de même pour chaque action. Il s'en suit que le nom propre substantif, ainsi que l'infinitif[6] et l'adverbe[6] — qui eux sont pour ainsi dire des adjectifs d'actions, auxquels ils doivent s'accorder en nombre — ne sont exprimés qu'au singulier. Mais les autres noms peuvent être exprimés au singulier et aussi au pluriel. Je dis bien *les autres noms*. En effet, les prépositions ont aussi un pluriel, ce que nous verrons au chapitre X.

D'autre part, les hommes, et particulièrement les Hébreux, attribuent généralement à toutes les choses des qualités humaines.

5. Chapitre X, *in fine*.

6. Il y a ici une erreur de la part de Spinoza ou plutôt du texte latin. Ce n'est que l'adverbe qui est un adjectif d'action. L'infinitif qui n'exprime aucune relation au temps n'est pas un adjectif d'action, mais un nom d'action, comme l'indique plus haut Spinoza (A propos de l'adverbe, adjectif d'action, cf. *infra*, ch. X, *in fine*).

Ils disent ainsi que *la terre a entendu*, qu'*elle a été écoutée*, etc. C'est peut-être une des raisons pour lesquelles tous les noms de choses ont été divisés en noms masculins et en noms féminins. Comment les reconnaître et selon quelle méthode[7] se fait la flexion des noms, du singulier au pluriel, nous allons le dire plus bas.

7. Spinoza dit *qua ratione*. C'est-à-dire « quelles sont les raisons des modifications de voyelles que subissent les noms en passant du singulier au pluriel ? »

CHAPITRE VI

DE LA FLEXION DU NOM DU SINGULIER AU PLURIEL

La flexion des noms du singulier au pluriel se marque en ajoutant au masculin la voyelle longue ghirek[1] suivie de la lettre ם, et au féminin la voyelle longue O[2] suivie de la lettre ת.

Exemples : גַּן *jardin* devient au pluriel גַּנִּים parce que c'est un masculin. Ainsi de עֵץ *arbre*, de אָח *frère*, on fait עֵצִים, אַחִים.

Mais אוֹת *signe*, qui est du féminin, a comme pluriel אוֹתוֹת ; de la même façon נֵר *chandelle* a comme pluriel נֵרוֹת, עוֹר *peau*, עוֹרוֹת, etc.

Font exception des noms masculins qui forment leur pluriel comme les noms féminins ; inversement des noms féminins qui forment leur pluriel comme les noms masculins ; enfin des noms qui, au pluriel, peuvent avoir l'une ou l'autre forme.

Ainsi אָבוֹת *pères* vient du singulier אָב *père* qui est masculin[3]. Mais נָשִׁים *femmes*, nom féminin qui n'a pas de singulier, a la terminaison des noms masculins. Et הֵיכָל *temple* a la terminaison du masculin et du féminin ; ainsi הֵיכָלִים[4] et הֵיכָלוֹת[5]. En outre,

1. La voyelle longue *ghirek* est indiquée par un point — placé au-dessous de la dernière lettre du mot au singulier — suivi de la lettre muette *jot* (appelée généralement *Yod*) ; cf. *supra*, p. 46.

2. La voyelle longue O est appelée *gholem ;* cf. *supra*, p. 46.

3. Le pluriel אָבוֹת *(pères)* a la terminaison d'un féminin pluriel.

4. On ne trouve la terminaison du masculin pluriel qu'à l'état construit, ainsi au verset 9 du Psaume XLV.

5. *Osée* VIII, 14.

on notera au sujet des noms neutres qu'ils se déclinent comme les noms féminins ; ainsi גְּדוֹלוֹת[6] .

La deuxième raison pour laquelle les voyelles subissent des modifications est la présence de trois voyelles longues dans un mot qui, s'il n'est pas מלעיל[7], doit donc avoir deux accents ; d'autre part, l'avant-dernière syllabe qui précède ghirek[1] et gholem[2] ne peut être ponctuée de pathagh[8] à moins que le mot ne soit millehgel[7], etc. Le catalogue de tous ces noms se trouve à la fin du livre[9] ; j'ai jugé qu'il ne valait pas la peine de les placer ici, car on les apprend plus facilement par l'usage que par des règles.

De plus, les noms masculins ou féminins qui se terminent en ה perdent ה[10] ou ת[11] en même temps que la dernière voyelle, ainsi עָלֶה *feuille* a comme pluriel עָלִים, נְקֵבָה *femme:* נְקֵבוֹת, et אִשָּׁה *femme:* אִשּׁוֹת[12].

Il faut indiquer ici que la dernière lettre ה des noms féminins est souvent changée en ת et que les deux voyelles qui précèdent cette dernière lettre deviennent deux ségol ֶ, ou khamets ָ et ségol ֶ lorsque le mot est accentué de athnagh[13] ou de silukh[13]. En effet, de עֲטָרָה : couronne[14a], on fait עֲטֶרֶת[14b], et lorsque

6. *Grandes. Jér.* XLV, 5.

7. *Millehgel* signifie *en haut.* Un mot dit *millehgel* est accentué sur l'avant-dernière syllabe. Cf. *supra*, p. 55.

8. *a* voyelle brève ; cf. *supra*, p. 45.

9. Rappelons que le *Compendium* n'a pas été achevé par Spinoza.

10. Au pluriel.

11. Lorsque le ה se transforme en ת, ou dans les noms masculins ou féminins qui se terminent en ת.

12. Un seul exemple : dans *Ezech.* XXIII, 44 transcris אִשֹּׁת.

13. Les deux principaux accents disjonctifs. Cf. *supra*, p. 53.

14a. Pour les grammairiens, la forme עֲטֶרֶת (14b) terminée par deux ségol et la lettre ת est l'état construit du nominatif עֲטָרָה (14a).

Pour Spinoza, au contraire, il est permis d'employer au nominatif les deux formes : d'une part celle dont la dernière lettre est ה (14a) et d'autre part la forme en ת (14b) « où les deux voyelles qui précèdent cette dernière lettre deviennent deux ségol ֶ ».

Ainsi que le montrent les exemples (15a) et (15b), Spinoza se fonde sur le fait que dans les verbes au participe présent on trouve les deux formes employées sans que la forme en ת (15b) (« où les deux voyelles qui précèdent... deviennent deux ségol ֶ ») soit l'état construit de la forme en ה (15a).

En effet, pour Spinoza, « tous les mots hébreux ont la valeur et les propriétés du le mot est accentué de athnagh ou de silukh[13] : עָטָרֶת. De même, de פּוֹקְדָה[15a] *visitant*, on fait פּוֹקֶדֶת[15b] et פּוֹקָדֶת[15c].

Mais si l'avant-dernière lettre du mot est ח[16] ou ע[16], les deux voyelles deviennent pathagh[17] ; ainsi שׁוֹמַעַת *écoutant* et בֹּרַחַת *fuyant* au lieu de שׁמְעָה et de בֹּרְחָה ; et ceci a lieu aussi dans les substantifs, ainsi צַפַּחַת[18]. Il suit de là que tous les noms féminins de ce modèle se terminant en ת ont, au pluriel, la même flexion que ceux qui se terminent en ה.

Le pluriel entraîne aussi dans la plupart des noms d'autres changements de voyelles.

Ainsi le ָ khamets de l'avant-dernière syllabe devient la plupart du temps scheva[19]. Ainsi דָּבָר *parole*, דְּבָרִים *paroles ;* זָקֵן *vieillard*, זְקֵנִים *vieillards ;* שָׂמֵחַ *joyeux*, שְׂמֵחִים *joyeux ;* נָקִי *pur*, נְקִיִּים *purs ;* רָחוֹק *lointain*, רְחוֹקִים *lointains ;* בָּרוּךְ *béni*, בְּרוּכִים *bénis*.

Le ָ khamets de l'avant-dernière syllabe (dans les mots[20] comme זִכָּרוֹן *souvenir*, גִּלָּיוֹן *rouleau*) est aussi changé en schéva[19] et donne זִכְרוֹנוֹת et גִּלְיוֹנִים. Mais généralement à la dernière syllabe d'un mot, ou dans un nom monosyllabique, le khamets ָ reste inchangé ou dans certains cas devient patagh[8]. Ainsi : כּוֹכָב *étoile*, כּוֹכָבִים *étoiles ;* שָׂר[21] *prince*, שָׂרִים *princes ;* יָם *mer*, יַמִּים[22] *mers ;* שׁוֹשָׁן

nom » (cf. *supra*, p. 34) ; rien ne s'oppose donc, en principe, à l'application aux noms substantifs (14a) des règles appliquées dans l'Écriture aux noms participes (15a).

Spinoza tire ici les conséquences morphologiques de sa définition du nom (cf. *supra*, note 2 du Ch. V). Ainsi qu'il le dira au Ch. VIII qui traite de l'état construit, l'*Abrégé de Grammaire hébraïque* vise à donner « *une connaissance universelle* » de l'hébreu.

15a. *Visitant* au féminin singulier ; en hébreu le participe présent n'est pas invariable mais s'accorde en genre et en nombre avec le sujet.

15b. Autre forme du participe présent (fém. sing.).

15c. Forme (15b) du participe présent à la pause (lorsque le mot porte les accents disjonctifs *athnagh* ou *silukh ;* cf. *supra*, note 13).

16. Lettres gutturales.

17. *a* bref au lieu de *ségol* (*é* bref). Cf. *supra*, note 8.

18. *Coupe, cruche.*

19. *e* muet.

20. Mots qui comprennent trois syllabes. Les exemples du paragraphe précédent n'en comprenaient que deux.

22. En réalité le *khamets* n'est pas conservé. Par exemple dans *Gen.* I, 10 : יַמִּים. Il est difficile de savoir s'il s'agit d'une erreur de l'éditeur ou d'une erreur de Spinoza. Quoi qu'il en soit, si dans שָׂר (21) le *khamets* est conservé, c'est parce que le monosyllabique est terminé par la lettre gutturale ר.

rose, שׁוֹשַׁנִּים *roses*. Ici doivent aussi être mentionnés les mots se terminant en ה, car au pluriel, nous l'avons déjà dit, ils perdent la dernière voyelle en même temps que le ה, et ont donc la même flexion que les monosyllabiques ou que les noms dont la dernière syllabe a un khamets. Exemples : שָׂדֶה *champ*, קָנֶה *roseau*, etc., suivent la règle des monosyllabiques — ils conservent ָ au pluriel — car ils perdent, au pluriel, la voyelle ségol ֶ et la lettre ה, d'où שָׂדוֹת *champs* et קָנִים *roseaux;* ainsi מַמְלָכָה *royaume*, qui perd au pluriel le dernier ָ et le ה, conserve cependant l'avant-dernier ָ comme les noms dont la dernière voyelle est ָ, et devient מַמְלָכוֹת *royaumes*. Pour la même raison, les noms se terminant en ת conservent au pluriel le ָ de l'avant-dernière syllabe, ainsi תּוֹלַעַת[23] *ver*, תּוֹלָעִים[24] *vers*.

Certains mots qui ne perdent pas la dernière syllabe conservent cependant ָ khamets ; ainsi זָוִית *angle*, זָוִיּוֹת *angles ;* עָמִית *compagnon*, עֲמִיתִים[25] *compagnons ;* גָּלוּת exil, גָּלֻיּוֹת *exils*[26].

A l'avant-dernière syllabe, tséré[27] aussi se change en schéva ; mais il est maintenu avant gholem[2] ou avant schurek[28]. Ainsi dans עֲנָבִים *raisins*, de עֵנָב *raisin*, tséré[27] est changé en schéva[29] ; mais dans אֵלוֹנִים pluriel de אֵלוֹן[30], tséré[27] est maintenu.

Dans les noms où c'est la dernière syllabe qui est ponctuée de tséré[27] ֵ, si l'avant-dernière syllabe est immuable ou si elle n'est

23. L'édition Van Vloten et Land 1895, tome III, *op. cit.*, p. 272, note avec raison que תּוֹלַעַת n'a un ָ *khamets* à l'avant-dernière syllabe qu'à la pause (cf. *supra*, note 15c). En dehors de ce cas, le mot est terminé par deux *pathagh* (*a* bref). L'exemple cité par Spinoza est donc mal choisi. Il faut de plus signaler que תּוֹלָעִים (24) n'est pas le pluriel de תּוֹלַעַת mais de תּוֹלָע nom masculin de même sens que תּוֹלַעַת (23).

25. Erreur de Spinoza. Au pluriel, le *khamets* de עָמִית n'est pas conservé ; le pluriel est עֲמִיתִים.

26. L'édition Van Vloten et Land *op. cit.*, p. 272, porte en note : « forme néo-hébraïque ». Ce pluriel n'est pas employé dans la Bible mais dans le Talmud (*Traité Pessahim du Talmud de Babylone* par exemple p. 88/a).

27. *é* voyelle longue. Cf. *supra*, p. 43.

28. *ou* voyelle longue. Cf. *supra*, p. 44.

29. En réalité *schéva* composé puisque la première lettre du mot est gutturale. Cf. *supra*, p. 49, note 36.

30. *Chêne, plaine.*

pas changée en ְ[31], alors tséré[27] est changé en schéva[19]. Ainsi dans מַקֵּל *bâton*, מַקְלוֹת *bâtons ;* פּוֹקֵד *visitant*, פּוֹקְדִים *visitant ;* עִוֵּר *aveugle*, עִוְרִים *aveugles.* Mais après un schéva[19] ou après une voyelle transformée en ְ[31], tséré[27] est conservé ; comme dans זָקֵן *vieillard*, זְקֵנִים *vieillards ;* זְאֵב *loup*, זְאֵבִים *loups ;* etc.

Les monosyllabiques ainsi que les dissyllabiques qui se terminent en ה ou en ת conservent ֵ tséré[27], comme dans נֵר *chandelle*, נֵרוֹת *chandelles ;* עֵד *témoin*, עֵדִים *témoins ;* רֵעָה *ami* , רֵעִים *amis ;* שְׁאֵלָה *question*, שְׁאֵלוֹת *questions.*

Il y a ensuite certains monosyllabiques où tséré[27] est changé en ghirekh[32], mais nous les réservons pour le catalogue promis à la fin du livre[9], avec le reste des exceptions.

Ségol[33] à l'avant-dernière syllabe est changé en schéva[19], mais à la dernière syllabe, il est changé en ָ khamets ; ceci a lieu parce que tous les noms au pluriel sont millerahg[35], alors que tous ceux dont l'avant-dernière syllabe est ֶ[33] sont millehgel[7]. Si donc le deuxième ségol[33] était maintenu au pluriel, le mot devrait alors être accentué sur l'avant-dernière syllabe[7] contrairement à l'usage courant du pluriel. Pour cette raison מֶלֶךְ *roi* devient מְלָכִים *rois ;* אֶבֶן pierre, אֲבָנִים *pierres ;* צֶדֶק justice, צְדָקוֹת *justices ;* זֶבַח *sacrifice*, זְבָחִים *sacrifices ;* נֶחָמָה *consolation*, נְחָמוֹת[36] *consolations ;* חֵטְא *péché*, חֲטָאִים *péchés ;* בֹּקֶר *matin*, בְּקָרִים *matins.*

Le changement du ségol de la dernière syllabe en ָ khamets[34] et du ségol[33] de l'avant-dernière syllabe en shéva[19] est tout à fait régulier. Nous avons montré en effet que dans les mots composés de plusieurs syllabes, la lettre finale ה est dans de nombreux exemples changée en ת ; d'autre part, les deux dernières voyelles qui précèdent le ה final deviennent deux ségol[33] : ainsi עֲטֶרֶה[14a]

31. *Schéva.* Cf. *supra*, note 19.
32. *i* voyelle brève. Cf. *supra*, p. 43.
33. *é* voyelle brève. Cf. *supra*, p. 43.
34. *a* voyelle longue. Cf. *supra*, p. 43.
35. Mot accentué sur la dernière syllabe. Cf. *supra*, p. 55.
36. En réalité נֶחָמוֹת. Le *ségol* est conservé à la première syllabe.

devient עֲשֶׂרֶת[14b] et פְּקֻדָּה[15a], פְּקֻדַּת[15b]. Il faut en outre noter ici — comme nous l'avons déjà signalé — que dans les noms qui se terminent par la lettre ה ou par la lettre ת, le ségol[33] de l'avant-dernière syllabe se trouve placé au pluriel à la dernière syllabe — puisque le ségol[33] de la dernière syllabe disparaît en même temps que la lettre finale ה ou ת — et devient ָ[34]. Toutefois, au pluriel, le ségol de l'avant-dernière syllabe ne devient pas ָ[34] lorsqu'au singulier il a été employé à la place d'un schéva[19] ; ceci a lieu dans tous les participes et leurs dérivés.

Exemples : au lieu de פְּקֻדָּה[15a] et de תּוֹלְדָה[37] on emploie פֹּקֶדֶת[15c] et תּוֹלֶדֶת[38] — à cause des accents athnagh[13] ou silukh[13] — ; mais au pluriel, ces mots prennent de nouveau schéva[19].

Enfin si au ségol[33] de l'avant-dernière syllabe adhère un schéva[19], le ségol[33] n'est pas changé en schéva[19] pour éviter la présence de deux schéva[19] au début du mot. Le ségol[33] est donc conservé au pluriel ou bien transformé en pathagh[8].

Ainsi אֶשְׁנָב *fenêtre*, אֶשְׁנָבִים[39] *fenêtres ;* מֶרְכָּבָה *char*, מַרְכְּבוֹת[40] *chars*.

Dans les noms où ségol[33] est précédé de gholem[2], le gholem devient schéva[19].

Ainsi בֹּקֶר *matin*, au pluriel בְּקָרִים ; אֹהֶל *tente*, אֳהָלִים[29], etc. Pour les exceptions, voir le catalogue[9].

En outre, dans certains monosyllabiques, gholem[2] devient khamets[34]. Ainsi יוֹם *jour*, au pluriel יָמִים ; ראֹשׁ *tête*, רָאשִׁים *têtes ;* mais très souvent aussi, gholem[2] est conservé. Ainsi גּוֹי *nation* fait au pluriel גּוֹיִם et אוֹר *lumière*, אוֹרִים ; etc. comme les noms se terminant en ת et ayant deux ségol[33] qui se suivent — ainsi פּוֹקֶדֶת[15b].

37. En réalité תּוֹלָדָה avec deux *khamets*.

38. L'édition Van Vloten et Land *op. cit.*, p. 273, porte פּוֹקֶדֶת et תּוֹלֶדֶת : c'est une erreur. Cf. *supra*, note 13, ainsi que la règle énoncée par Spinoza dans le paragraphe auquel renvoie la note 13.

39. En réalité אֶשְׁנַבִּים.

40. *Joël* II, 5 ; *Zach.* VI, 1.

Pathagh[8] reste immuable au pluriel sauf devant י. Ainsi יַיִן *vin*, יֵינוֹת *vins ;* זַיִת *olive*, זֵיתִים *olives ;* d'autre part בַּהֶרֶת[41] fait au pluriel בֶּהָרוֹת[42].

Ghirek[32] reste aussi inchangé sauf dans les noms mentionnés à la règle précédente où il est omis au pluriel, et d'autre part dans un très petit nombre de noms mentionnés au catalogue[9]. Il ne s'agit ici que du ghirek[32] proprement dit et non de celui employé au début du mot avant un schéva[19] pour éviter la présence de deux schéva au commencement du mot. Ceci se comprend grâce aux noms terminés par un ה paragogique. Ainsi אִמְרָה *parole* employé au lieu de אֹמֶר a comme pluriel אֲמָרוֹת[43]. De même דִּמְעָה *larme* employé à la place de דֶּמַע[44] a comme pluriel דְּמָעוֹת. En effet, au pluriel, comme nous l'avons déjà montré, le ségol[33] de la dernière syllabe est changé en khamets[34], et le ָ[34] khamets à la dernière syllabe doit être conservé ; d'autre part à l'avant-dernière syllabe, gholem[2] et ségol[33] sont changés en schéva[19].

Khibbuts[45] et schurek[28] ne sont jamais modifiés au pluriel. Et l'on notera encore à propos de schurek[28] que les noms terminés en וּת ne perdent jamais, au pluriel, schurek[28] alors que les autres noms terminés en ה ou en ת, nous l'avons dit, perdent toujours la dernière syllabe au pluriel. Ainsi מַלְכוּת *royaume* a comme pluriel מַלְכוּיוֹת[46], et חָנוּת *magasin*, חֲנוּיוֹת[47].

Enfin le schéva[19] ne peut être modifié que pour une seule raison : éviter la présence de deux schéva au commencement du mot. En effet, nous avons vu que la plupart des transformations de voyelles se font de longues en brèves. Toutefois פְּרִי *fruit* a comme

41. *Tache blanche sur la peau.*
42. *Lévit.* XIII, 38 et 39.
43. *Ps.* XII, 7.
44. En réalité דֶּמַע avec *pathagh* (au lieu de דֶּמֶע) parce que la troisième lettre du mot est gutturale.
45. *ou* voyelle brève. Cf. *supra*, p. 46.
46. En réalité מַלְכֻיּוֹת. *Dan.* VIII, 22.
47. En réalité חֲנֻיּוֹת. *Jér.* XXXVII, 16 mais חֲנוּיוֹת dans *Talm. Bab. B. Mets.*, p. 88a.

pluriel פְּרוֹת[48] et כְּלִי *ustensile*, כֵּלִים ; ceci montre que la lettre י du singulier est paragogique et qu'elle a amené la transformation en schéva[19] du ֵ[27] que ces mots auraient dû avoir ; et comme au pluriel le י paragogique est omis, ces mots conservent tséré[27], ou si l'on préfère, le prennent de nouveau.

Par ces règles, chacun saura facilement faire passer presque tous les noms du singulier au pluriel et rechercher les singuliers à partir des pluriels. Il reste maintenant à ajouter quelques mots seulement au sujet du duel.

Indépendamment du pluriel, certains noms prennent la forme du duel. La flexion a lieu, qu'ils soient masculins ou féminins, en ajoutant à ces noms les lettres י et מ ainsi que les voyelles pathagh[8] et ghirek[1].

Ainsi יוֹם *jour*, dont le pluriel est יָמִים a comme duel יוֹמַיִם *deux jours ;* שָׁנָה *année* a comme duel שְׁנָתַיִם *deux années.* Et, en nous servant des règles précédentes, nous pourrions appliquer de cette façon cette flexion à tous les noms si par la suite les auteurs n'avaient négligé ce sens de duel. En effet, on trouve aussi cette terminaison employée pour exprimer le pluriel des choses allant par deux ou composées de deux parties.

Ainsi יָדַיִם *jadajim*[49] est employé comme pluriel[50] de יָד *main* au lieu du pluriel *jadoth*[51] ; אָזְנַיִם[52] *oreilles* est employé comme pluriel de אֹזֶן *oreille ;* et de même pour les noms d'autres parties de notre corps allant deux par deux.

48. En réalité פְּרוֹת ; le *schéva* est conservé au pluriel. L'édition Van Vloten et Land *op. cit.*, p. 274, note que פֵּרוֹת (avec tséré) est une forme néohébraïque. On trouve en effet dans le Talmud (par ex. *Traité Ber.* p. 35a) פֵּירוֹת, mais le tséré est suivi de la lettre *yod* (transcrite *jot* par Spinoza). Or le pluriel donné par Van Vloten et Land ne comporte pas la lettre *Yod.*

49. *Deux mains.*

50. Par ex. dans *Ez.* XXI, 12 ... *Toutes les mains s'affaibliront...*

51. Ce pluriel existe mais indique un sens figuré : *part* (*Gen.* XLIII, 34), *tenons* (*Ex.* XXVI, 17), *essieu* (I *Rois* VII, 32), *bras de trône* (*I Rois* X, 19)...

52. La terminaison est celle du duel.

En outre, étant composées de deux parties, les *pinces* se disent מֶלְקָחַיִם[52] et les *ciseaux* מִסְפָּרַיִם[53].

C'est la raison pour laquelle[54] on ne peut employer maintenant cette terminaison pour exprimer le duel que pour les noms que l'on trouve déjà, dans la Bible, au duel.

53. « Forme inconnue des Livres Sacrés ainsi que de Buxtorf et de Levy. Il faut lire, semble-t-il, מִסְפָּרַיִם ». Note de l'édition Van Vloten et Land *op. cit.*, p. 275. Ce terme n'est pas employé dans la Bible mais est indiqué par Buxtorf dans son *Lexicon Hebraicum et Chaldaicum* (Bâle 1735, p. 933). Buxtorf donne la forme מִסְפָּרַיִם.

54. Ce dernier paragraphe est à relier à la phrase précédant les exemples : « Et en nous servant... composées de deux parties ».

CHAPITRE VII

DES GENRES MASCULIN ET FÉMININ

Les noms par lesquels on exprime des êtres mâles ou des choses qui ont trait aux êtres mâles sont masculins ; les noms par lesquels on exprime des êtres femelles ou des choses qui ont trait aux êtres femelles sont féminins.

D'autre part, les noms qui servent à exprimer d'autres choses sont communs aux deux genres. Et ce n'est qu'un hasard si la plupart de ces derniers se trouvent toujours employés dans la Bible soit au masculin soit au féminin. En effet, certains noms ne sont employés au féminin que dans un seul texte, alors que partout ailleurs ils sont masculins. Inversement on trouve d'autres noms — qui généralement sont féminins — employés une seule fois au masculin.

Exemple : כָּנָף *aile* est partout du féminin sauf deux fois au chapitre III[1] du Livre II des *Chroniques;* aussi est-il considéré par les auteurs comme appartenant aux deux genres. Mais si ce livre des *Chroniques* nous avait fait défaut, les grammairiens n'auraient pas hésité à classer ce mot parmi les noms féminins et à modifier peut-être toutes les règles si nous avions eu en notre possession un plus grand nombre de livres[2]. Ils considéreraient

1. « Versets 11 et 12 » : note de l'Édition Van Vloten et Land *op. cit...*, p. 276.

2. Au chapitre VII du *Traité Théologique et Politique*, Spinoza a déjà indiqué les inconvénients qu'il a à ne pas posséder la totalité de ce qui constituait la littérature des hébreux ; il insistait sur le fait que la Bible n'est qu'un élément de cette littérature. « La nation hébraïque a perdu toute gloire et toute renommée (il ne faut pas s'en

alors comme réguliers des noms qu'ils comptent maintenant parmi les exceptions et au contraire comme des exceptions beaucoup de cas réguliers. En un mot, nombreux sont ceux qui ont écrit la Grammaire de l'Écriture, mais aucun n'a écrit la Grammaire de la langue hébraïque[3].

Mais revenons à notre sujet. Nous voyons aussi l'Écriture employer dans la même phrase le même nom une fois au féminin et une fois au masculin. Ainsi dans la *Genèse*, chapitre XXXII, verset 8 : אִם יָבוֹא עֵשָׂו אֶל הַמַּחֲנֶה הָאַחַת וְהִכָּהוּ « Si Ésaü venait contre l'un des camps et le battait[4]. »

Aussi suis-je complètement d'accord sur cette question avec R. Schelomo Jarghi[5] qui a établi la règle suivante :

כָּל דָּבָר שֶׁאֵין בּוֹ רוּחַ חַיִּים זָכְרֵהוּ וְנָקְבֵהוּ

« Toute chose qui n'a pas souffle de vie peut être exprimée aussi bien au masculin qu'au féminin. » On peut se reporter à son commentaire à l'endroit cité[6].

étonner après le si grand nombre de désastres et de persécutions qu'elle a subis) et elle n'a conservé qu'une langue incomplète et que peu de livres ». Le contexte du paragraphe d'où est tirée cette phrase montre que par « langue » il faut comprendre le vocabulaire, la morphologie et la syntaxe (B.D.S. *Opera op. cit.*, tome II, p. 45). Cf. aussi *supra*, note 2 du chapitre V.

3. Encore une fois l'Écriture, la Bible, les Livres Sacrés ne constituent pas la totalité de la littérature hébraïque. Une grammaire de l'hébreu qui se borne à n'être qu'une grammaire de l'Écriture ne peut donc nous donner « *une connaissance universelle de la langue* ». (Cf. *supra*, ch. VI, note 14b et *infra*, ch. VIII). Spinoza rappellera de nouveau dans les mêmes termes au ch. XVII *(in fine)* que « *les grammairiens ont écrit la grammaire de l'Écriture mais non la grammaire de la langue* ».

4. « Si veniet Hgesau ad aciem *unam*, et ceciderit *eum* ». Le texte latin de Spinoza traduit exactement la phrase hébraïque et montre bien comment dans le même verset le même mot est considéré tantôt comme étant du féminin et tantôt comme étant du masculin. Signalons une légère erreur dans la citation de Spinoza. Il s'agit du verset 9 (*Gen.* ch. XXXII) et non du verset 8.

5. Plus connu sous le nom de *Rachi*, commentateur célèbre de la Bible et du Talmud, né à Troyes (1040-1105). Le nom *Rachi* est formé des initiales de *R*abbi *Ch*elomo (Salomon) *I*shaki (fils d'Isaac). Jusqu'au XIXe siècle, on faisait dériver par erreur ces initiales de *R*abbi *Ch*elomo *Iarhi* (de Lunel). Cf. SPINOZA : *Traité Théol. et Polit.* chap. Ier, 1re note marginale.

6. A la suite de A. Chajes (*Ueber die Hebräische Grammatik Spinoza's*, Breslau, 1869), J. M. Hillesum (*De Spinozistische Spraakkunst:* Chronicon Spinozanum, tome I, 1921, p. 175 et 176) indique avec raison que cette phrase ne se trouve pas dans le commentaire de Rachi, mais que Spinoza a probablement lu cette règle dans la Grammaire d'Abraham de Balmes (à propos de ce grammairien, cf. *supra*, ch. III,

Pour mettre au féminin les adjectifs[7] masculins, on ajoute la voyelle ָ khamets[8] suivie des lettres ה[9] ou ת[10] et l'on modifie les syllabes en appliquant aussi les règles précédentes[11].

Exemples : חָכָם *sage*, au féminin חֲכָמָה ; גָּדוֹל *grand*, גְּדוֹלָה *grande ;* בָּרוּךְ *béni*, בְּרוּכָה *bénie ;* פֹּקֵד *homme visitant*, פּוֹקְדָה et פּוֹקֶדֶת *femme visitant ;* אִישׁ *époux*, אִישָׁה[12] *épouse ;* גְּבִיר *maître*, גְּבִירָה *maîtresse.*

Font exception les adjectifs ayant deux ֶ ségol[13] qui, se suivent et que l'on devrait remplacer par ְ[14]. Mais pour éviter que deux schéva[14] ne se présentent au début du mot, le premier devient

note 23). Abraham de Balmes l'attribue non pas à Rachi mais à un autre commentateur de la Bible : *Ibn Ezra* (1092-1167). L. Kukenheim (*Contributions à l'Histoire de la Grammaire grecque, latine et hébraïque à l'époque de la Renaissance,* Leiden 1951, p. 104) fait remonter à Yonah Ibn Djanah (990 ?-1050) mais sans indiquer de références « la règle d'après laquelle les choses sont elles aussi de deux genres » (Cette règle n'a d'ailleurs pas du tout le sens que lui attribue L. Kukenheim). Nous avons trouvé dans la Grammaire d'Ibn Djanah (*Le livre des parterres fleuris* traduit par M. Metzger, Paris, E. Bouillon 1889, p. 365) une allusion aux genres des choses « qui n'ont pas souffle de vie » : « Si le masculin est un être inanimé, il peut prendre au pluriel la forme masculine et féminine. »

7. On remarquera que Spinoza cite parmi les exemples ci-dessous non seulement des adjectifs *(sapiens, magnus...)* et des participes *(visitans vir)* mais encore des noms substantifs *(vir, virago, rex...)*. C'est ainsi que *vir* classé au début du ch. V, parmi les noms substantifs (cf. *supra*, p. 66) est mis ici sur le même plan que les adjectifs. Il ne s'agit, croyons-nous, ni d'une contradiction ni d'une négligence. Il faut se reporter à la fin du présent chapitre (dernier paragraphe) où Spinoza insiste avec raison sur le fait que la terminaison féminine ָ *khamets* (*a* voyelle longue) suivie de ה (lettre muette Hé) ne concerne primitivement que les adjectifs mais non les substantifs (cf. *aussi ch. VIII dernier paragraphe*). Du point de vue *morphologique*, des substantifs comme *virago* ou *regina* sont assimilés, en hébreu, à des adjectifs. Car dans les substantifs, le féminin n'est marqué par aucune désinence. On ne peut donc tirer aucune règle de l'observation des substantifs féminins comme *virago* ou *regina*. Dans les substantifs, le genre n'est exprimé que par le sens du mot (cf. la première phrase de ce chapitre « Les noms par lesquels... sont féminins »).

8. *a* voyelle longue.

9. Lettre *Hé.*

10. Lettre *Thau.*

11. C'est-à-dire les règles énoncées au chapitre précédent qui traite de la flexion du singulier au pluriel.

12. On trouve dans la Bible אִשָּׁה sans le י. S'agit-il d'un néologisme de Spinoza ou bien simplement d'une erreur de l'édition latine ? Il est difficile de le dire de façon certaine. On peut penser toutefois qu'il s'agit d'une erreur de l'édition latine car au ch. VI, ce mot est normalement orthographié. Il est traduit non par *virago* mais par *mulier* (cf. *supra*, p. 70).

13. *é* voyelle brève.

14. *Schéva* = *e* muet.

pathagh[15]. Ainsi מֶלֶךְ *roi*, מַלְכָּה *reine* qui aurait dû être d'après les règles précédentes מְלָכָה.

D'autre part, les adjectifs qui au masculin se terminent en ה[9] ont la dernière voyelle changée en ָ[16] comme יָפֶה *beau*[17], יָפָה *belle ;* רֹאֶה *voyant*, au féminin רֹאָה, etc.

De plus les adjectifs terminés par un י sont modifiés au féminin comme les précédents, ou simplement en ajoutant ת, ainsi שֵׁנִי *second*, שְׁנִיָּה ou שֵׁנִית *seconde ;* שְׁנִיִּים *seconds*, שְׁנִיּוֹת *secondes ;* et ceci a lieu principalement pour les adjectifs par lesquels on indique l'appartenance à un peuple ou à un pays. Ainsi עִבְרִי *hébreu*, עִבְרִיָּה et עִבְרִית *hébraïque*. On notera en effet, que le masculin de tous ces adjectifs est formé en ajoutant un ghirek suivi de ִי[18] aux noms propres de patrie ou d'ancêtre, et en modifiant les voyelles suivant les règles que nous énoncerons au chapitre suivant qui traite du régime du nom.

Ainsi de יִשְׂרָאֵל[19], on fait יִשְׂרְאֵלִי[20] ; de עֵבֶר[21], עִבְרִי[22] ; de חֶבֶר[23], חֶבְרִי[24] ; de כּוּשׁ *Éthiopie*, כּוּשִׁי[25] et de יְרוּשָׁלַיִם[26], יְרוּשַׁלְמִי *Hierosolimitain*.

Pour former le pluriel de ces noms masculins, on ajoute seulement[27] la lettre ם, ainsi : עִבְרִים *Hébreux*, כּוּשִׁים *Éthiopiens*.

Quand les noms[28] à partir desquels sont formés ces adjectifs[29]

15. *a* voyelle brève.
16. *Khamets a* voyelle longue.
17. En effet puisque ces adjectifs se terminent déjà au masculin par la lettre ה (Hé), il suffit pour les mettre au féminin de changer la voyelle qui précède ce ה (Hé) en *a* voyelle longue (cf. *supra*, notes 7, 8 et 9).
18. *i* voyelle longue.
19. *Israël* (autre nom de Jacob, cf. *Gen*. XXXII, 29).
20. *Israélite* (en réalité יִשְׂרְאֵלִי, cf. *Lev*. XXIV, 10...).
21. *Hgébér* (prononcez *Hébér :* descendant de Sem, cf. *Gen*. X, 24).
22. *Hébreu*.
23. *Ghéber* prononcez *Ḥébér :* descendant de la tribu de Ascher).
24. *Ghébri* (membre de la famille de Ghéber).
25. *Éthiopien*.
26. *Jérusalem*.
27. Puisque ces noms, au singulier, sont déjà terminés par la voyelle longue *i* suivie de *Yod* qui avec la lettre ם *(mem)* est la finale caractéristique du pluriel (cf. *supra*, p. 69).
28. Noms de pays.
29. Adjectifs qui indiquent l'appartenance à un peuple ou à un pays.

sont terminés par la caractéristique du pluriel, cette caractéristique disparaît. En effet, de מִצְרַיִם *Égypte*, on fait : מִצְרִי *Égyptiens*. Et, ainsi que nous l'avons dit, pour mettre au féminin[30] ces adjectifs, on ajoute seulement la lettre ת[10] ou encore la voyelle ָ khamets[8] suivie de la lettre ה[9]. Au pluriel la flexion se fait de la même manière que dans les adjectifs féminins qui se terminent par la lettre ה[9]. Ainsi : מִצְרִיּוֹת[31], עִבְרִיּוֹת[32], etc.

Ainsi donc, la terminaison du féminin singulier ָ[8] suivie de la lettre ה[9] ou la terminaison ת[10] — au pluriel וֹת — est particulière aux adjectifs. Mais, par la suite, les Hébreux ont, semble-t-il, pris l'habitude de rapporter aussi[33] au féminin les substantifs qui se terminent — au singulier — en ה[9] ou en ת[10] et — au pluriel — en וֹת. Il est possible aussi que les substantifs en question aient tiré leur origine d'adjectifs féminins[34]. Mais cela suffit sur ce sujet.

30. Au féminin singulier.
31. *Égyptiennes.*
32. *Hébraïques.*
33. Bien que la terminaison féminine ne soit caractéristique que des adjectifs et que dans les substantifs, seul le sens permette de distinguer le genre des noms (cf. *supra*, note 7). Spinoza reviendra sur cette question avec insistance au dernier paragraphe du chapitre VIII, qui traite du régime du nom.
34. Et en aient donc conservé la terminaison caractéristique.

CHAPITRE VIII

DU RÉGIME[1] DU NOM

Les choses sont exprimées ou bien de façon absolue ou bien en relation avec d'autres choses. Dans ce dernier cas, la relation a pour but de les indiquer de façon plus claire[2] et plus expressive.

Par exemple : *le monde est grand:* dans cette phrase, le terme *monde* est exprimé à l'état absolu. Mais dans la phrase : *le monde de Dieu est grand*, le terme *monde* est à l'état relatif, état qui l'exprime de façon plus efficace *(efficacius)* ou qui l'indique de façon plus claire[2]. C'est ce que l'on appelle l'état de régime[3].

1. *De regimine nominis.* Les grammairiens antérieurs à Spinoza (ainsi Buxtorf) et les grammairiens modernes parlent plutôt de la « construction du nom » et de l' «état construit » (status constructus). Les grammairiens juifs du Moyen Age désignaient cette construction par le terme de סְמִיכוּת dont la racine exprime à la fois le fait de « s'appuyer sur » et le fait de « fortifier quelqu'un ou quelque chose ». — Les théologiens juifs du Moyen Age désignaient aussi par ce terme hébreu la catégorie logique de la relation.

Compte tenu de cette étymologie et des explications que donne Spinoza dans le présent chapitre, nous pensons qu'il convient de traduire littéralement le terme choisi par Spinoza. Ce terme a d'ailleurs l'avantage de former un tout avec les expressions suivantes : *nomen regens* (nom régissant) : c'est le mot qui est mis à l'état de régime (*monde* dans l'exemple cité par Spinoza) ; *nomen rectum* (nom régi) : c'est le mot qui conserve l'état absolu (*Dieu* dans l'exemple cité).

2. La clarté dont parle ici Spinoza est celle qui découle de l'étude du contexte de la phrase où un mot est employé. Ce n'est pas la clarté de *l'idée vraie* (*Éthique,* livre I, Proposition VIII, Scolie II). En effet, comme le dit Spinoza à la fin du chapitre, « le premier et principal usage du nom substantif est de faire connaître les choses de façon absolue et non en relation avec d'autres choses ». Si donc un substantif est employé à l'état relatif, ce n'est que pour en rendre l'expression plus frappante. Sur la clarté des textes qui ne coïncide pas nécessairement avec la « vérité des choses » : Cf. *Traité Théol. et Pol.*, ch. VII « *J'appelle ici énonciations claires ou obscures suivant que le sens en est facilement ou difficilement perçu par la raison d'après le contexte* » (B.D.S. *Opera op. cit.*, tome II, p. 40). La suite du paragraphe oppose à la clarté du contexte, la vérité « *du raisonnement fondé sur les principes de la connaissance naturelle* ».

3. Lorque le mot n'est pas à l'état de régime, il est à l'état absolu.

Je vais maintenant énoncer dans l'ordre — tout d'abord au singulier — les différentes formes que prend cet état.

Dans les noms qui se terminent par la lettre ה[4] — précédée de la voyelle khamets[5] ou de la voyelle gholem[6] — le ה[4] est changé en ת[7] et le ָ[5] en ַ pathagh[8].

Ainsi תְּפִלָּה[9] a comme état de régime תְּפִלַּת[10] qui signifie *prière de quelqu'un*[10]. Et עֲשׂה[11] *le fait d'agir (τὸ facere)* a comme état de régime עֲשׂוֹת[12] *le fait d'agir de quelqu'un (τὸ alicujus facere)*. Ainsi יוֹם עֲשׂוֹת ה׳ אֱלֹהִים[13] *le jour, œuvre du Seigneur Dieu (dies τοῦ facere Domini Dei)*.

Dans les noms qui ont deux ָ[5] qui se suivent et dans les noms[14] qui n'ont qu'un seul ָ[5], le khamets[5] de l'avant-dernière syllabe devient, à l'état de régime, schéva[15] et celui de la dernière syllabe devient pathagh[8].

Ainsi דְּבַר[16] de דָּבָר[17] *parole*, כִּכַּר זָהָב[18] *talent d'or* de כִּכָּר *talent*, חֲכַם[19] de חָכָם[20] *sage* comme au ch. IX du *Livre de Job*[21] où Dieu est appelé חֲכַם לֵבָב *sage de cœur*[22]. Ainsi dans בָּרוּךְ *béni*, שָׁלוֹם *paix*, פָּקוֹד *visiter*, זָקֵן *vieillard*, etc., le ָ[5] de l'avant-dernière syllabe

4. Lettre *Hé*.
5. *a* voyelle longue.
6. *o* voyelle longue.
7. Lettre *Thau*.
8. *a* voyelle brève.
9. *Prière*. Le mot est à l'état absolu.
10. En hébreu, c'est le *nomen regens* qui subit des modifications morphologiques alors qu'en latin, c'est le *nomen rectum* ou génitif (precatio *alicujus*).
11. Infinitif à l'état absolu.
12. Infinitif à l'état construit.
13. *Gen.* II, 4.
14. Dans les noms qui n'ont qu'un seul *khamets*, que celui-ci soit à la dernière syllabe ou à l'avant-dernière.
15. *e* muet.
16. *Parole* (à l'état de régime).
17. *Parole* (à l'état absolu).
18. *Ex.* XXV, 39.
19. *Sage* (à l'état de régime).
20. État absolu.
21. Verset 4.
22. Cf. *supra*, note 2.

devient schéva[15] ; de même aussi dans צְדָקָה *justice*, בְּרָכָה *bénédiction* où le khamets[5] de la dernière syllabe devient pathagh[8] et où celui de l'avant-dernière syllabe devient schéva[15] ; le ה[4], comme nous l'avons déjà dit, devient ת[7] ; l'état de régime est donc בִּרְכַּת, צִדְקַת. Quant au premier schéva[15], qui est devenu ghirek[23], ceci vient uniquement de ce que deux schéva[15] ne peuvent se suivre au commencement d'un mot ; afin de ne pas devoir le répéter plus souvent, nous affirmons cette règle à propos de tout ghirek[23] et de tout pathagh[8] qui précèdent un schéva[15].

Tséré[24] à l'avant-dernière syllabe peut quelquefois être remplacé par schéva[15], et à la dernière syllabe par pathagh[8], ainsi : שְׂעַר[25] de שֵׂעָר *chevelure*, פְּאַת[26] de פֵּאָה *coin*, זְקַן[27] de זָקֵן *vieillard*, מַקַּל[28] de מַקֵּל *bâton*. Mais, en règle générale, tséré[24] reste immuable aussi bien à l'avant-dernière syllabe qu'à la dernière, encore que de nombreux exemples de ce genre soient très incertains.

C'est ainsi que, dans un même mot, tséré[24] est modifié à certains endroits et maintenu à d'autres — ce qui prouve le mélange de dialectes dans l'Écriture Sainte[29].

Ainsi donc chacun pourra, à chaque fois, modifier ou maintenir, à volonté, à la dernière syllabe, aussi bien tséré[24] que khamets[5]. Il faut toutefois excepter tséré[24] suivi de י, et le maintenir conformément à l'usage courant de la langue. Ainsi dans l'exemple הֵיכַל *temple*.

Dans l'Écriture, תַּשְׁמוּרָה[30] a partout pour état de régime :

23. *i* voyelle brève.
24. *é* voyelle longue.
25. *Chevelure de...*
26. *Coin de...*
27. *Vieillard de...*
28. *Bâton de...*
29. Hypothèse que Spinoza avait déjà avancée au ch. II (cf. *supra*, p. 41).
30. Une erreur commise sur la première lettre de ce mot en a fait un barbarisme ; en réalité אַשְׁמוּרָה = vigile, *Ps.* XC, 4.

אַשְׁמוֹרֶת[31] ; תַּלְאוּבָה[32] et תַּעֲלוּמָה[33] font[34] תַּלְעוּבַת[35] et תַּעֲלוּמַת[36] ; c'est pourquoi je dis, à propos de chacun de ces cas, que l'on peut écrire אַשְׁמוּרַת[37] au lieu de אַשְׁמוֹרֶת[38] et תַּלְאוֹבֶת[39] au lieu de תַּלְאוּבַת[40], bien qu'aucun des deux[41] ne se trouve dans l'Écriture.

Ce que je dis ici au sujet des voyelles tséré[24] et khamets[5] s'applique aussi à toutes les voyelles qui n'obéissent pas à une règle précise. J'en parlerai à un autre endroit. Cependant ici j'ajouterai encore quelque chose, que je crois être d'une grande importance pour ce que je viens de dire, ainsi que pour la compréhension de ce chapitre et la connaissance universelle[42] de la langue hébraïque.

Nous avons dit au chapitre précédent[43] que les terminaisons du féminin ָה, ת et au pluriel וֹת, sont particulières aux adjectifs et aux participes[44]. C'est que le même nom-adjectif est attribué tantôt à un être mâle, tantôt à un être femelle, et doit donc avoir deux terminaisons. Mais ceci n'a pas lieu dans le cas des substantifs[45]. Et, donc, seul l'usage a fait que l'on a toujours rapporté au féminin les substantifs se terminant en ה ou ת mais n'exprimant ni mâles ni femelles ; et peut-être aussi (comme nous l'avons dit)

31. Bien que אַשְׁמוּרָה (vigile) se termine par la lettre ה — précédée de la voyelle khamets —, la voyelle khamets de ce mot, voyelle qui généralement se change en pathagh à l'état de régime (cf. *supra*, notes 4, 5, 6, 7 et 8) est changée en ségol (*é* bref) : אַשְׁמֹרֶת *Juges* VII, 19...

32. *Sécheresse :* (forme à l'état absolu).

33. *Secret* (forme à l'état absolu).

34. A l'état de régime.

35. Faute d'impression : en réalité תַּלְאוּבַת *Sécheresse de...*

36. *Secret de...*

37. Forme courante de l'état de régime terminée par la lettre ת qui est précédée de la voyelle *pathagh* (cf. *supra*, notes 5, 6, 7, 8).

38. Seule forme employée dans la Bible pour l'état de régime (cf. *supra*, note 31).

39. Forme d'état de régime (Sécheresse de...) calquée sur אַשְׁמוֹרֶת (vigile de...). Cf. *supra*, note 31. Néologisme de Spinoza.

40. Forme courante de l'état de régime (cf. *supra*, notes 4, 5, 6, 7, 8).

41. C'est à dire bien que les formes (37) et (39) ne soient pas employées dans la Bible.

42. Cf. *supra*, Ch. VI, note 14b.

43. Cf. *supra*, Ch. VII, notes 7, 8, 9, 10.

44. Cf. *supra*, Ch. VII, dernier paragraphe, p. 83.

45. Dans les substantifs, le genre n'est marqué par aucune désinence. Il n'est exprimé que par le sens du mot. Cf. *supra*, Ch. VII, note 7.

le fait que ces substantifs ont pour origine des adjectifs féminins[44]. Mais je voudrais dire autre chose encore ici. De même que les terminaisons des substantifs ont eu pour origine celles des adjectifs et des participes, ainsi les changements que subissent les noms à l'état de régime ont pour origine les modifications[46] des infinitifs et des participes. En effet, tous les noms hébraïques (et ceci est connu de tous les hébraïsants) sont formés selon des modèles verbaux[47]. Ajoutons que le premier et principal usage du nom substantif est de faire connaître les choses de façon absolue et non en relation avec d'autres choses. Il en est de même pour les noms propres[48], qui eux ne se trouvent jamais à l'état de régime. Par contre les actions se comprennent difficilement sans relation d'agent ou de patient, aussi les trouve-t-on très rarement exprimées à l'état absolu. Quoiqu'il en soit, on apprend facilement les modifications que subissent les substantifs à partir de celles des noms infinitifs et des participes.

Il ne fait donc aucun doute que les modifications que subissent les noms infinitifs et les participes ont été à l'origine de celles des

46. C'est-à-dire les modifications morphologiques que subissent à l'état de régime les infinitifs et les participes.

47. Dans la dernière partie du Chapitre XIII qui traite de la *conjugaison*, Spinoza explique ce qu'il entend par *verbes :* « Nous avons donc indiqué par ces remarques les raisons pour lesquelles les noms infinitifs subissent différentes sortes de modifications (à cause de l'état de régime, des prépositions, des suffixes ; à cause aussi des sens différents que peut prendre le nom d'action — sujet traité au Chapitre XII — ; à cause enfin de l'emploi de l'infinitif en relation aux temps passé et futur). Nous appelons toutes ces modifications : *conjugaisons*. Et nous appelons *verbes* les noms infinitifs en tant qu'ils sont ainsi conjugués. »

48. « Quatre différences séparent le nom propre du simple qualificatif :

— L'adjectif dérive d'une action ; ainsi l'adjectif *sage* dérive d'un verbe au passé — « mon fils, si ton cœur *a-acquis-la-sagesse*, moi aussi mon cœur se réjouira » (*Prov.* XXXII, 15) — ou d'un verbe au futur — « Écoute les conseils et accepte l'éducation afin que *tu-deviennes-sage* (verbe au futur en hébreu) plus tard dans ta vie » (*Prov.* XIX, 20). Il n'en est pas ainsi pour un nom propre. On ne peut former aucun verbe — au passé ou au futur — à partir du nom *Abraham* par exemple.

— L'adjectif *sage* peut se mettre au pluriel, mais il n'est pas possible de mettre *Abraham* au pluriel.

— Contrairement à l'adjectif, le nom propre n'est pas défini par l'article.

— *Enfin, alors que l'on peut employer l'adjectif à l'état de régime, le nom propre ne prend jamais cette forme. (Commentaire analytique d'Abraham Ibn Ezra sur le Livre de l'Exode, Ch. III, v.* 15).

substantifs. C'est pourquoi j'établis ici les modèles des infinitifs et des participes, les différentes manières dont ils se modifient à l'état de régime, ainsi que la règle selon laquelle varient tous les noms, car on peut facilement s'en souvenir.

Modèles[a] *des infinitifs*

	État absolu	État de régime
Visiter[b]	פְּקוֹד	פְּקוֹד et פְּקָד־ (kam. ghat.)[c], et même פְּקוֹדֶת de פְּקֻדָּה (k. gh.)[c].
Être visité	נִפְקוֹד toujours de façon absolue.	
	et תִּפְקֵד	הִפָּקֵד
Visiter fréquemment פַּקֵּד	et פִּקֵּד	פַּקֵּד
Être visité fréquemment	פֻּקֹּד	פֻּקֹּד
Faire ou constituer quelqu'un visitant	הַפְקֵד	הַפְקִיד
Être constitué visitant :	הָפְקֵד	הָפְקֵד
Se constituer visitant	הִתְפַּקֵּד	הִתְפַּקֵּד
S'approcher	נָגוֹשׁ	גֶּשֶׁת
Découvrir	גָּלֹה	גְּלוֹת
	גָּלוֹת	גְּלוֹת
Entourer	סוֹב	סוֹב et סָב־ (ghatuf[c] avec makhaf)[d].

a. Le verbe פקד *visiter* est le paradigme de la première conjugaison des verbes, paradigme déjà employé par Buxtorf dans son *Thesaurus* à la suite de Moïse Kimhi (cf. *infra*, Ch. XVIII, note 4).

b. Les modèles d'infinitif à l'état absolu et les modèles de passé sont souvent les mêmes. En effet דַּבֵּר *le fait de parler* signifie aussi *il a parlé*. גַּדֵּל *grandir*, בַּשֵּׁל *cuire* ont les voyelles du passé ainsi que je le montrerai en temps et lieu. C'est pourquoi j'ai la conviction qu'il y a eu les modèles d'infinitif פָּקָד avec deux *khamets* et פָּקַד avec *khamets* et *pathagh* — ainsi d'ailleurs que l'état de régime פְּקַד formé à partir des modèles פְּקֹד, פָּקָד et פָּקַד. Ceci devant être expliqué de façon détaillée à propos des conjugaisons, cette remarque incidente suffit pour le moment *(Note de Spinoza)*.

c. *Kamets ghatuf* = *O* voyelle brève.

d. *Trait d'union.*

Trouver	מְצוֹא	מְצוֹא et מְצֹאת à la place de מְצֹאֶת (voir au-dessus פְּקוֹדֶת).
Ouvrir	פְּקֹחַ	פְּקַח

Ce sont les principaux modèles et transformations des infinitifs. Je passe donc aux participes.

Modèles des participes
Actif

Rég.	Abs.	
פֹּקֵד et פֹּקֶד et פֹּקְדִי	פֹּקֵד	*visitant* genre masc.
פֹּקְדֵי	פֹּקְדִים	m. pl.
	פֹּקְדָה	f. s.
	et	
פֹּקֶדֶת	פֹּקֶדֶת	f. s. ou פֹּקַדְתְּ ou פֹּקַדְתִּי (comme יוֹשַׁבְתִּי[g] שׁוֹכַנְתִּי[f] יוֹלַדְתְּ[e]).
פֹּקְדוֹת	פֹּקְדוֹת	f. pl.
מְפַקֵּד[h]	מְפַקֵּד	*visitant fréquemment* masc. s.
מְפַקְּדֵי	מְפַקְּדִים	m. pl.
	מְפַקְּדָה et	f. s.
מְפַקֶּדֶת	מְפַקֶּדֶת	f. s.

e. *Gen.* XVI, 11 : *donnant naissance.*

f. *Jérémie* LI, 13 : *résidant.*

g. *Jérémie* XXII, 23 : *demeurant.*

h. Dans l'Écriture on ne trouve pas ce participe à l'état de régime et il ne semble pas, d'après le sens où il est généralement employé qu'il puisse être exprimé de façon relative ; mais puisque le modèle de la forme intensive se trouve quelquefois employé dans l'Écriture avec la même signification que la forme simple, rien n'empêche de supposer l'existence de l'état de régime du modèle que nous citons *(Note de Spinoza)*. Spinoza veut dire que le verbe *visiter* à la forme intensive (et qui dans le Bible a le sens de *passer en revue: Esaïe* XIII, 4) ne peut être employé, étant donné son sens, à l'état de régime du participe présent. Mais ceci n'empêche pas que l'on puisse employer cette forme d'état de régime pour d'autres verbes que le paradigme *visiter*.

מְפַקְּדוֹת	מְפַקְּדוֹת	f. pl.
מַפְקִיד	מַפְקִיד	*constituant quelqu'un visitant*, m. s.
מַפְקִידֵי	מַפְקִידִים	
מַפְקִידַת	מַפְקִידָה	fém. sing., d'où est aussi formé :
	et	מַפְקֹדֶת
מַפְקֶדֶת	מַפְקֶדֶת	
מִתְפַּקֵּד	מִתְפַּקֵּד	*se visitant, ou se comportant comme visitant*, m. s.
מִתְפַּקְּדֵי	מִתְפַּקְּדִים	m. pl.
	מִתְפַּקְּדָה	
	et	f. s.
מִתְפַּקֶּדֶת	מִתְפַּקֶּדֶת	
מִתְפַּקְּדוֹת	מִתְפַּקְּדוֹת	f. pl.
גְּדֵל et גְּדֶל	גָּדֵל	*croissant*, m. s.
גְּדֵלֵי	גְּדֵלִים	m. pl.
גְּדֵלַת	גְּדֵלָה	f. s.
גְּדֵלוֹת	גְּדֵלוֹת	f. pl.
בָּא	בָּא	*venant*, m. s.
[1]בָּאֵו	בָּאִים	m. pl.
בָּאַת	בָּאָה	f. s.
בָּאוֹת	בָּאוֹת	f. pl.
גֹּלֶה	גֹּלֶה	*découvrant*, m. s.
גֹּלֵי	גֹּלִים	m. pl.
גֹּלַת	גֹּלָה	f. s.
גֹּלוֹת	גֹּלוֹת	

De même aussi :

מְגַלֵּה	מְגַלֶּה	*qui fait découvrir*, m. s.
מְגַלֵּי	מְגַלִּים	m. pl.
מְגַלַּת	מְגַלָּה	f. s.

etc.

1. En réalité בָּאֵי.

שׁוֹמַע	שׁוֹמֵעַ et שׁוֹמַע	*écoutant*, m. s.
שׁוֹמְעֵי	שׁוֹמְעִים	m. pl.
שׁוֹמַעַת	שׁוֹמְעָה et שׁוֹמַעַת	f. s.
שׁוֹמְעוֹת	שׁוֹמְעוֹת	f. pl.

De même :

שְׂבַע	שָׂבֵעַ	*rassasié*
שְׂבֵעֵי	שְׂבֵעִים	m. pl.
שְׂבֵעַת	שְׂבֵעָה	f. s.
שִׂבְעוֹת	שְׂבֵעוֹת	f. pl.

Passif

Rég.	Abs.	
נִפְקַד	נִפְקָד	*visité*, masc. s.
נפקדי	נִפְקָדִים	m. pl.
נִפְקֶדֶת	נִפְקָדָה נִפְקֶדֶת	f. s.
נִפְקְדוֹת	נִפְקָדוֹת	f. pl.
etc.		
מְפֻקַּד	מְסוֹקָד et מְפֻקָּד	m. s., *visité fréquemment.*
מְפֻקְּדֵי	מְפֻקָּדִים	m. pl.
מְפֻקֶּדֶת	מְפֻקָּדָה et מְפֻקֶּדֶת	f. s.
מְפֻקְּדוֹת	מְפֻקָּדוֹת	f. pl.
	מֻפְקָד	*constitué pour qu'il visite*, m. s.

מְפַקְּדִים m. pl.

מְפַקֶּדֶת et מְפַקְּדָה f. s.

מְפַקְּדוֹת f. pl.

פְּקוּד — פָּקוּד et פָּקֻד *visité*, adjectif verbal, m. s.

פְּקוּדֵי — פְּקוּדִים et פְּקֻדִים m. pl.

פְּקֻדַת — פְּקוּדָה et פְּקֻדָה et פְּקֻדֶת f. s.

פְּקוּדוֹת — פְּקוּדוֹת et פְּקֻדוֹת f. pl.

פּוּקָד et פֻּקָּד *visité fréquemment*, adjectif, m. s.

פּוּקָדִים et פֻּקָּדִים m. pl.

פּוּקָדָה et פֻּקֶּדֶת et פֻּקֶּדֶת f. s.

פּוּקָדוֹת et פֻּקָּדוֹת f. pl.

Il existe encore d'autres modèles de participes, mais je pense que les modèles que nous avons donnés ci-dessus suffisent pour le moment pour apprendre facilement à former l'état de régime des noms à partir de l'état absolu. Il faut pour cela observer particulièrement que l'on conserve à l'état de régime la voyelle qui, à l'état absolu, reste inchangée : c'est-à-dire la voyelle des mots qui ne sont composés que d'une seule syllabe. On doit assimiler aux monosyllabiques, les disyllabiques dont la voyelle de la première syllabe[49] est schéva[15]. Ainsi כְּתָב *écrit*, זְאֵב *loup*, etc.

49. Cf. *supra*, p. 73.

Sont aussi assimilés aux monosyllabiques, les disyllabiques dont les voyelles sont deux ségol[50], pathagh[8], ghirekh[23] et schéva[15].

Les modèles précédents nous montrent que gholem[6] est généralement conservé mais qu'il devient o voyelle brève lorsqu'il est suivi de מקף[51].

De préférence schurekh[52] reste immuable. Dans certains cas, très rares, il est modifié en khibbuts[53]. Cela ne vient pas de l'état de régime mais de ce que l'on peut employer khibbuts[53] au lieu de schurekh[52]. En effet schurekh[52] est composé[54] des voyelles gholem[6] et khibbuts[53]. C'est pourquoi l'on voit souvent gholem[6] ou khibbuts[53] employés à la place de schurekh[52].

מָוֶת[55], עָוֶל[56], אָוֶן[57] ainsi que d'autres exemples de même type ont comme état de régime עֱוֶל[58], מְוֶת[59], אֱוֶן[60], etc. Ceci est parfaitement conforme à l'usage courant de l'hébreu. Nous avons dit, en effet, plus haut[61], que lorsque l'on sépare[62] les différents éléments d'une phrase, on emploie — au milieu ou à la fin du verset — les voyelles khamets[5] puis ségol[50] au lieu d'employer deux ségol[50] qui se suivent. Ainsi עֲטֶרֶת[63] devient עֲטָרֶת[64] et פּוֹקֶדֶת[65] devient פּוֹקָדֶת[66]. C'est pour cette raison que עָוֶל[56] est l'état absolu de עֱוֶל[58] état de régime.

Il faut toutefois noter qu'il est beaucoup plus courant en hébreu

50. *é* voyelle brève.
51. *Trait d'union.*
52. *ou* voyelle longue.
53. *ou* voyelle brève.
54. Cf. *supra*, Ch. III, p. 44.
55. *Mort.*
56. *Faute.*
57. *Vice.*
58. Un seul exemple *Ezech.* XXVIII, 18 בְּעֶוֶל רְכֻלָּתְךָ *par l'iniquité de ton commerce.*
59. Néologisme de Spinoza.
60. Néologisme de Spinoza.
61. Cf. *supra*, Ch. VI, p. 70 et 71 et notes 13 à 15c.
62. Au moyen des accents disjonctifs.
63. *Couronne.*
64. Forme précédente avec l'accent disjonctif *athnagh* (sur cet accent, cf. *supra*, Ch. IV, note 9).
65. *Visitant* (participe présent au fém. sing.).
66. Forme précédente avec l'accent disjonctif *athnagh*.

de changer les voyelles[67] en gholem[6], ce qui revient à rendre muette la lettre ו[68]. Cet usage très fréquent semble avoir prévalu en ce qui concerne les noms dont nous parlons puisque dans l'Écriture on ne trouve qu'une seule fois l'état de régime עֶוֶל[58]. Dans tous les autres cas עֶוֶל[56] *faute* donne עוֹל, אֶוֶן *vice* donne אוֹן. Il en est de même pour d'autres exemples de ce type de noms.

Ajoutons enfin qu'au sujet de la terminaison[69] plurielle, la finale וֹת est toujours conservée à l'état de régime. Mais dans la terminaison ים[70] la lettre ם[71] disparaît et la voyelle ghirek[72] est remplacée par tséré[24]. Il en est de même pour la finale du duel ַיִם où la lettre ם[71] disparaît aussi et la voyelle pathagh[8] devient tséré[24]. Ainsi l'état de régime de עֵינַיִם *yeux* est עֵינֵי. J'en viens donc à penser que lorsque la voyelle pathagh[8] est suivie de la lettre י[73] ponctuée de ghirek[23], cette terminaison est modifiée suivant le modèle précédent d'état de régime. C'est pourquoi בַּיִת *maison* donne בֵּית et יַיִן *vin* donne יֵין, etc.

Mais avant de poursuivre, je voudrais insister sur le fait que j'entends par noms toutes les sortes de noms. Ainsi donc tous les noms — sauf toutefois le nom propre[74] comme nous l'avons déjà dit — régissent le génitif ou sont régis par un génitif. Principalement le nom relatif ou préposition toujours exprimé en relation. Dans la plupart des cas où il est employé, le nom relatif régit un génitif et souvent est lui-même régi par un génitif.

En vue d'apporter une plus grande clarté à ce qui précède, je vais maintenant illustrer ces remarques par des exemples[75].

67. C'est-à-dire les deux *ségol* (*é* voyelle brève) qui se suivent.
68. *Vau.*
69. Terminaison du féminin pluriel.
70. Terminaison du masculin pluriel.
71. Lettre finale *mèm.*
72. *i* voyelle longue.
73. Lettre *Yod.*
74. Cf. *supra,* note 48.
75. Rappelons qu'en hébreu, c'est le *nomen regens* qui à l'état construit subit les modifications morphologiques.

בֵּית אֱלֹהִים[76] *La maison de Dieu:* les deux termes sont des substantifs.

לֵב חָכָם[77] *Le cœur d'un sage:* le premier terme est un substantif, le deuxième un adjectif.

חֲכַם לֵבָב[78] *Sage de cœur*
גְּדוֹל הָעֵצָה[79] *Grand de conseil*
} Exemples inverses du cas précédent.

אוֹהֲבֵי טוֹב[80] *Les amants du bien*
רוֹאֵי הַשָּׁמֶשׁ[81] *Les voyants du soleil*
} Les premiers termes sont des participes.

בְּרֹא אֱלֹהִים[82] *L'action de créer de Dieu (τὸ creare Dei):* le premier terme est un infinitif.

יוֹם בְּרֹא אֱלֹהִים[83] *Le jour de la création divine (dies τοῦ creare Dei).* L'infinitif régit (Dieu) et est régi (par jour).

מַשְׁכִּמֵי קוּם[84] *Ceux qui se hâtent de se lever (maturantes τοῦ surgere),* c'est-à-dire *ceux qui ont l'habitude de se lever tôt.*

מַשְׁכִּמֵי בַבֹּקֶר[85] *Ceux qui se hâtent au matin (maturantes τοῦ in mane).* Le participe est à l'état de régime et la préposition est au génitif.

לִפְנֵי ה׳ *Devant Dieu (ante Dei).* La préposition est à l'état de régime. L'état absolu est לְפָנִים *auparavant (antea).* Un autre exemple de préposition à l'état de régime est תּוֹךְ *entre (inter)* de תָּוֶךְ *milieu (intus).*

76. *Gen.* XXVIII, 17...
77. *Eccles.* VIII, 5...
78. Spinoza a déjà insisté sur cet exemple au début du Chapitre ; cf. *supra*, p. 86 et note 21.
79. *Jérém.* XXXII, 19.
80. Contrairement aux autres exemples, ce n'est pas une citation biblique.
81. *Eccles.* VII, 11.
82. *Gen.* V, 1.
83. *Gen.* V, 1.
84. *Ps.* CXXVII, 2.
85. *Isaïe* V, 11.

עֲדֵי עַד[86] *Jusqu'à toujours (usque τοῦ usque).* C'est-à-dire *un temps sans limite.* Ici la préposition régit et est régie.

מַכַּת בִּלְתִּי סָרָה *Un coup sans cesse (plaga τοῦ non desinentis)* c'est-à-dire *un coup qui ne cesse pas.* L'adverbe *sans* est régi[88] (par le substantif *coup*).

אֵין חָכְמָה *Pas de sagesse.* Ici au contraire l'adverbe *pas (non)*[89] est à l'état de régime. L'état absolu est אַיִן[90]. Ainsi que nous l'avons dit, les voyelles pathagh[8] et ghirekh[23] de l'état absolu deviennent à l'état de régime .. tséré[24] comme pour בֵּית[91].

Je veux encore ici vous[92] exhorter à considérer attentivement ce que j'ai dit au chapitre V au sujet du nom. En effet, il n'est pas possible de s'adonner à l'étude de la langue hébraïque avec fruit si l'on n'a pas bien compris *(recte percipiat)* ce que nous disions dans ce chapitre : aussi bien les prépositions et les adverbes que les verbes et les participes sont en hébreu des noms purs et simples.

86. *Ps.* LXXXIII, 18. La préposition (nomen regens) est au pluriel de l'état construit ; littéralement cette expression doit donc être traduite *Jusqu'aux jusqu'à.*
87. *Isaïe* XIV, 5.
88. C'est l'opinion d'Ibn Ezra pour qui מַכַּת (plaga) est effectivement à l'état construit ; toutefois David Kimhi (grammairien cité aussi par Spinoza dans le *Traité Théol. et Polit.*) pense que מַכַּת (plaga) est un état absolu, la lettre ת étant mise ici à la place de la lettre ה de l'état absolu (cité par J. Buxtorf dans son *Thesaurus Grammaticus...*). Spinoza parle de cet ouvrage plus haut au Chapitre II. Cf. *supra*, p. 39. L'opinion d'Ibn Ezra nous semble la plus vraisemblable.
89. Bien que Spinoza donne pour cet exemple et pour l'exemple précédent la même traduction latine *non*, il ne s'agit pas du même adverbe. La traduction littérale de l'adverbe employé dans l'exemple précédent *plaga τοῦ non desinentis* est *sine, praeter* ou *absque.*
90. *Nihil.*
91. *Maison.*
92. Cette formule (ainsi que l'Avertissement au Lecteur) semble confirmer la thèse de J. M. Hillesum (*De Spinozistische Spraakkunst* in Chronicon Spinozanum *op. cit.*, p. 175) selon laquelle le *Compendium* était primitivement un cours de langue hébraïque dicté par Spinoza à ses disciples. J. M. Hillesum (*op. cit.*, p. 161) cite d'autre part un extrait de la préface hollandaise des *Opera Posthuma* édités en 1678 par J. H. Glazemaker. Dans cette préface, Jarig Jelles affirme que du vivant de Spinoza des copies du *Compendium* furent distribuées aux amis de Spinoza comme cela fut le cas pour *l'Ethique.*

CHAPITRE IX

DES DEUX EMPLOIS ET DE LA DÉCLINAISON DU NOM

Nous voulons exprimer par le nom commun soit un ou plusieurs individus indéfinis *(vaga)*, soit un ou plusieurs individus définis *(certa)* et connus. Contrairement au latin, l'hébreu ainsi que d'autres langues marque cette distinction.

Ainsi אִישׁ ou אִישִׁים signifient *un homme* ou *des hommes* quels qu'ils soient. Mais si l'on veut désigner plus précisément un ou des hommes dont on a déjà parlé ou que l'on suppose connus, on place alors devant le nom le préfixe ה — avec la voyelle pathagh[1] — et l'on redouble la première lettre du nom en question. Ce redoublement de la première lettre du mot est marqué par le dagesch[2]. Toutefois, si cette première lettre ne peut être redoublée[3], le préfixe ה doit avoir la voyelle khamets[4] au lieu de pathagh[1], comme dans l'exemple וְהָאִישׁ גַּבְרִיאֵל[5] *Et l'homme (vir ille) Gabriel.*

Notons encore qu'aussi bien le point דגש[2] que la voyelle ָ khamets[4] peuvent être compensés par le gahgja[6] comme dans les exemples הַֽמְכַסֶּה[7], הַֽחִוִּי[8], etc.

1. *a* voyelle brève.
2. Point placé à l'intérieur de la lettre à redoubler. Cf. *supra*, Ch. II, note 11.
3. Les lettres gutturales ne peuvent être redoublées. Cf. *supra*, p. 40.
4. *a* voyelle longue.
5. *Daniel* IX, 21.
6. Sur cet accent, cf. *supra*, Ch. IV, note 16.
7. *Le cachant. Levit.* III, 3. L'édition princeps porte le barbarisme הַֽמְכַחָה. Van Vloten et Land corrigent en הַֽחָכְמָה (la sagesse). L'exemple que nous avons cité nous paraît plus vraisemblable étant donné sa ressemblance plus grande avec le terme cité par l'édition princeps.
8. *Le Hivi* (nom d'une peuplade du pays de Canaan). L'édition princeps donne

On appelle[9] ce ה, הַיְדִיעָה ה — c'est-à-dire ה de la connaissance — parce qu'il indique une chose connue. C'est la raison pour laquelle je l'appellerai Indicatif *(Indicativum)*.

Le ה indicatif ne peut être employé que dans les noms communs, les adjectifs et les participes. Il n'est pas employé avec les noms propres[10], les infinitifs et les adverbes ; en effet, nous n'exprimons pas par ces derniers noms plusieurs choses d'un même genre mais uniquement une chose au singulier. En ce qui concerne les noms relatifs[11], ils sont toujours à l'état de régime et jamais à l'état absolu. On notera particulièrement à ce sujet que le ה[12] n'est jamais placé devant un nom qui régit le génitif[13] ; j'en montrerai la raison plus bas dans ce même chapitre.

Tous les noms sont, en hébreu, indéclinables[14] ; aussi exprime-t-on les cas par la seule signification de prépositions. Je dis bien par la *signification*. En effet, comme nous l'avons déjà dit, les prépositions régissent en fait le génitif (les prépositions sont aussi des noms). Mais alors qu'en grec des prépositions d'ablatif régissent le génitif et que seul le sens permet de dire que le génitif remplace l'ablatif, en hébreu toutes les prépositions régissent le génitif et l'on ne différencie le génitif des autres cas que d'après le sens.

Les prépositions qui servent à exprimer les cas sont les suivantes : ל[15], אל[16], ב[17], מ[18] et מִן[19], עִם[20], etc. Parmi ces prépositions, les

le barbarisme הַחִוִּי et Van Vloten et Land הַחִתִּי *Le Hitti* (nom d'une autre peuplade de Canaan).

9. Les grammairiens antérieurs à Spinoza.
10. Cf. *supra*, Ch. VIII, note 48.
11. Il s'agit des prépositions.
12. L'article défini que Spinoza appelle *indicatif*.
13. C'est-à-dire jamais devant un nom à l'état de régime ou état construit.
14. En dehors de l'état de régime, les noms gardent en hébreu la même forme, la même terminaison, quelque soit la fonction qu'ils occupent dans la phrase. Il n'existe pas de déclinaison.
15. *Pour.*
16. *Vers.*
17. *Avec.*
18. *De* (forme contractée).
19. *De* (forme courante).
20. *Avec.*

préfixes ל[15] et ב[17] sont ponctuées de schéva[21] ; מִ[18] employé pour מִן[19] est ponctué de ghirek[22], le ן[23] est compensé par le point דגש[2] placé dans la lettre qui suit la préposition. Les exemples ci-dessous permettront de se rendre compte de ces différents emplois.

Les prépositions לְ[15] ponctuée de schéva[21] et אֶל[16] ont le sens du datif ; les prépositions בְּ[17], מִ[18], מִן[19] et עִם[20] ont le sens de l'ablatif. Il n'y a pas de préposition pour exprimer l'accusatif, mais on emploie la particule אֵת[24] qui, elle, ne régit jamais le génitif. Il n'y a pas de prépositions qui exprimeraient les autres cas[25]. C'est pourquoi lorsque nous avons dit plus haut que le génitif est employé pour remplacer les autres cas, il fallait comprendre qu'il ne remplace que le datif et l'ablatif puisque ce sont les cas exprimés par des prépositions.

Mais on comprendra plus clairement ces explications à l'aide des exemples qui suivent.

Exemple de nom commun indéfini

Sing.

Nom. דָבָר *parole.*

Gén. דָבָר On le reconnaît grâce à l'état de régime du nom qui le précède, de quelque sorte que soit ce nom.

Dat. לְדָבָר Il faut comprendre que la préposition exprime le datif, qu'elle est à l'état de régime, et que le nom est au génitif. On notera pourtant que, quand ל indique la limite que l'on vise, il peut aussi être remplacé par un ה à la fin d'un mot ; comme אַרְצָה pour לְאֶרֶץ *vers une terre.*

Acc. דָבָר On le reconnaît grâce au verbe actif.

21. *e* muet.
22. *i* voyelle brève.
23. Lettre *noun* (n).
24. Cette particule ne se traduit pas. Elle permet de distinguer l'objet du sujet car en hébreu le sujet est placé après le verbe.
25. Nominatif et vocatif.

Voc. דָּבָר

Abl. מִדָּבָר Il faut comprendre ici de la même façon que plus haut au sujet du datif.

Pluriel

Nom. דְּבָרִים

Gén. דְּבָרִים

Dat. לִדְבָרִים

Acc. דְּבָרִים

Voc. דְּבָרִים

Abl. בִּדְבָרִים ou מִ

Exemple de nom avec ה *indicatif*

Sing.		*Plur.*	
Nom. Gén.	הַדָּבָר	Nom. Gén.	הַדְּבָרִים
Dat.	לַדָּבָר pour לְהַדָּבָר	Dat.	לַדְּבָרִים pour לְהַדְּבָרִים
Acc.	אֶת־הַדָּבָר	Acc.	אֵת הַדְּבָרִים
Voc.	הַדָּבָר	Voc.	הַדְּבָרִים
Abl.	בַּדָּבָר pour בְּהַדָּבָר	Abl.	בַּדְּבָרִים pour בְּהַדְּבָרִים

Exemple de substantif et d'adjectif au masculin

		Avec ה indicatif.	
Nom. Gén.	אֵל גדול *Dieu grand*	Nom. Gén.	הָאֵל הַגָּדוֹל
Dat.	לְאֵל גדול	Dat.	לָאֵל הַגָּדוֹל
	etc.	Acc.	אֵת הָאֵל הַגָּדוֹל

Exemple de substantif et d'adjectif au féminin

		Avec ה indicatif.	
Nom. Gén.	מְנוֹרָה יָפָה *beau chandelier*	Nom. Gén.	הַמְּנוֹרָה הַיָּפָה
Dat.	לִמְנוֹרָה יָפָה	Dat.	לַמְּנוֹרָה הַיָּפָה
	etc.	Acc.	אֵת הַמְּנוֹרָה הַיָּפָה
			etc.

Exemple de nom relatif

Nom. }
Gén. } תּוֹךְ *entre.*

Dat. אֶל תּוֹךְ, לְתוֹךְ *vers l'intérieur.*

Acc. תּוֹךְ

Abl. בְּתוֹךְ, מִתּוֹךְ etc., *de* et *à l'intérieur.*

Il faut noter que תּוֹךְ[26] est à l'état de régime ; il est formé à partir de תָּוֶךְ[27], comme עוֹל à partir de עֶוֶל *faute.* Mais j'ai employé un exemple à l'état de régime parce que comme je l'ai dit, les prépositions peuvent difficilement être prises à l'état absolu et ne se déclinent donc jamais avec le ה[12] indicatif.

En effet la plupart du temps, le ה[12] suppose une chose déjà expliquée et connue ; l'état de régime au contraire une chose à expliquer et à déterminer par le génitif, c'est-à-dire une chose non encore connue. Mais ces choses, le ה[12] et l'état de régime les supposent *la plupart du temps*, cela ne veut pas dire *toujours.* En effet, il est souvent possible d'employer, dans un style très élégant, le ה[12] indicatif à la place de l'état de régime et inversement, l'état de régime à la place du ה[12] indicatif.

Par exemple on peut dire, avec élégance, כָּל־נְבִיאֵי[28] *tous les prophètes* au lieu de כָּל־הַנְּבִיאֵי[29]. En effet הַנְּבִיאִים signifie les prophètes déjà connus et נְבִיאֵי[28] à l'état de régime — le génitif étant sous-entendu — signifie prophètes d'une chose déjà connue, ainsi de Dieu, de vérité, etc.

26. *Inter.*
27. *Intus,* cf. *supra,* Ch. VIII, p. 97.
28. L'édition Van Vloten et Land porte par erreur כָּל, 2 Rois XVII, 13.
29. Erreur de l'édition Van Vloten et Land. Il faut lire כָּל הַנְּבִיאִים (Tous les prophètes). Dans cet exemple, le nom est à l'état absolu précédé de l'article défini. Dans l'exemple précédent (28), le nom (prophète) est à l'état de régime et sans article. Il devrait donc être littéralement traduit *tous prophètes de...* Mais comme le génitif peut facilement être supposé (les prophètes sont, en général, de Dieu, de vérité, etc...), cette forme à l'état de régime — le génitif étant sous-entendu — a le même sens que la forme à l'état absolu accompagnée de l'article défini.

De même, dire : הַשּׁוֹתִים בְּמִזְרְקֵי יַיִן[30] *ceux qui boivent le vin dans les patères* est plus élégant que de dire בַּמִּזְרָקִים[31]. Mais nous donnerons beaucoup plus de détails à ce sujet dans la syntaxe. Il suffit de noter ici qu'en général, l'état de régime a le même sens que le ה indicatif quand le génitif, qui exprimerait une chose déjà connue, peut être sous-entendu ; ce qui ne peut avoir lieu pour les prépositions.

Autre exemple de nom relatif

Singulier		Pluriel	
Nom. / Gén.	קֶדֶם *avant*	Nom. / Gén.	קַדְמֵי *bien avant*[a].
Dat.	לְקֶדֶם	Dat.	לְקַדְמֵי
Acc.	קֶדֶם	Acc.	קַדְמֵי
Abl.	מִקֶּדֶם	Abl.	מִקַּדְמֵי *depuis tout avant.*

(Proverbes[b] 8 : מִקַּדְמֵי אֶרֶץ signifie : *tout aux origines de la terre.)*

Autre exemple de nom relatif

חוּץ *au-dehors.*

מִחוּץ *partie qui se trouve à l'extérieur.*

Se décline comme un nom, de cette manière :

Nom. / Gén.	מִחוּץ *de dehors.*
Dat.	אֶל מִחוּץ *au-dehors, de dehors*, etc.
Acc.	מִחוּץ
Abl.	בְּמִחוּץ ; et ainsi de suite.

30. Dans cet exemple, le mot que Spinoza traduit en latin par *in pateris* est, en hébreu, à l'état de régime sans que le génitif que régit normalement cet état soit exprimé. Il a donc le sens d'un état absolu précédé de l'article défini (cet exemple est tiré de *Amos* VI, 6).

31. *in pateris* à l'état absolu précédé de l'article défini.

a. Pour le sens des prépositions et adverbes employés au pluriel de l'état de régime, cf. *infra*, p. 109.

b. Ch. VIII, v. 23, cf. *infra*, p. 108 et 109.

Autre exemple d'adverbes

Nom. } מָתַי *quand.*
Gén. }

Dat. לְמָתַי *pour quand*, c'est-à-dire *pour ce temps.*

Acc. מָתַי

Abl. בְּמָתַי, etc.

Nom. } חִנָּם *sans profit.*
Gén. }

Dat. אֶל חִנָּם *pour quelque chose de gratuit*, etc.

Nom. } עוֹד *encore.*
Gén. }

Dat. לְעוֹד *pour encore.*

Acc. עוֹד

Abl. בְּעוֹד, מֵעוֹד *d'encore* et *pendant encore*, c'est-à-dire *du temps* et *au temps.*

Exemple d'infinitif

Nom. } פָּקוֹד *le fait de visiter.*
Gén. }

Dat. לִפְקוֹד

Acc. פָּקוֹד

Abl. { בִּפְקוֹד
{ מִפְּקוֹד

Les participes se déclinent comme les adjectifs.

Exemple d'adverbe

Nom. } לֹא *ne pas.*
Gén. }

Dat. לְלֹא *pour ne pas.*

Acc. לֹא

Abl. מִלֹּא *de ne pas.*

Nom. }
Gén. } טֶרֶם *pas encore, à peine.*

Dat. לְטֶרֶם *pour à peine, pas encore.*

Acc. טֶרֶם

Abl. מִטֶּרֶם, בְּטֶרֶם *de pas encore, dans pas encore,* c'est-à-dire *dans le* ou *à partir du temps où pas encore...*

Chacun peut facilement voir par ces exemples selon quelle méthode *(qua ratione)* tous les noms — à quelque catégorie qu'ils appartiennent — se déclinent.

Et l'on notera encore que les prépositions[32] employées pour exprimer la déclinaison sont omises, sans pour cela entraîner d'incorrection, lorsqu'il n'est pas possible d'hésiter sur le sens de la phrase ; ainsi au ch. XXII des *Proverbes*, verset 21 לְהָשִׁיב אֲמָרִים אֱמֶת לְשֹׁלְחֶיךָ *pour répondre des paroles avec vérité (cum veritate[33]) à ceux qui t'ont envoyé.* En effet, puisque אֲמָרִים *(dicta)* est à l'état absolu[34], אֱמֶת *(veritas)* ne peut être un génitif régi par אֲמָרִים *(dicta).* אֱמֶת *(veritas)* est nécessairement régi par un préfixe[35], la préposition בְּ[17] qui est ici omise[36]. De même, dans le Livre Ier des *Rois*, ch. II, v. 7 : וְהָיוּ בְּאֹכְלֵי שֻׁלְחָנֶךָ *et ils seront parmi ceux qui mangent à ta table[37]*, la préposition אֶל[38] ou עַל[39] — génitif commandé par le participe à l'état de régime[40] — est sous-entendue. Et il en est ainsi de plusieurs exemples qui seront expliqués de façon détaillée dans la syntaxe.

32. Cf. *supra*, ce que dit Spinoza à propos du génitif sous-entendu dans les exemples où l'état de régime a le même sens que l'état absolu précédé de l'article défini. Cf. aussi *supra*, notes 29/30.

33. Dans la phrase hébraïque, la préposition n'est pas exprimée.

34. Et non à l'état de régime.

35. S'il en était autrement, on aboutirait au non sens suivant : « Pour répondre des paroles vérité à ceux qui t'ont envoyé. »

36. Et donc sous-entendue.

37. *Et erunt ex comedentibus (τοῦ ad) mensuam tuam.*

38. *Vers.*

39. *Sur.*

40. *Comedentibus* τοῦ.

CHAPITRE X

DE LA PRÉPOSITION ET DE L'ADVERBE

Nous avons dit plus haut au chapitre V que les prépositions sont des noms qui expriment la relation qu'un individu a avec autre chose. Nous avons dit ensuite qu'une seule et même relation s'exprime aussi bien au singulier qu'au pluriel.

En ce qui concerne le fait que les prépositions sont sans aucun doute des noms, je crois que maintenant cela est suffisamment évident d'après les deux chapitres précédents. Mais nombreux sont ceux qui trouveront absurde qu'elles aient aussi un pluriel. Mais pourquoi donc n'auraient-elles pas de pluriel puisque les prépositions sont vraiment des noms? On dira sans doute que les relations ne sont pas comme des espèces qui comprennent plusieurs individus, et qu'elles ont donc en commun avec les noms propres cette caractéristique de ne pas avoir de pluriel. Mais même si nous admettons qu'il n'y a pas plusieurs relations d'une espèce, les prépositions passent cependant du singulier au pluriel. Comment une telle chose est possible, j'ai résolu de l'expliquer ici en quelques mots.

Bien que les prépositions ne puissent indiquer à la fois plusieurs relations, certaines prépositions passent toutefois du singulier au pluriel et ceci aussi bien à l'état absolu qu'à l'état de régime. Mais les prépositions à l'état absolu ne sont pas autre chose que les relations mêmes conçues ou exprimées de façon abstraite ; alors elles n'expriment pas tant la relation que le lieu ou le temps en relation à quelque chose.

Par exemple on a le pluriel בֵּינוֹת de בֵּין *entre.* En vérité ce pluriel fait connaître non pas la relation d'une chose individuelle avec une autre, mais les intervalles entre les choses *(loca aliis intermedia)* — voir à ce sujet le verset 2 du ch. X d'*Ézéchiel*[1] — ou bien, comme je l'ai dit, ce pluriel c'est la préposition ou la relation abstraitement conçue. De même, de la préposition au singulier אָחוֹר[2] on a le pluriel אֲחוֹרִים *les arrières*[3] ou avec un barbarisme *posterioritates.*

Et beaucoup de prépositions et d'adverbes que l'on ne trouve jamais, dans l'Écriture, formés de cette manière, peuvent pourtant avoir cette construction.

De plus, ces mêmes prépositions se déclinent encore — aussi bien au singulier qu'au pluriel — à l'état de régime, c'est-à-dire en tant qu'elles expriment des relations. Et cela a lieu soit parce que la relation est conçue comme se répétant souvent, soit parce qu'elle doit être exprimée avec plus d'intensité.

Par exemple אַחַר *après* a, comme pluriel[4] אַחֲרֵי qui signifie *bien après*, ainsi que l'ont très justement noté les Rabbins[5].

1. « Et il dit à l'homme vêtu de lin : Va *entre les roues* sous les cherubins, remplis tes mains de charbons ardents que tu prendras d'*entre les chérubins* et répands-les sur la ville! Et il alla devant mes yeux. » Buxtorf traduit de la façon suivante la préposition au pluriel employée à deux reprises dans ce verset : « *ad intermediates orbium, id est, in medium vel intervallum... e mediatibus, e medio, ex intervallo cherubinorum* ». (J. Buxtorfi *Lexicon Hebraicum et Chaldaicum op. cit.*, p. 72). La traduction des Septante porte :

εἰς τὸ μέσον τῶν τροχῶν... ἐκ μέσου τῶν χερουβὶμ.

2. *Retro, retrorsum ; posterum, posterius* (J. Buxtorfi *Lexicon op. cit.*, p. 17).

3. *Posteriora.*

4. Pluriel à l'état de régime ou état construit. En suivant la méthode de traduction latine adoptée par Spinoza, cette préposition au pluriel de l'état de régime doit donc être traduite littéralement *post* τοῦ *(post) : les après d'après*, ce qui veut dire *bien après (multum post).*

5. Les Rabbins en question sont les auteurs d'un commentaire sur la *Genèse* appelé *Midrash Rabba* (section 44). *Le Midrash Rabba* (littéralement *Grande Recherche*) est une vaste compilation d'explications et de paraboles sur les cinq livres du *Pentateuque* et sur certains livres des *Hagiographes*. Ces explications ont été rédigées entre le VIe et le XIIIe siècle après J.-C. Mais ces dates de *rédaction* ne correspondent généralement pas à la date de *naissance* de ces enseignements souvent fort anciens. La traduction citée par Spinoza au nom des auteurs du *Midrash Rabba* est très souvent reprise et approfondie par Rachi (sur ce commentateur, cf. *supra*, Ch. VII, note 5). Ainsi dans son commentaire sur la *Genèse* (XV, 1), Rachi cite textuellement le *Midrash :*

De même, אֶל *vers* a comme pluriel אֱלֵי *(multum ad)*, c'est-à-dire lorsque l'on se dirige vers un lieu, autant qu'il est possible de le faire. De même encore de עַל[6] *sur*, on fait עֲלֵי[7] et de עַד[6] *jusque*, עֲדֵי[7]. D'où עֲדֵי עַד[8] signifie *pour l'éternité*, c'est-à-dire tout ce qui peut être conçu *jusqu'à l'infini (usque τοῦ usque)*. Et מִקַּדְמֵי אֶרֶץ signifie *tout à l'origine de la terre*[9]. Et presque toutes les prépositions peuvent se décliner de cette manière[10], aussi bien au singulier qu'au pluriel.

On doit toutefois en excepter לִפְנֵי *avant*, préposition qui n'a pas de singulier. Elle se décline au pluriel[11] car elle est formée à partir du substantif פָּנִים *faces* ou *devants*, substantif qui n'a pas de singulier.

« *Chaque fois que le texte biblique emploie la préposition AHAR* (*après* sing. à l'état absolu), *cela signifie « en relation avec »* (c'est-à-dire que les événements que relate la Bible se sont succédés sans interruption : « les uns *après* les autres ») ; *chaque fois que le texte emploie AHAREY* (« après » forme au pluriel de l'état de régime) *cela signifie « éloigné »* (c'est-à-dire que les événements que relate la Bible sont *séparés* par un intervalle de temps plus long). Dans son commentaire sur le *Deutéronome* (XI, 30), Rachi considère que *Aharey* (*après* forme au pluriel à l'état de régime) a bien ce sens intensif, mais comme cette préposition est employée dans le verset en question dans un contexte *spatial* et non temporel il faut donc comprendre « *après* le passage du Jourdain *sur une longue distance* »... (cf. notre introduction). Enfin signalons un emploi particulièrement intéressant de la préposition *Aharey* dans le sens de *Multum Post* mis en évidence par Rachi. Dans son commentaire sur la *Genèse* (XXII, 20) Rachi considère que l'emploi de *Aharey* par la Bible, alors pourtant que les événements relatés dans le passage (annonce de la naissance de Rebecca — qui sera la femme d'Isaac — immédiatement après la fin de l'épreuve du sacrifice d'Isaac) se sont succédés sans interruption, montre que les événements en question ont tout de même été séparés. Ils ont été séparés *en Abraham*, par les *pensées* d'Abraham, ses *spéculations* après l'épreuve, bien que le sacrifice d'Isaac n'ait pas eu lieu.

6. Singulier de l'état absolu.

7. Pluriel de l'état de régime.

8. Exemple déjà cité et expliqué par Spinoza au Ch. VIII (cf. *supra*, note 86). On trouve six exemples dans la Bible de l'emploi de cette préposition qui signifie « ce qui peut être conçu jusqu'à l'infini ».

La confiance en Dieu : *Isaïe* XXVI, 4 ;
La joie et l'allégresse : *Isaïe* LXV, 18 ;
La honte et la crainte : *Ps.* LXXXIII, 18 ;
La destruction : *Ps.* XCII, 8 ;
Le fait de demeurer sur le trône de Dieu : *Ps.* CXXXII, 12 ;
Le fait pour Dieu de résider en un lieu : *Ps.* CXXXII, 14.

9. *Prov.* VIII, 23.

10. C'est-à-dire prendre la forme du pluriel de l'état de régime.

11. Au pluriel de l'état de régime.

Nous avons dit enfin que les adverbes sont aussi des noms. Ces noms définissent l'action en fonction de la manière, du temps, du lieu, de l'agent, du nombre, etc. Par exemple : *bien*, *mal*, *avec hâte*, *demain*, *hier*, *dedans*, *dehors*, *en même temps*, *en premier lieu*, *en second lieu*, etc., et la raison fait comprendre qu'ils n'ont pas de pluriel. D'autre part, contrairement aux prépositions, ils ne peuvent être conçus de façon abstraite — la chose se comprend par elle-même. Pourtant il arrive souvent qu'en latin les adverbes soient aussi renforcés — ainsi *avec grande bonté (perbenigne)*, *de très bon matin (multo mane)*, etc. ; — en hébreu aussi les adverbes devraient donc être exprimés au pluriel. Cela aurait pourtant paru absurde aux Hébreux ; en effet, si les prépositions peuvent, comme les substantifs, avoir des adjectifs qui les qualifient[12] ou être exprimées de façon plus intense, c'est parce qu'elles font connaître des relations. Mais les adverbes, exprimant des modes de l'action, sont en quelque sorte les adjectifs des verbes ; aussi renforcer ces mêmes adverbes reviendrait à imaginer des attributs d'attributs ou à ajouter des adjectifs à des adjectifs. Ensuite, les adverbes — étant en quelque sorte, comme je l'ai dit, les adjectifs des verbes — doivent s'accorder en nombre avec leur substantif, c'est-à-dire avec leur verbe qui lui n'est jamais qu'au singulier[13].

Donc pour exprimer les adverbes : *de très bon matin*, *avec grande bonté*, etc., les Hébreux, de façon beaucoup plus conséquente, renforcent les verbes eux-mêmes ou bien emploient un verbe ou un nom au lieu de l'adverbe.

Par exemple : *Il se leva de très bon matin* s'exprime par l'hébraïsme : *Il fut très matinal pour se lever*[14] et *il s'est conduit avec grande bonté* se traduit par l'hébraïsme : *Il s'est parfaitement conduit*, *bienveillant*, comme nous l'expliquerons le moment venu dans la syntaxe.

12. Spinoza dit : *habere attributa.*

13. Le verbe est toujours au singulier en tant qu'il exprime une *action* quelle qu'elle soit.

14. *Cf. supra*, Ch. VIII, notes 84-85.

On notera quand même que les adverbes[15], comme les adjectifs de substantifs, sont quelquefois pris substantivement. Ils ne sont pas, toutefois, mis au pluriel mais simplement répétés.

מַעְלָה מָּעְלָה[16] signifie *en haut en haut*, c'est-à-dire à un degré toujours plus élevé ; inversement מַטָּה מָּטָּה[17] signifie *dessous dessous*, c'est-à-dire à un degré toujours inférieur. Ainsi מְאֹד signifie *beaucoup* et מְאֹד מְאֹד[18] *au plus haut degré*, beaucoup et avec excès ; et aussi מְעַט *peu* donne מְעַט מְעַט[19] *peu à peu*. Il en est de même pour d'autres adverbes.

15. ... qui sont pour ainsi dire des adjectifs de verbe.
16. *Deut.* XXVIII, 43.
17. *Deut.* XXVIII, 43.
18. *Gen.* VII, 19. Littéralement *beaucoup beaucoup*.
19. *Ex.* XXIII, 30... Littéralement *peu peu*.

CHAPITRE XI

DU PRONOM

Il est nécessaire, avant de passer aux conjugaisons, de parler du pronom. On peut difficilement, en effet, étudier les conjugaisons avant les pronoms. La définition et les différentes classes de pronoms sont connues de tous. Je vais donc montrer dans l'ordre comment ils passent du singulier au pluriel, comment distinguer masculins et féminins, enfin comment les pronoms se déclinent.

Pronoms simples

Singulier			*Pluriel*		
			אֲנַחְנוּ		Cette première personne est com-
	אֲנִי				mune pour les deux genres. Car la
je	אָנוֹכִי		נַחְנוּ	*nous*	personne qui parle indique suffi-
			אָנוּ		samment elle-même à quel sexe
					elle appartient.
tu	אַתָּה	*masc.*	אַתֶּם	*vous*	masc.
tu	אַתְּ	fém.	אַתֵּן	*vous*	fém. et avec ה paragogique אַתֵּנָה
il	הוּא		הֵם	*ils*	masc. et avec ה paragogique הֵמָּה
elle	הִיא		הֵן	*elles*	fém. et avec ה paragogique הֵנָּה

Ainsi donc la terminaison plurielle des pronoms diffère sensiblement du cas général. Les masculins ne se terminent pas en ים. et les féminins ne se terminent pas en וֹת. La terminaison du féminin, dans les pronoms, est différente aussi de celle des adjectifs. Enfin il semble qu'au féminin[1] la forme ait été non seulement אַתְּ[2] mais aussi אַתִּי[3] et que הִיא[4] ait eu primitivement les mêmes consonnes que le masculin הוּא[5] mais des voyelles différentes[6].

En effet, on trouve dans la Bible ces pronoms féminins assez souvent écrits ainsi et partout les Massorèthes[7] les ont corrigés ; sans doute parce qu'il s'agissait de formes archaïques.

Pronoms indicatifs[8] ou démonstratifs

	זֶה	
celui-ci	זוּ	
	לֵז	Ces pronoms n'ont pas de pluriel.
	זֹה	
celle-ci	זֹאת	
	זוֹ	
	אֵלֶּה	
ceux-ci	אֵל	Ces pronoms n'ont pas de singulier.

Pour le relatif — singulier et pluriel — on emploie le ה indicatif ou bien la syllabe שּ avec un dagesch dans la lettre qui suit ; mais dans la Bible on trouve beaucoup plus fréquemment אֲשֶׁר.

Il n'y a pas de pronoms possessifs séparés, mais il y a des affixes ajoutés aux noms à l'état de régime de la manière suivante :

1. Féminin de la deuxième personne du singulier.
2. Forme usuelle.
3. Deuxième personne du féminin singulier avec la désinence primitive ִי, selon les grammairiens modernes.
4. *Elle.*
5. *Il.*
6. Au Ch. IX du *Tractatus*, Spinoza donne la même explication : « ... Au sujet du pronom הוא *Il (ipse)* et *Elle (ipsa)*, je pense également que les écrivains modernes ont changé la lettre ו *vau* en un י *Jod* (changement fréquent en hébreu) pour exprimer le féminin alors que les anciens ne distinguaient le féminin de ce pronom du masculin que par les voyelles. »
7. Sur les Massorèthes, cf. *supra*, Ch. IV, note (4).
8. Sur le définition de l'*article* indicatif, cf. *supra*, Ch. IX, p. 100.

Exemple du nom substantif דָּבָר parole ; *à partir de l'état de régime* דְּבַר *on fait :*

Nom et affixe tous deux au singulier.

דְּבָרִי *Parole de moi* et *ma parole.*
דְּבָרְךָ *Parole de toi*, masc.
(et si le mot est accentué de אתנח ou סילוק : דְּבָרֶךָ)
דְּבָרֵךְ et דְּבָרֵךְ *Parole de toi*, fém.
דְּבָרוֹ *Parole de lui*, masc.
דְּבָרָהּ *Parole d'elle*, fém.

Pluriel de l'affixe

דְּבָרֵנוּ *Parole de nous.*
דְּבַרְכֶם *Parole de vous.* masc.
דְּבַרְכֶן *Parole de vous*, fém.
דְּבָרָם *Parole d'eux*, masc.
דְּבָרָן *Parole d'elles*, fém.

A partir du pluriel de l'état de régime דִּבְרֵי on fait :

N.B. On ne met ָ sous ד que si l'accent est אתנח ou סילוק ; autrement à la place de ָ on ponctue la lettre avec pathagh.

דְּבָרַי *Paroles de moi* et *mes paroles.*
דְּבָרֶיךָ *Paroles de toi*, masc.
דְּבָרַיִךְ *Paroles de toi*, fém.
דְּבָרָיו *Paroles de lui*, masc.
דְּבָרֶיהָ *Paroles d'elle*, fém.

Pluriel du nom et pluriel de l'affixe

N.B. A la deuxième et à la troisième personnes du pluriel, les affixes sont toujours ajoutés à l'état de régime du pluriel.

דְּבָרֵינוּ *Paroles de nous* et *nos paroles.*
דִּבְרֵיכֶם *Paroles de vous*, masc.
דִּבְרֵיכֶן *Paroles de vous*, fém.
דִּבְרֵיהֶם *Paroles d'eux*, masc.
דִּבְרֵיהֶן *Paroles d'elles*, fém.

Ainsi à partir de l'état de régime תְּפִלַּת *prière de quelqu'un* on fait : תְּפִלָּתִי, תְּפִלַּתְךָ, etc., et au pluriel תְּפִלּוֹתַי, etc. De même à partir de l'état de régime בֵּית du nom substantif בַּיִת *maison*, on fait בֵּיתִי *ma maison*, et, à partir de בָּתֵּי, état de régime au pluriel, on fait בָּתֶּיךָ *les maisons*, etc.

Exemples du nom participe singulier; participe et affixe tous deux au singulier.

Exemple du masculin פּוֹקֵד

פּוֹקְדֵנִי et פּוֹקְדִי	*Visitant de moi* et *mon visitant.*	
פּוֹקֶדְךָ	*de toi*	masc.
דֵךְ	*de toi*	fém.
פּוֹקְדוֹ	*de lui*	masc.
פּוֹקְדָהּ	*d'elle*	fém.

Exemple du féminin פֹּקֶדֶת

פֹּקַדְתִּי	*Ma visitante.*	
פֹּקַדְתְּךָ	*Ta*	masc.
תֵּךְ	*Ta*	fém.
פֹּקַדְתּוֹ	*Sa*	masc.
תָּהּ	*Sa*	fém.

Exemple du masculin pluriel פֹּקְדֵי

פֹּקְדַי	*Visitants de moi* [ceux qui me visitent].	
פֹּקְדֶיךָ	*de toi*	masc.
דַיִךְ	*de toi*	fém.
פֹּקְדָיו	*de lui*	

etc., comme dans les substantifs.

Exemple du féminin pluriel פֹּקְדוֹת

פֹּקְדוֹתַי	*Visitantes de moi* [celles qui me visitent].	
פֹּקְדוֹתֶיךָ	*de toi*	masc.
תַיִךְ	*de toi*	fém.

etc., comme dans les substantifs.

Exemple de l'état de régime de l'infinitif פְּקוֹד avec khamets ghatuf [O voyelle brève].

פָּקְדִי *l'action de visiter de moi* et *mon* [action de visiter].

פְּקָדְךָ *de toi* masc.
פְּקָדֵךְ *de toi* fém.
פְּקָדוֹ *de lui* masc.
דָהּ *d'elle* fém.
פְּקָדֵנוּ *de nous*
פְּקָדְכֶם *de vous* masc.
כֶן *de vous* fém.
פְּקָדָם *d'eux* masc.
דָן *d'elles* fém.

Exemple du relatif בֵּין *le fait d'être entre* (τὸ inter), singulier.

בֵּינֵנִי et בֵּינִי *au milieu de moi* et *en moi.*
בֵּינְךָ *de toi* masc.
נֵךְ *de toi* fém.
בֵּינוֹ *de lui* masc.
נָהּ *d'elle* fém.
בֵּינֵנוּ *au milieu de nous* masc.
בֵּינְכֶם *de vous* masc.
etc.

Exemple du relatif pluriel בֵּינֵי *les choses entre* (τὰ inter).

בֵּינַי *au milieu de moi*
בֵּינֶיךָ *de toi* masc.
בֵּינַיִךְ *de toi* fém.
בֵּינָיו *de lui* masc.
בֵּינֶיהָ *d'elle* fém.
בֵּינֵינוּ *de nous*
בֵּינֵיכֶם etc.
כֶן
הֶם
הֶן

Ainsi, du singulier : et du pluriel :
תַּחַת [sous], תַּחְתַּי [les choses sous],

on a :	תַּחְתֵּנִי [sous moi]	on a :	תַּחְתַּי
	תַּחְתְּךָ [sous toi]		תַּחְתֶּיךָ
	תַּחְתֵּךְ etc.		תַּחְתַּיִךְ etc.

Mais אֶל vers, עַל sur, אַחַר après, עַד jusque n'ont pas d'affixes au singulier ; mais au pluriel on fait, à partir de :

עֲלֵי [sur],	אֱלֵי [vers]	אַחֲרֵי [après]	עֲדֵי [jusque]
עָלַי [sur moi]	אֵלַי [vers moi]	אַחֲרַי [après moi]	עָדַי [jusqu'à moi]
עָלֶיךָ	אֵלֶיךָ	אַחֲרֶיךָ	etc.
עָלַיִךְ	אֵלַיִךְ	אַחֲרַיִךְ	
etc.	אֵלָיו	אַחֲרָיו	
	אֵלֶיהָ	etc.	
	אֵלֵינוּ		
	etc.		

D'autre part les Prépositions non séparées du mot n'ont pas de pluriel.

A partir de :

בְּ [en] et	לְ [vers, pour]	מִן de, on fait :
בִּי *en moi* et *moi*	לִי *vers moi, moi*	מִמֶּנִּי et מִנִּי [*de moi*]
בְּךָ *en toi*	לְךָ et לְךָ *pour toi*	מִמְּךָ
בָּךְ *en toi* fém.	לָךְ	מִמֵּךְ
בּוֹ *en lui*	לוֹ	מִמֶּנּוּ et מִנְהוּ et מְנֵהוּ
בָּהּ *en elle* fém.	לָהּ	מִמֶּנָּה
בָּנוּ	לָנוּ	מִמֶּנּוּ
בָּכֶם	etc.	מִכֶּם et מִמְּכֶם
כֶן		כֶן כֶן
בָּהֶם		מִנְּהֶם et מֵהֶם et מִמְּהֶם
הֶן		הֶן הֶן הֶן

Exemple d'adverbe

A partir de :

כְּמוֹ *comme*	אַיֵּה *où ?*	הִנֵּה *voici, on fait :*
כָּמוֹנִי [comme moi]		הִנְנִי [*me voici*]
כָּמוֹךָ	אַיֶּכָּה et אֵיךָ où es-tu ?	הִנְּךָ

כָּמוֹנוּ	אֵיךְ fém.	הִנֵּנוּ et הִנּוֹ
etc.		etc.
	אַיּוֹ où est-il ?	
	אַיֶּכֶם masc. vous ?	
	כֶן fém.	
	אַיָּם où sont-ils ?	
	ן fém.	

Ensuite, de l'état de régime de l'adverbe אֵין ne pas[a], *que nous avons dit être אֵין, on fait :*

pas de moi,	*pas de nous,*
אֵינֶנִּי c'est-à-dire :	אֵינֶנּוּ c'est-à-dire :
je... [...ne suis[a] *pas[*	*nous... (...ne sommes*[a] *pas).*

	אֵינְךָ *pas de toi*	masc.		אֵינְכֶם masc.
	אֵינֵךְ	fém.		כֶן fém.
אֵינֶנּוּ et	אֵינוֹ *pas de lui*	masc.	אֵינְהֶם et	אֵינָם masc.
אֵינֶנָּה et	אֵינָהּ *d'elle*	fém.	הֶן	fém.

De עוֹד *encore*, on fait :

	עוֹדִי *encore moi*		עוֹדֵנוּ *encore nous*		
	עוֹדְךָ *toi*	masc.	עוֹדְכֶם	*vous*	masc.
	עוֹדֵךְ	fém.	כֶן		fém.
עוֹדֶנּוּ et	עוֹדוֹ *lui*	masc.	עוֹדָם	*eux*	masc.
	עוֹדָהּ et עוֹדֶנָּה *elle*	fém.	הֶן	*elles*	fém.

Les autres exemples sont modifiés de cette façon.

Que les voyelles de l'état de régime ne soient pas maintenues mais subissent différentes modifications, cela est dû au fait que

a. En hébreu le verbe *être* ne s'emploie pas au présent. Pour exprimer le lien logique qui unit le sujet et le prédicat, on emploie alors, selon le cas, soit le pronom personnel de la troisième personne, soit l'adverbe d'existence (ou mieux de *présence*) יֵשׁ *il y a*. La non-existence ou *l'absence* est exprimée par un autre adverbe אֵין *ne pas* (que cite ici Spinoza) et qui signifie originairement *où?* (Cf. Joüon : *Grammaire de l'Hébreu Biblique op. cit.*, p. 470-471).

les noms sont augmentés d'une syllabe au moins ; cette syllabe, longue, entraîne l'accent avec elle. C'est la seule raison pour laquelle les voyelles sont modifiées au pluriel en très brèves : par suite de l'augmentation, au pluriel, d'une syllabe longue accentuée.

En effet, s'il en était autrement[9], si donc דָּבָר[10] avait comme pluriel דָּבָרִים[9] — et ainsi pour d'autres mots —, le pluriel devrait être accentué deux fois (ceci découle de ce qui a été dit au chapitre IV) et la syllabe précédant le suffixe du pluriel devrait être allongée, ce que l'on ne peut faire si souvent sans de grands inconvénients.

Par conséquent, les règles des modifications que les suffixes apportent aux voyelles sont les mêmes que celles qui découlent du pluriel et de l'état de régime. J'affirme donc que les voyelles devraient toujours être modifiées selon les règles du pluriel de l'état de régime lorsque l'on ajoute au mot un suffixe accentué. Et il ne m'est pas facile de dire pourquoi, en fait, cela n'a pas lieu.

Ainsi, puisque de l'état de régime au pluriel מַלְכֵי[11] de מֶלֶךְ[12], l'on a מַלְכִּי *roi de moi*, de même à partir de l'état de régime au pluriel דִּבְרֵי[13] de דָּבָר[14], on aurait dû avoir דִּבְרִי *parole de moi* et non דְּבָרַי de l'état absolu דְּבָרִים[14], puisque le nom accompagné d'un affixe a la signification de l'état de régime.

Je sais bien que grâce à cela on évite très souvent une équivoque qui naîtrait si l'on suivait toujours les règles de l'état de régime. En effet, si à partir de דִּבְרֵי[13] on faisait דִּבְרִי[15] *parole de moi*, et si de זִכְרֵי (état de régime au pluriel de זָכָר *mâle*), l'on avait זִכְרִי[16], l'on confondrait ces noms avec דֶּבֶר *peste* et זֵכֶר *souvenir ;* דִּבְרִי

9. C'est-à-dire si le mot au pluriel conservait les voyelles du singulier sans modification.
10. *Parole.*
11. *Rois de...*
12. *Roi* (masc. sing.).
13. *Paroles de...*
14. *Paroles.*
15. *Ma parole* (littéralement : *parole de moi*).
16. *Mon mâle.*

semblerait vouloir dire *ma peste* et זִכְרִי *mon souvenir ;* de la même façon, si les noms auxquels s'ajoute un suffixe suivaient les règles de l'état de régime au pluriel, il en résulterait une grande confusion pour un grand nombre d'entre eux. Bien que, semble-t-il, cette raison ne soit pas sans valeur, je n'oserais cependant affirmer avec certitude que les Hébreux aient voulu empêcher cette confusion. Ils paraissent en effet avoir été fort peu soucieux d'éviter les équivoques ; je pourrais le montrer par de nombreux exemples si je ne pensais cela superflu.

C'est pourquoi je crois plus facilement qu'aussi bien les suffixes singuliers que pluriels sont ajoutés à la forme de l'état de régime du nom[17] et que דְּבָרִי *ma parole*, etc. זְקָנִי *ma barbe*, etc., sont formés à partir de דְּבַר[18] et זְקַן[19], c'est-à-dire à partir du singulier de l'état de régime de דָּבָר[20] et de זָקָן[21]. Le khamets[22] de l'état absolu est maintenu car lorsque l'avant-dernière syllabe est suivie de ghirek[23] ou de gholem[24], elle doit être ponctuée khamets[22], sauf si le nom est מִלְּעֵיל[25] — comme זַיִת *olive*, בַּיִת *maison* — ou si la lettre qui doit être ponctuée de ghirek[23] ou gholem[24] a un דָּגֵשׁ[26], comme dans סַפִּיר *saphir*, רַתּוֹק *chaine.*

De même, de l'état de régime חֲצַר *parvis*, l'on fait חֲצֵרוֹ *son parvis* en conservant néanmoins tséré[27] de l'état absolu חָצֵר, car, nous l'avons dit, lorsque l'avant-dernière syllabe est suivie de gholem[24] ou de ghirek[23], elle ne peut être ponctuée de pathagh[28]. Ainsi, tous les mots dont la dernière syllabe de l'état de régime est

17. État de régime du nom au singulier.
18. *Parole de...*
19. *Barbe de...*
20. *Parole.*
21. *Barbe.*
22. *a* voyelle longue.
23. *i* voyelle brève.
24. *o* voyelle longue.
25. Mot accentué sur l'avant-dernière syllabe.
26. Point placé à l'intérieur d'une lettre. Ce n'est pas une voyelle (*cf. supra*, Ch. II, note 11).
27. *é* voyelle longue.
28. *a* voyelle brève.

pathagh[28] et l'avant-dernière schéva[29] conservent avec les suffixes la dernière voyelle de l'état absolu. Mais si l'avant-dernière voyelle de l'état de régime est, non pas schéva[29] mais une des voyelles qui, au pluriel, sont conservées — ainsi pathagh[28], gholem[24] non accentué, ghirek[23], etc. — alors les suffixes sont ajoutés aux noms suivant les règles du pluriel de l'état de régime.

Ainsi, de l'état de régime au pluriel פֹּקְדֵי[30] — du participe פֹּקֵד[31] — on fait פּוֹקְדִי *mon visitant* et de l'état de régime au pluriel מַקְלוֹת[32] — du substantif מַקֵּל[33] — on fait מַקְלִי *mon bâton*, etc.

En outre, les monosyllabiques aussi suivent les règles de l'état de régime au pluriel, lorsque les suffixes leur sont ajoutés.

En effet, de l'état de régime שָׂרֵי[34], חִצֵּי[35], עֵדֵי[36], etc., du pluriel des noms שָׂר *prince*, חֵץ *flèche*, עֵד *témoin*, on fait שָׂרִי[37], חִצִּי[38], עֵדִי[39], etc.

De plus les noms qui sont מִלְּעֵיל[25] doivent aussi se conformer à l'état de régime au pluriel car, nous l'avons dit, l'accent passe de l'avant-dernière syllabe au suffixe ajouté.

Ainsi, à partir du pluriel de l'état de régime מַלְכֵי[40], צִדְקֵי[41], זִבְחֵי[42] — des substantifs מֶלֶךְ[43], צֶדֶק[44], זֶבַח[45] — on a מַלְכִּי *mon roi*, צִדְקִי *ma justice* et זִבְחִי *mon sacrifice ;* et à partir du pluriel de l'état de régime אָזְנֵי — du substantif אֹזֶן[46] — on a אָזְנִי *mon oreille*. De même, du

29. *e* muet.
30. *Les visitants de...*
31. *Visitant.*
32. *Bâtons de...*
33. *Bâton.*
34. *Princes de...*
35. *Flèches de...*
36. *Témoins de...*
37. *Mon prince.*
38. *Ma flèche.*
39. *Mon témoin.*
40. *Rois de...*
41. *Justices de...*
42. *Sacrifices de...*
43. *Roi.*
44. *Justice.*
45. *Sacrifice.*
46. *Oreille.*

pluriel de l'état de régime des substantifs גֹּדֶל[47], רֹחַב[48], אֹרֶךְ[49], on a גָּדְלִי *ma grandeur*, רָחְבִּי *ma largeur*, אָרְכִּי *ma longueur*, etc.

Ensuite dans les noms[50] dont on peut, en général, changer le ה final en ת et les deux dernières voyelles en ségol[51], ce n'est qu'à cette deuxième forme que les affixes sont ajoutés en modifiant chaque ségol[52] de la même manière que dans les exemples précédents.

Par exemple : au lieu de תִּפְאָרָה *gloire*, עֲטָרָה *couronne*, גְּבִירָה *maîtresse*, etc., on emploie souvent les formes plus élégantes תִּפְאֶרֶת, עֲטֶרֶת, גְּבֶרֶת ; ce n'est donc qu'à cette deuxième forme que les suffixes sont ajoutés en changeant chaque ségol[52] de la même façon que les noms à ségol[52] géminé ont l'habitude de le faire du pluriel de l'état de régime : le premier ségol[52] est changé en pathagh[28] ou ghirek[23], le second en schéva[29].

On fait donc de תִּפְאֶרֶת, תִּפְאַרְתִּי *ma gloire* et de עֲטֶרֶת, עֲטַרְתִּי *ma couronne* et de גְּבֶרֶת, גְּבִרְתִּי *ma maîtresse*. Et ainsi, c'est à la forme קְטוֹרֶת, employée pour קְטוֹרָה, que l'on ajoute les suffixes ; ce qui fait קְטָרְתִּי *mon encens*, comme dans les noms où l'avant-dernière syllabe gholem[24] devient ghateph khamets[53].

Les participes n'ont donc pas de suffixes ajoutés à la forme פּוֹקְדָה mais seulement à la forme פּוֹקֶדֶת ainsi que nous l'avons déjà montré dans l'exemple du participe. Quant aux autres noms terminés en ה, mais qui ne se modifient pas selon les exemples précédents, ceux dont seul le ה final est modifié en ת gardent donc la forme de l'état de régime. Toutefois, la dernière voyelle khamets[22] est conservée, elle ne devient pas - pathagh[28] comme à l'état construit, nous en avons expliqué la raison plus haut.

Ainsi, de תְּפִלָּה, dont l'état de régime est תְּפִלַּת, découle תְּפִלָּתִי

47. *Grandeur.*
48. *Largeur.*
49. *Longueur.*
50. Noms au féminin singulier.
51. *Cf. supra*, Ch. VI, p. 39.
52. *é* voyelle brève.
53. *o* voyelle brève.

ma prière, et de בַּקָּשָׁה, dont l'état de régime est בַּקָּשַׁת, découle בַּקָּשָׁתִי *ma demande.* Il en est de même pour les autres suffixes ajoutés à l'état de régime au singulier.

Ensuite, dans les noms où le ה final est conservé à l'état de régime, les suffixes entraînent généralement l'omission du ה.

Ainsi שָׂדֶה *champ*, שָׂדְךָ *ton champ*, מַעֲשֶׂה *œuvre*, מַעֲשַׂי *mon œuvre;* il en est ainsi pour les autres mots dont le ה ne devient pas ת à l'état construit.

J'ai dit, à la vérité, que ה est généralement omis, mais non à toutes les personnes ; ainsi il est maintenu à la troisième personne comme שָׂדֵהוּ *son champ.* מַעֲשֵׂהוּ *son œuvre*, etc.

Ces remarques expliquent la façon dont les suffixes sont ajoutés aux noms pris au singulier. Je vais maintenant dire quelques mots au sujet des suffixes ajoutés à ces mêmes noms considérés au pluriel.

Dans les noms dont le pluriel se termine en וֹת[54], on ajoute à l'état de régime sans aucune modification, les suffixes aussi bien singuliers que pluriels, à la première, à la deuxième ou à la troisième personne.

Par exemple בְּרָכָה *bénédiction* a comme pluriel בְּרָכוֹת dont l'état de régime est בִּרְכוֹת, d'où בִּרְכוֹתַי, בִּרְכוֹתֶיךָ, בִּרְכוֹתָיו : *mes bénédictions, tes bénédictions, ses bénédictions*, etc. Ainsi אֹרַח *voie* a comme pluriel אֳרָחוֹת dont l'état de régime est אָרְחוֹת d'où אָרְחוֹתַי, אָרְחוֹתֶיךָ : *mes voies, tes voies*, etc., et de même pour les autres noms terminés en וֹת[54].

Mais les noms dont le pluriel se termine en ים.[55] et qui au singulier formaient le possessif d'après le singulier de l'état de régime, conservent, au pluriel, le singulier de l'état de régime pour les suffixes au singulier et à la première personne du pluriel. Quant aux suffixes de la deuxième et de la troisième personne du pluriel, ils sont ajoutés à la forme plurielle de l'état de régime et sans

54. Noms au féminin pluriel.
55. Noms au masculin pluriel.

aucune modification, ainsi que nous l'avons montré dans le premier exemple de nom substantif דָּבָר[10].

Enfin, les noms qui au singulier formaient le possessif d'après le pluriel de l'état de régime — ainsi מֶלֶךְ[43], זֶבַח[45], שֶׁמֶן[56], etc., au pluriel, les suffixes leur sont ajoutés dans les mêmes conditions que dans les noms ayant deux khamets[22]. En effet מֶלֶךְ[43] a au pluriel מְלָכִים, comme דָּבָר[57] a דְּבָרִים[58]: D'où l'on fait מְלָכַי[59], מְלָכֶיךָ[60], מְלָכָיו[61], מַלְכֵיהֶם[62], etc., comme dans דָּבָר[57]. De même aussi שֹׁרֶשׁ *racine* a au pluriel שָׁרָשִׁים, d'où שָׁרָשַׁי[63], שָׁרָשֶׁיךָ[64], שָׁרָשָׁיו[65] et l'on peut voir que les deux khamets[22] sont partout maintenus, ce qui entraîne une double accentuation. Telles sont les remarques concernant les pronoms possessifs.

Il reste peu de choses encore à ajouter au sujet de la déclinaison des pronoms. En dehors des indicatifs et du relatif אֲשֶׁר et שֶׁ, *qui, quoi*, au singulier *(qui, quae, quod)* et au pluriel *(qui, quae, quae)*, aucun ne se décline ; ils sont toutefois compensés de la façon suivante :

Nominatif

הוּא *il*	אַתָּה *tu*	אֲנִי *je*

Datif

לוֹ *à lui*	לְךָ *à toi*	לִי *à moi*

L'accusatif est remplacé par la particule אֵת de la façon suivante :

אֹתוֹ *lui*	אֹתְךָ *toi*	אֹתִי *moi*

Ablatif

בּוֹ *en lui*	בְּךָ *en toi*	בִּי *en moi,*

et de la même façon au pluriel.

56. *Huile.*
57. *Parole.*
58. *Paroles.*
59. *Mes rois.*
60. *Tes rois.*
61. *Ses rois.*
62. *Leurs rois.*
63. *Mes racines.*
64. *Tes racines.*
65. *Ses racines.*

Les *indicatifs* se déclinent comme les noms :

Nom. Gén.	זֶה et הַזֶּה	*celui-ci*	*masc. sing.*
Dat.	לָזֶה		
Acc.	הַזֶּה		
Abl.	בָּזֶה, מִזֶּה, etc.		

Nom. Gén.	זֹאת et הַזֹּאת	*celle-ci*	*fém. sing.*
Dat.	לְזֹאת et לַזֹּאת		

Nom. Gén.	אֵלֶּה et הָאֵלֶּה	*ceux-ci celles-ci*	*pluriel*
Dat.	לְאֵלֶּה לָאֵלֶּה	*ceux-ci*	

Relatif

אֲשֶׁר et שֶׁ

Nom. Gén.	אֲשֶׁר	Nom. Gén.	שֶׁהָיָה *qui fut*
Dat.	לַאֲשֶׁר	Dat.	לְשֶׁהָיָה
etc.		etc.	

CHAPITRE XII

DU NOM INFINITIF : DIFFÉRENTES FORMES ET ESPÈCES

Les noms infinitifs ou noms d'action expriment une action rapportée soit à un agent soit à un patient. Ainsi *le fait pour quelqu'un de visiter (τὸ visitare alicujus)* se rapporte à l'agent et *le fait pour quelqu'un d'être visité (τὸ visitari alicujus)* se rapporte au patient.

D'autre part les noms infinitifs peuvent exprimer cette action rapportée à l'agent ou au patient, soit d'une manière simple soit d'une manière intensive[1]. Ainsi *aller voir (visere)* et *rendre visite (visitare)*, *briser (frangere)* et *mettre en pièces (confringere)*. Les premiers infinitifs expriment l'action simple *d'aller voir* et *de briser*, les seconds de plus, l'intensité *(affectum)*[2] ou la fréquence de l'action *d'aller voir (visendi)* et de *briser (frangendi)*.

1. Les explications données par Spinoza dans ce premier paragraphe ne mettent pas suffisamment en valeur le fait que le sens intensif ou fréquentatif n'est ajouté à la forme simple de l'infinitif que par le redoublement de la deuxième lettre de la racine. Il peut arriver que dans les langues indo-européennes, on obtienne un sens dérivé par rapport au sens primitif en changeant simplement les voyelles du verbe primitif, en redoublant une des consonnes ou en ajoutant un préfixe. Ainsi en latin, *dicere:* dire, *dictare:*- répéter ; en anglais, *to fall:* tomber, *to fell:* abattre. Mais ainsi que le note J. Touzard (*Grammaire Hébraïque* p. 178) « ce qui, dans nos langues, ne se produit qu'à titre d'exception, existe en hébreu à l'état de système. Au moyen de divers changements que l'on fait subir au radical de la forme fondamentale, de diverses particules qu'on lui ajoute, on peut obtenir une série de formes ou conjugaisons dérivées exprimant, par rapport à l'idée principale, toute une série de nuances secondaires d'intensité, de causalité, de reflexibilité, etc... »

2. La traduction d'*affectus* par *intensité* est justifiée par le contexte. On sait, d'autre part, que le Livre IV de l'*Éthique* a pour titre « De Servitude Humana seu de Affectuum *viribus* ». Ce qui caractérise les sentiments c'est leur force, leur violence, leur

En hébreu les modèles par lesquels on exprime une action simple rapportée à l'agent sont פָּקוֹד, פָּקֵד, פָּקָד et פָּקַד dont les états de régime sont — ainsi que nous l'avons dit au chapitre VIII — פְּקוֹד et פְּקַד. Et les modèles qui expriment l'action simple rapportée au patient sont נִפְקוֹד, הִפָּקֵד et הִפָּקוֹד[3].

Les modèles qui expriment l'action intensive ou fréquentative appliquée à l'agent sont פַּקֵּד, פִּקֵּד et פַּקּוֹד. Ces modèles se distinguent principalement des premiers par le fait que la deuxième lettre du mot est redoublée[1] ; ils ont donc toujours un point דָּגֵשׁ[4]. Enfin l'action intensive rapportée au patient est exprimée dans l'Écriture Sainte par ֻ[5] et gholem[6], toujours avec un dagesch[4] dans la deuxième lettre. Ainsi גֻּנַּב[7].

En outre les Hébreux avaient l'habitude de rapporter l'action à sa cause principale, c'est-à-dire celle qui fait qu'une action quelconque est produite par quelqu'un[8], ou qu'une chose[9] remplit sa fonction.

intensité. Roland Caillois traduit dans l'Introduction au Livre III de l'*Éthique* « Affectuum vires » par « la force impulsive des sentiments » (SPINOZA, *Œuvres complètes*, N.R.F., p. 468). On trouvera dans *Servitude et Liberté selon Spinoza* par F. Alquié (C.D.U. 1959, p. 2, 31 et 32) une étude très précise du sens des termes latins : *vires*, *affectio*, *affectus*, dans le cadre de la théorie spinoziste des affections.

3. Forme passive de la forme simple.

4. Point placé à l'intérieur de la deuxième lettre de la racine du mot. Sur le point dagesch, cf. *supra*, Ch. II, note 11.

5. *ou* voyelle brève sous la première lettre de la racine.

6. *O* voyelle longue pour la deuxième lettre de la racine.

7. *Etre l'objet d'un vol, d'un enlèvement.*

8. Dans certains cas (causatif intransitif), l'action est intérieure au sujet ou entraîne un changement d'état. Ex. : devenir gras, devenir rouge, devenir sombre, se prolonger, se taire, se tenir tranquille... se traduisent en hébreu par la forme causative. « Solent praeterea Hebraei actionem ad causam principalem referae... » Dans le *Tractatus* (Ch. Ier, B.D.S. *Opera*, Van Vloten et Land, tome I, *op. cit.*, p. 359), Spinoza insiste sur le fait que « Judaei nunquam causarum mediarum, sive particularium, faciunt mentionem sed... *ad Deum semper recurrant* ». Il nous semble que dans le *Compendium* et dans le *Tractatus*, Spinoza décrit la même attitude, énonce le même principe : chercher la cause principale (quae efficit ut actio aliqua ab aliquo flat). Le ton polémique du *Tractatus* est provoqué par l'abus ou l'application injustifiée de ce principe mais non par l'attitude qu'il implique.

9. Verbes dénominatifs : le nom d'où dérive la forme verbale est objet ou effet de l'action.

Par exemple : פָּקוֹד signifie *visiter*, הַפְקִיד, הַפְקֵד[10], ou הִפְקִיד signifie *constituer quelqu'un visiteur.* Ainsi מָלוֹךְ signifie *régner*, הַמְלִיךְ, etc., *constituer quelqu'un régnant* ou *roi.* De même, de אָכוֹל *manger*, l'on a הַאֲכִיל *faire en sorte que quelqu'un mange* et de בּוֹא *venir*, l'on a הָבִיא *faire venir* ou *conduire;* יָדוֹעַ *savoir*, הוֹדִיעַ *faire que l'on sache* ou *révéler.* Et ces mots ont à la forme passive הָפְקֵד *être déterminé en sorte d'avoir visité*, הָמְלַךְ *être déterminé en sorte d'avoir régné*, etc.

Non seulement les noms d'actions, mais aussi les noms de choses peuvent être rapportés de la même façon à la cause qui — comme je l'ai dit — fait en sorte qu'une chose[9] remplisse sa fonction. Ainsi de מָטָר *pluie*, on a הַמְטִיר[11] *faire que la pluie soit* ou *qu'il pleuve* et de אֹזֶן *oreille* on a הַאֲזִין[12] *faire que l'oreille remplisse sa fonction*, c'est-à-dire *faire entendre*, et de שָׁלוֹם *paix*, on a הַשְׁלִים[13] *établir la paix* ou *stabiliser;* et ainsi pour beaucoup d'autres exemples.

Ainsi donc, les catégories d'infinitifs en tant qu'ils se rapportent à l'agent seulement ou seulement au patient sont au nombre de six : la première catégorie est פָּקוֹד, etc., *visiter.* La seconde הִפָּקֵד, נִפְקוֹד, etc., *être visité.* La troisième פַּקֵּד, etc., *visiter fréquemment.* La quatrième פֻּקֹּד *être visité fréquemment.* La cinquième הַפְקִיד, etc., *faire que quelqu'un visite* ou *constituer quelqu'un visitant.* La sixième enfin הָפְקֵד *être constitué visitant.* Et ces catégories d'infinitifs, comme nous l'avons dit, expriment une action rapportée au seul agent ou au seul patient.

Mais parce qu'il arrive souvent qu'agent et patient soient une seule et même personne, les Hébreux ont pensé qu'il était nécessaire de former une nouvelle et septième sorte d'infinitifs pour exprimer l'action rapportée à la fois à l'agent et au patient, c'est-à-dire une catégorie d'infinitifs ayant à la fois forme d'actif et de passif.

10. La caractéristique de la forme causative est un préfixe constitué par la lettre ה (hé) et ajouté à l'infinitif de la forme simple.

11. *Job* XXXVIII, 26 ; *Esaïe* V, 6.

12. Ps. LVII, 2.

13. Pas d'exemple dans la Bible. Exemple formé par Spinoza.

Par exemple, *me visiter moi-même* ne peut s'exprimer en hébreu par aucune sorte de pronom. En effet פְּקוֹד אוֹתִי signifie le fait *d'autrui de me rendre visite (τὸ visitare alterius me)*, c'est-à-dire *que quelqu'un me rende visite* et פָּקְדִי ou פָּקְדִי *mon action de rendre visite à autrui (τὸ visitare mei alterum)*, c'est-à-dire *le fait que je rende visite à autrui.*

C'est pourquoi il a été nécessaire d'inventer *(excogitare)* une autre catégorie d'infinitifs qui exprimerait l'action reliée à l'agent ou cause immanente ; et l'on a l'habitude d'exprimer cette action en plaçant devant la troisième sorte d'infinitifs[14] ponctuée de dagesch[4] la syllabe הִתְ, ainsi הִתְפַּקֵּד[15] qui, ainsi que nous l'avons dit, signifie *se visiter soi-même*[16] ou *se constituer visitant* ou enfin *se montrer visitant*[17], ainsi que nous l'expliquerons de façon plus détaillée dans la syntaxe.

14. C'est-à-dire devant l'infinitif de la forme intensive.

15. Infinitif de la forme réfléchie du verbe *visiter*. Cette forme réfléchie, comme vient de l'expliquer Spinoza, n'est pas formée de l'infinitif accompagné du pronom personnel (par exemple en français « se promener »), mais de la forme intensive de l'infinitif précédée d'un préfixe.

16. On trouve dans la Bible trois versets où le verbe *visiter* est employé à la forme réfléchie décrite par Spinoza :

Juges XX, 15 et 17 : *se compter ;* il s'agit d'une armée dont on fait le dénombrement. *Juges* XXI, 9 : *Et le peuple se compta*. Dans ce verset, à l'idée de dénombrement s'ajoute l'idée « d'examen de conduite religieuse ».

17. Spinoza emploie le verbe *visiter* comme paradigme d'autres verbes que l'on trouve dans la Bible à la forme réfléchie avec les sens dérivés de « se constituer » ou « se montrer ».

CHAPITRE XIII

DE LA CONJUGAISON

Nous avons montré jusqu'ici, comment le nom infinitif, en tant qu'il est exprimé sans relation au temps, se modifie à cause de l'état de régime, des prépositions, de suffixes ou selon les différents sens dans lesquels il peut être employé. Il reste à expliquer la cause des changements particuliers à cette classe de noms.

Il est commun à toutes les langues que les noms infinitifs varient différemment selon le temps auquel on les rapporte et le mode par lequel ils sont exprimés. Mais comme je n'écris ici que pour ceux qui sont déjà versés dans d'autres langues, je n'expliquerai pas ce qu'est le temps et le mode, j'indiquerai seulement ce que l'hébreu a de particulier à ce sujet.

En hébreu, les actions ne se rapportent à aucun autre temps qu'au passé et qu'au futur. Il semble que ce soit parce que les Hébreux n'admettaient que ces deux parties du temps[1] et qu'ils ne considéraient le présent que comme un point[1], c'est-à-dire

1. Voici l'opinion d'un grammairien juif du XIe siècle, Ibn Djanah, dont les travaux étaient fort connus des commentateurs et grammairiens juifs du Moyen Age étudiés par Spinoza (V. *infra*, note 2). « Comme la substance produit le mode, son action doit nécessairement avoir lieu en un certain temps, ou passé ou futur ; il nous faut en conséquence employer les mots d'action, c'est-à-dire de mode, en d'autres termes le nom verbal, sous deux formes différentes marquant chacune où se produit le mode, où l'action s'accomplit... C'est en ces deux temps du passé et du futur qu'est renfermée l'action de la substance produisant les modes. Il n'y a pas un troisième temps. Quant au temps *présent*, que les grammairiens disent marquer l'instant même de la production du mode, instant qui n'est ni passé ni futur, il n'existe pas en réalité et n'a au fond qu'une valeur didactique. En effet le temps passé n'est séparé du futur que par un

comme la fin du passé et le commencement du futur. Ils semblent donc avoir comparé le temps à une ligne dont les points sont considérés comme la fin d'une partie et le commencement d'une autre partie[2].

Les signes des personnes placés soit avant[3] soit après[4] les modèles définis[5] de l'infinitif, permettent en principe la distinction des temps. Je dis *en principe*, car la troisième personne du passé se reconnaît uniquement par le fait qu'elle n'a aucun signe de personne.

Par exemple : פָּקַד, פָּקָד, פָּקֹד, פָּקַד sont les modèles de la première catégorie[6] d'infinitifs et ont la valeur du nom substantif ; mais on les emploie souvent dans le discours comme des adjectifs qui s'accordent en genre, en nombre et en cas avec le nominatif. Ils expriment alors une action reliée au temps passé.

En effet הוּא פָּקַד, הוּא יָכוֹל[7], הוּא חָפֵץ, signifient *il a visité*, *il a pu*[7],

moment qui sert de limite commune aux deux temps ; or, le moment est indivisible comme le point géométrique, il n'a qu'une existence subjective. Ce qui est avant le moment est déjà passé, c'est un fait accompli ; ce qui est après lui est futur, c'est un fait à accomplir. » (« *Le Livre des Parterres fleuris* » d'Abou'l-Walid Merwan Ibn Djanah traduit par M. Metzger, Paris E. Bouillon 1889, p. 25 et 26).

2. Pratiquement c'est le participe qui fait fonction de présent, particulièrement dans *l'hébreu du Talmud* (Voir M. Cohen, *Le système verbal sémitique et l'expression du temps*, Paris 1924, p. 297). Dans la bibliothèque de Spinoza se trouvait le *Sepher Ha-Diqdouq* (ouvrage grammatical) d'Elias Lévita (1469-1549) traduit en latin par S. Munster (Bâle 1532). Cf. P. Vulliaud : *Spinoza d'après les livres de sa bibliothèque*, Paris 1934. Dans son *Sepher Ha-Bahour (Liber Electus)* traduit aussi en latin par S. Munster (Bâle 1543), Elias Lévita écrit à propos du participe présent appelé en hébreu *Beynoni* (dérivé de *Beyn:* entre) : « Scias quod operatio seu actio quae sit in tempore praesenti vocatur *operatio intermedia* quia est media inter praeteritum et futurum hoc est בֵּינוֹנִי *(Beynoni)* participium praesens componitur ex praeterito et futuro... vocatur secundum שֵׁם הַפּוֹעֵל *nomen operans* et est verius adjectivum quam verbum. » Le participe présent s'appelle en hébreu *Beynoni*. Nous dirons quant à nous qu'en hébreu le présent c'est *l'entretemps*... (cf. notre introduction).

3. Dans ce cas le verbe est au futur.

4. Dans ce cas le verbe est au passé.

5. Au chapitre précédent.

6. C'est-à-dire de la forme simple.

7. Cf. le commentaire de Rachi sur *Gen.* XLV, 1. Le verset en hébreu veut dire littéralement : « Et Joseph pas-de-pouvoir (infinitif) se contenir... ». Rachi explique : « Il ne fut pas capable de supporter... » (littéralement : « Il ne fut pas pouvoir-de-supporter...).

il a voulu, mais[8] הִיא פָּקְדָה, הִיא יָכְלָה, הִיא חָפְצָה, signifient *elle a visité, elle a pu, elle a voulu*. D'où il est clair que les modèles des infinitifs sont comme des adjectifs substantivés et quand ils sont déterminés par le temps et la personne, ainsi que nous l'avons dit, ils sont comme des adjectifs qui doivent s'accorder en genre, nombre et cas avec le nominatif comme avec un substantif. Ainsi cette troisième personne du passé, au masculin, ne se reconnaît que par le fait qu'elle seule n'a pas de caractéristique de personne. Mais les autres personnes — première et deuxième — ont des caractéristiques particulières qui sont placées après les modèles[4].

Ainsi dans פָּקַדְתָּ *toi, homme, tu as visité*, פָּקַדְתְּ *toi, femme, tu as visité*, et פָּקַדְתִּי *j'ai visité*, etc., ainsi que nous le verrons par la suite.

D'autre part, les modèles de l'état de régime de l'infinitif sont פְּקֹד et פְּקַד. C'est avec ces modèles — employés comme adjectifs comme pour le passé — qu'on indique le futur, mais en plaçant les caractéristiques des personnes avant. Comme אֶפְקֹד ou אֶפְקַד *je visiterai*, תִּפְקֹד *tu visiteras*, etc. Ainsi qu'on le verra aussi par la suite. Ces remarques concernent les infinitifs dans la mesure où ils sont rapportés à un temps déterminé.

Voyons maintenant les changements que subissent ces noms en tant qu'ils sont exprimés aux différents modes. Les Hébreux, il est vrai, n'ont pas accordé une grande importance à cette question. En effet, de même que les prépositions seules, ou la construction de la phrase, permettent[9] de distinguer les différents cas, ainsi seuls certains adverbes, en règle générale, permettent de caractériser les modes. Avec raison la plupart des peuples ont négligé, comme une chose tout à fait superflue, de modifier les noms à cause des différents cas ; la distinction en modes semble

8. Spinoza dit *sed* en citant les exemples hébraïques précédés du pronom personnel féminin, parce qu'en hébreu le verbe au passé à la troisième personne du féminin possède la terminaison du féminin propre aux adjectifs. Ce dont la traduction latine ou française ne peut rendre compte.

9. En hébreu.

être tout aussi superflue. En effet, à ma connaissance, aucun peuple n'a séparé le mode interrogatif du mode indicatif et partant nous ne voyons naître de là aucune confusion. Ainsi au temps où l'hébreu était une langue florissante, aucune confusion ne pouvait naître de ce que tous les modes, sauf l'impératif, s'exprimaient par l'indicatif.

On distingue donc seulement, en hébreu, l'impératif par rapport aux autres modes et ceci en employant l'état de régime de l'infinitif sans indication de personne ou de relation au temps, selon la flexion suivante : פְּקֹד ou פְּקַד *visite, toi homme*, פִּקְדִי *visite, toi femme*, פִּקְדוּ *visitez, vous hommes*, פְּקֹדְנָה *visitez, vous femmes*. Mais ce mode trop impérieux ne pouvait par là même être employé avec un égal et encore moins avec un supérieur et on emploie couramment pour le remplacer, le futur. Il est donc permis d'affirmer que le passé et le futur, que nous venons d'étudier, ne concernent pas moins les autres modes par lesquels une action est exprimée en relation au temps, qu'ils ne concernent l'indicatif.

Nous avons donc indiqué par ces remarques les raisons pour lesquelles les noms infinitifs subissent différentes sortes de modifications. Ces transformations et les autres[10], nous les appellerons *conjugaisons*, et nous nommerons *verbes* les noms infinitifs en tant qu'ils sont ainsi conjugués. A propos du nombre de ces conjugaisons, nous dirons peu de choses car, défaut commun à toutes les langues, les infinitifs ne se conjugent pas tous de la même façon.

En général, les grammairiens[11] ont l'habitude de diviser les conjugaisons[12] en sept[13] parce que d'une seule et même action,

10. *Cum reliquis*. Spinoza fait allusion à la première phrase du présent chapitre. Il désigne par le terme de conjugaison non seulement les modifications de temps mais aussi les changements morphologiques causés par l'état construit, les prépositions, les suffixes et les différentes formes (intensive, causative, réfléchie).

11. Juifs et chrétiens. Les grammairiens modernes continuent à adopter la classification critiquée par Spinoza.

12. Le terme hébreu employé par les grammairiens juifs veut dire plutôt *constructions, bâtisses*. Ils distinguaient la conjugaison simple (littéralement *légère*) et les autres dérivées (littéralement *alourdies, pesantes*).

13. Simple, intensive, causative (et formes passives) ainsi que la conjugaison réfléchie.

comme nous l'avons montré au chapitre précédent, on trouve autant de catégories d'infinitifs. Mais si cette classification était bonne, il n'y aurait en latin que deux conjugaisons : l'une active, l'autre passive, et en grec que trois : l'actif, le passif et le moyen. D'autre part en suivant cette méthode, on mélange les verbes irréguliers aux verbes réguliers, ce que font d'ailleurs habituellement les grammairiens qui suivent cet ordre.

Et si l'on dit que ces sept genres d'infinitifs ont souvent même valeur et ne diffèrent que par la façon de se conjuguer, mais non quant à leur nature, alors il ne faudrait admettre en latin que deux conjugaisons : les verbes actifs et les verbes déponents qui ne diffèrent des premiers que par la manière de se conjuguer.

Aussi, afin que l'on puisse apprendre ces conjugaisons dans un ordre plus facile, nous les divisons en huit. Pour nous la première conjugaison sera celle des verbes dont l'infinitif ne comporte aucune lettre gutturale ou muette ; la deuxième, celle des verbes dont l'infinitif se termine en א ; la troisième, celle dont l'infinitif se termine en ה ; la quatrième, celle dont l'infinitif se termine en ח, ע ou ר ; la cinquième, celle dont l'infinitif a pour première lettre י ; la sixième, celle dont l'infinitif a une des lettres muettes ו, י ou א comme lettre du milieu[14] ; la septième, celle dont l'infinitif a pour première lettre א, ה, ח ou ע ; la huitième, celle dont l'infinitif a une des lettres gutturales ח ou ע, ou bien א ou ה que l'on prononce, comme lettre du milieu.

Je pense que ce qui a été dit, en général, au sujet des temps, mode et conjugaison est suffisant.

Mais habitués à d'autres langues, beaucoup trouveront peut-être absurde d'avoir dit que les verbes rapportés au passé et au futur ou bien au mode impératif sont des adjectifs, et que les infinitifs ne soient rien d'autre que des adjectifs substantivés. Ce qui paraîtra absurde, dis-je, c'est que des noms régissent l'accusatif.

14. En règle générale, la racine d'un mot, en hébreu, est de trois lettres.

A la vérité, la langue hébraïque montre que ceci ne s'oppose pas à la nature du nom, et même lorsque les noms qui expriment une action de façon abstraite, régissent l'accusatif ou un autre cas demandé par un verbe.

Par exemple : *L'amour de Dieu envers les enfants d'Israël* est ainsi exprimé dans l'Écriture : אהבת ה' את בני ישראל *L'amour de Dieu*[15] *les enfants d'Israel (Amor Dei filios*[15] *Israëlis)*[16]. Ainsi le nom *amour* régit l'accusatif comme le verbe *aimer*. Et l'on trouvera dans la syntaxe beaucoup d'autres exemples que nous étudierons.

Mais ici il faut insister sur le fait que les noms eux-mêmes peuvent être employés pour les infinitifs לְאַהֲבָה אֶת ה'[17] *pour l'amour Dieu (amori Deum)*[18] à la place de *pour aimer Dieu (ad amandum Deum)*, לְיִרְאָה אֶת ה'[19] *pour la crainte Dieu (timori Deum)*[18] à la place de *pour craindre Dieu (ad timendum Deum)*, לְאַשְׁמָה בָהּ[20] *pour cette dette*, et l'on en pourrait donner beaucoup d'autres exemples.

15. En effet le mot hébreu que Spinoza traduit par *filios* (à l'accusatif) est précédé en hébreu de la particule אֶת qui introduit le complément direct d'objet. Cette particule ne se traduit pas (cf. *supra*, Ch. IX).

16. Cet exemple se trouve dans la Bible : *Osée* III, 1.

17. *Deut.* IX, 19.

18. Sur cet accusatif, cf. *supra*, note (15).

19. *Deut.* IV, 10.

20. *Lévit.* VI, 7. Cet exemple ainsi que ceux cités aux notes 17 et 19 sont donnés dans le *Thesaurus* de Buxtorf, *op. cit.*, p. 107.

CHAPITRE XIV

DE LA PREMIÈRE CONJUGAISON DES VERBES PARADIGMES. DU VERBE ACTIF SIMPLE

Les modèles de l'infinitif de ce verbe sont, comme nous l'avons déjà dit souvent, פָּקֹד[a], פָּקַד[b], פָּקָד[c], et פָּקַד[d] ; mais, à l'état de régime : פְּקֹד et פְּקַד. A partir de l'état absolu le passé est formé de la façon suivante :

fém.	masc.		fém.	masc.
פָּקְדָה	פָּקַד[b]	*il a visité*	פָּקְדָה	פָּקֹד[a]
פָּקַדְתְּ	פָּקַדְתָּ	*tu as visité*	פָּקֹדְתְּ	פָּקֹדְתָּ
	פָּקַדְתִּי	*j'ai visité* (aux deux genres)		פָּקֹדְתִּי
	פָּקְדוּ	*ils ont visité* (aux deux genres)		פָּקְדוּ
פְּקַדְתֶּן	פְּקַדְתֶּם	*vous avez visité*	פְּקֹדְתֶּן	פְּקֹדְתֶּם
	פָּקַדְנוּ	*nous avons visité*		פָּקֹדְנוּ

פָּקַד[c] et פָּקָד[d] suivent, pour les autres personnes, le premier modèle פָּקַד.

L'impératif est formé à partir
du modèle de l'état de régime de la facon suivante:

fém.	masc.
פָּקְדִי et פִּקְדִי	פְּקֹד ou פְּקַד *toi, visite.*
פְּקֹדְנָ ou פְּקֹדְנָה	פִּקְדוּ ou פָּקְדוּ *vous, visitez.*

Le futur est formé de la façon suivante à partir de l'impératif:

fém.	masc.		fém.	masc.
	אֶפְקֹד	*je visiterai*, ou :		אֶפְקַד
תִּפְקְדִי	תִּפְקֹד	*tu visiteras*	תִּפְקְדִי	תִּפְקַד
תִּפְקֹד	יִפְקֹד	*il visitera*	תִּפְקַד	יִפְקַד
	נִפְקֹד	*nous visiterons*		נִפְקַד
	תִּפְקְדוּ	*vous visiterez*		תִּפְקְדוּ
תִּפְקֹדְנָה			תִּפְקַדְנָה	
	יִפְקְדוּ	*ils visiteront*		יִפְקְדוּ

et יִפְקֹדְנָה, comme מַלְכֻיוֹת יַעֲמֹדְנָה[e] Daniel VIII-22, et 1 Samuel VI-12 וַיִּשַּׁרְנָה הַפָּרוֹת[f], etc.

REMARQUES A PROPOS DE L'INFINITIF

Nous avons déjà montré, en son temps, que les infinitifs se déclinent comme les autres noms[1] ; on ajoutera seulement ici que les cas ne sont pas seulement indiqués par les prépositions inséparables ל, ב, כ, מ, mais aussi par n'importe quelle autre préposition.

Ainsi לִפְנֵי[2] שַׁחֵת ה׳ *avant le fait de Dieu de perdre Sodome (ante τοῦ perdere Dei Sodomam)* c'est-à-dire *avant qu'il ait perdu;* עַד[3] אַבוֹד *jusqu'au fait de périr (usque τοῦ perire)* pour *jusqu'à ce qu'ils aient péri*, etc.

En outre, que chaque verbe ait eu un si grand nombre de modèles d'infinitifs montre clairement que le même verbe peut être employé selon chacun des modèles[4].

e. *Des royaumes s'élèveront.*

f. *Les vaches prirent directement...*

1. Cf. *supra*, Ch. IX, *in fine*.

2. *Gen.* XIII, 10. Vocalisation erronée : en réalité שַׁחֵת.

3. *Deut.* VII, 20. Vocalisation erronée : en réalité אַבֵּד.

4. Même si en fait on ne trouve pas dans la Bible ces verbes employés à chacun des modèles cités.

Ainsi גַּדֵּל[5] dans les *Nombres* ch. VI, verset 5, et גָּדוֹל au Livre 2 de *Samuel*, ch. V, v. 10, *croître*, דִּבֶּר[6] et דַּבֵּר *parler* et ainsi pour d'autres exemples. Bien plus, quoique l'on ne trouve nulle part dans l'Écriture d'infinitif avec khamets[7] géminé (on trouve לַחְמָם dans *Esaïe* ch. 47, verset 14), je ne doute pas qu'il y ait eu en hébreu ce modèle d'infinitif ainsi que tous ceux dont j'ai parlé.

En effet, comme je l'ai dit, les verbes, en hébreu, sont des adjectifs qui s'accordent avec le nominatif, en genre, nombre et cas ; et ces adjectifs pris de façon absolue, sans nominatif, employés comme des substantifs d'aucun genre, indiquent l'infinitif. C'est pourquoi on exprimera l'infinitif en employant n'importe quel modèle de passé ou d'impératif pris de façon absolue, sans nominatif.

De plus on peut aussi rendre substantifs les participes eux-mêmes, comme je le montrerai en temps voulu, et les employer à la place de l'infinitif. כַּהֲתִימְךָ שֹׁדֵד[8] *Esaïe* ch. XXXIII, verset 1.

D'autre part, on ajoute généralement à l'infinitif la lettre paragogique ה, celle-ci à l'état de régime est changée en ת.

En effet de קְרוֹב[9] vient קָרְבָה[10] *approcher*, dont l'état de régime est קְרוֹבַת. Les suffixes sont ajoutés à cette dernière forme de la façon suivante : קָרְבָתִי, קָרְבָתְךָ, קָרְבָתוֹ, *approcher de moi*, *de toi*, *de lui*, etc.

5. Le texte cité : *Nombres* VI, 5 porte en réalité גַּדֵּל infinitif du verbe *croître* à la forme intensive qu'on ne peut donc employer indifféremment pour גָּדוֹל II *Sam.* V, 10, *croître* à la forme simple.

6. Cette forme est généralement considérée comme un passé (3e personne du singulier). Spinoza y voit un infinitif à la suite d'ailleurs du grammairien David Kimhi (1160-1235) dont il connaissait les œuvres et qu'il cite au Ch. IX du *Tractatus* p. 814, de l'édit. Gallimard. David Kimhi, dans sa grammaire rédigée en hébreu, cite comme référence : *Osée* I, 2 *Sepher Michlol* Édition 1793, p. 65a : rédigé vers 1200, édité à Venise en 1545.

7. *a* long.

8. *Quant tu auras achevé de piller* (littéralement : quand tu auras achevé pillant). L'orthographe est : כַּהֲתִמְּךָ שׁוֹדֵד. Cf. aussi *infra*, Ch. XVI, note (21).

9. *Ps.* XXXII, 9.

10. *Exode* XXXVI, 2.

De même de יְכוֹל *pouvoir* vient יְכֹלָה et à l'état de régime יְכֹלֶת comme מִבִּלְתִּי יְכֹלֶת ה׳[11] *à cause du non pouvoir de Dieu* et l'on a, en ajoutant les suffixes : יְכָלְתִּי *pouvoir de moi*, יְכָלְתְּךָ *pouvoir de toi*, יְכָלְתּוֹ *pouvoir de lui*, etc.

On peut, en outre, ajouter aux infinitifs la lettre נ à la place de la lettre ה, ce dont on a un exemple dans le livre d'*Esther* au chap. IX, verset 5 où au lieu de אַבֹּד le texte porte אָבְדָן[12] *périr*.

De plus, lorsque l'accent est déplacé, le gholem[13] de l'état de régime פְּקֹד devient khamets ghatuph[14] comme dans לִפְנֵי מְלָךְ־מֶלֶךְ *avant le fait de régner d'un roi (ante τοῦ regnare regis).*

Enfin citons cet exemple fameux d'*Ezra* au chapitre X[16] où l'on trouve לְדַרְיוֹשׁ pour לִדְרוֹשׁ *pour s'enquérir* et que les grammairiens[17] signalent comme unique. Il me paraît être un monstre et je n'ose décider quoi que ce soit à ce sujet.

Remarques a propos du passé

Les modèles פָּקַד, פָּקֹד, פָּקֵד et פָּקַד se distinguent, comme nous l'avons dit, des infinitifs parce qu'au passé ils sont masculin-singulier alors qu'à l'infinitif ils sont invariables *(nullam ad sexum nec ad numerum relationem habeant).* D'ailleurs le contexte permet facilement de les différencier.

11. Spinoza suit ici l'opinion de Kimhi. Pour Rachi (*Comment. sur Nbres* XIV, 16), c'est un nom, ce qui exclut de toutes façons un participe au féminin.

12. A la référence indiquée le texte porte en réalité וְאַבְדָן ; l'exemple cité par Spinoza se trouve au Ch. VIII, v. 6 du *Livre d'Esther* (cf. aussi Buxtorf *op. cit.*, p. 107).

13. *o* voyelle longue.

14. *Khamets* voyelle brève prononcée *o*.

15. *Gen.* XXXVI, 31.

16. Verset 16.

17. Ainsi Kimhi (*op. cit.*, p. 16b et 71b) écrit : « Contrairement à l'usage, le mot לְדַרְיוֹשׁ comprend une lettre paragogique ; c'est un exemple unique. Je n'ai pas vu d'autre exemple dans l'Écriture où une lettre paragogique se prononce à l'intérieur des trois lettres de la racine. C'est peut-être un mot composé ; pour ma part, je n'en sais rien. »

Le féminin est פָּקְדָה ; lorsque l'accent est אתנח[18] ou סילוק[18], le schéva[19] est changé en khamets[20], ou en gholem[21], ou en tséré[22], c'est-à-dire que le ה est ajouté au masculin sans aucune modification de voyelles ; de פָּקַד on a donc le féminin פָּקָדָה, de פָּקֹד, פָּקֹדָה et enfin de פָּקֵד, פָּקֵדָה.

פָּקַדְתָּ a la lettre ת comme caractéristique de la deuxième personne. Cette caractéristique provient du pronom אַתָּה *tu*. On peut aussi employer le ה de ce pronom comme dans בָּגַדְתָּה[23] mais en règle générale on l'omet. Les verbes terminés en ת perdent cette lettre — ainsi qu'à la première personne. Et cette lettre est compensée par un dagesch dans le ת suivant du suffixe personnel comme dans le verbe כָּרַת *couper*[25] כָּרַתָּ, כָּרַתְּ, *tu as coupé*, כָּרַתִּי[24] *j'ai coupé*.

פָּקַדְתְּ seconde personne au féminin a une terminaison qui provient du pronom féminin אַתְּ *tu ;* du pronom archaïque אַתִּי noté plus haut vient la forme archaïque פָּקַדְתִּי pour פָּקַדְתְּ, comme dans *Ruth*[26] chap. III, verset 3 : וְשָׁכַבְתִּי *tu dormiras*[27] pour וְשָׁכַבְתְּ ; plusieurs autres exemples de ce genre notés par les Massorèthes sont sans aucun doute archaïques.

פָּקַדְתִּי tient sa terminaison du pronom אֲנִי *je*. Il est commun pour les deux genres comme toujours pour la première personne.

פָּקְדוּ la terminaison du pluriel est ici la même que celle des pronoms ; leur pluriel est terminé aussi en וּ[28] comme nous l'avons

18. Accents disjonctifs.
19. *e* muet.
20. *a* long.
21. *o* long.
22. *é* long.
23. Un seul exemple dans la Bible : *Malachie* II, 14 : *Tu as été infidèle.*
24. *Exode* XXXIV, 27.
25. *Deut.* VIII, 23.
26. En réalité v. 4.
27. Cet exemple de futur peut sembler étonnant puisqu'il s'agit dans ce paragraphe des remarques concernant le passé. Il faut préciser qu'en hébreu, lorsque la forme du passé est précédée de la conjonction וְ *et* exprimant la succession — ce qui est le cas ici — elle a la valeur d'un futur. La forme est dite convertie et le ו, conversif. La conversion peut aussi avoir lieu du futur au passé.
28. La terminaison plurielle en ו des pronoms est celle de la première personne. Or la forme analysée ici par Spinoza est la troisième personne. Il y a donc confusion.

noté plus haut et non en ִים. comme le sont les autres adjectifs. Cette forme se trouve aussi avec un ן paragogique pour euphonie comme dans יֵדְעוּן[29] *ils ont connu*. Je crois que les anciens avaient l'habitude de distinguer le masculin et le féminin par les quiescentes א et ה. Ainsi *ils ont visité* פָּקְדוּא, *elles ont visité* פָּקְדָה. On en trouve des exemples dans l'Écriture. Ainsi dans le *Deutéronome*[30], chap. XXI, verset 7 : יָדֵינוּ לֹא שָׁפְכָה *nos mains n'ont pas répandu*... et dans le *livre de Josué* chap. X, verset 24 : אַנְשֵׁי הַמִּלְחָמָה הֶהָלְכוּא ... *les guerriers qui ont marché*...

Mais par la suite, ces lettres quiescentes ont été négligées parce que, semble-t-il, elles n'entraînaient aucune différence sensible dans la prononciation ; d'autre part, on aurait pu les confondre avec des lettres paragogiques.

De plus lorsque l'accent est אתנח[31] ou סילוק[31], le schéva [32] de l'avant-dernière syllabe — comme à la troisième personne du féminin singulier — est changé en ָ[33], ֵ[34] ou gholem[35] et au lieu de פָּקְדוּ, on a פָּקָדוּ, פָּקֹדוּ ou פְּקֵדוּ.

Enfin פְּקַדְתֶּם, פְּקַדְתֶּן et פָּקַדְנוּ tirent leur terminaison des pronoms אַתֶּם, אַתֶּן *vous* et אֲנַחְנוּ *nous*.

Remarques a propos de l'impératif

J'ai placé l'impératif avant le futur parce qu'on forme le futur d'après l'impératif[36]. D'autre part on emploie très souvent le

29. *Deut.* VIII, 3 (Cf. Buxtorf *Thesaurus... op. cit.*, p. 102).

30. Cf. le commentaire d'Ibn Ezra sur *Deut.* XXI, 7 et le *Thesaurus* de Buxtorf, p. 102.

31. Accent disjonctif.

32. é très bref.

33. *a* long.

34. *é* long.

35. *o* long.

36. Cf. les explications données par Spinoza au Ch. XIII, p. 133 qui traite de la conjugaison. Buxtorf *(Thesaurus... op. cit.)*, insistait beaucoup d'une part sur le fait que l'infinitif est à l'origine de l'impératif et du futur, d'autre part sur le lien entre impératif et futur. « Infinitivum Hebraei... vocant מָקוֹר *fontem, venam, scaturiginem*,

futur à la place de l'impératif[37]. Si bien qu'il est permis d'affirmer qu'en hébreu, le futur se rapporte aussi bien au mode impératif qu'à l'indicatif[38].

Nous avons dit que les modèles en étaient פְּקֹד et פְּקַד et même, si l'on veut, פְּקָד. A ces modèles s'ajoute souvent un ה paragogique : à partir de פְּקֹד on a פָּקְדָה et à partir de פְּקַד, פִּקְדָה *visite, toi homme*, — et de là, le modèle d'infinitif יִרְאָה[39], הָאֲכָה[40]. Et avec l'accent athnagh[31], ou bien avec silukh[31], on a פְּקֹדָה ; mais si l'accent est déplacé, gholem[13], comme à l'infinitif, est changé en khamets, ghatuph[14], ainsi dans פְּסָל־לְךָ[41] *faconne pour toi.*

Remarques a propos du futur

Lorsqu'aux formes אֶפְקֹד et אֶפְקַד s'ajoute un ה paragogique ֹ[13] et ַ[42] sont changés en ְ[19] ; il résulte de ce changement אֶפְקְדָה *je visiterai*. Mais lorsque le mot est accentué de אתנח[31] ou de

quod inde significatio definita, in reliqua tempora, ceu certos rivulos profluit » (*op. cit.*, p. 105). « Futurum duplex est primum et secundum. Futurum primum, Hebraei צווי *imperium* vocant et sic nostri imperativum modum. Futurum secundum עָתִיד *futurum* simpliciter dicunt et sumitur pro futuris omnibus... *Futurum... formantur autem ejus personae ab imperativo*, assumptis ab initio quatuor literis characteristicis, איתן, quibus integre distinguuntur » (*op. cit.*, p. 92, 93, 96).

Parmi les grammairiens modernes, citons P. Auvray : *Initiation à l'hébreu biblique* Desclée et Cie 1955, « L'imparfait se conjugue à partir de l'infinitif construit, au moyen de préformantes marquant surtout la personne, et d'afformantes (terminaisons) marquant plutôt le genre et le nombre » (p. 35). Auvray appelle imparfait le futur (action non achevée). Pour sa part, P. Joüon (*op. cit.*, p. 107 et 108) note que le thème (racine vocalisée) de l'impératif est celui du futur, — que selon certains philologues modernes l'impératif a précédé le futur — et que la similitude entre impératif et futur se retrouve dans les con,ugaisons dérivées. En ce qui concerne le rapport entre impératif et infinitif, Joüon (*op. cit*, p. 109) note aussi que les voyelles primitives de l'infinitif à l'état construit et de l'impératif sont identiques. L'infinitif construit, comme l'impératif sont identiques. L'infinitif construit, comme l'impératif, vient du sémitique primitif qeṭul avec un ọ moyen.

37. Cf. *supra*, Ch. XIII et *infra*, Ch. XIX, *in fine*.

38. Signalons que dans les propositions négatives, l'impératif ne s'emploie pas ; on emploie pour le suppléer le futur.

39. *Craindre. Deut.* IV, 10.

40. Barbarisme reproduit par l'édition Van Vloten et Land. Le *Thesaurus* de Buxtorf (*op. cit.*, p. 107) permet de corriger en דַּאֲבָה souffrir : *Jér.* XXXI, 11.

41. *Ex.* XXXIV, 1...

42. *a* bref.

סילוק[31], le gholem[13] demeure. Quant au ◌ֶ[42] il se transforme en ◌ֵ[7]. On a donc אֶפְקֹדָה et אֶפְקְדָה.

— תִּפְקְדִי : avec ן paragogique devient תִּפְקְדִין toi (fém.) *tu visiteras.* De la forme תִּפְקֹד on a תִּפְקֵדִין, autrement dit on change en ◌ֵ[7] le ◌ֶ[42] à cause du ghirek[43] qui le suit.

— נִפְקֹד : avec ה paragogique le gholem[13] est aussi changé en ◌ְ[32] et l'on a נִפְקְדָה mais — comme à la première personne du singulier — חֹלֶם[13] est conservé avec les accents אתנח[31] et סילוק[31] et ◌ֶ[42] est changé en ◌ֵ[7].

— תִּפְקְדוּ : avec ן paragogique תִּפְקְדוּן, תִּפְקְדוּן et תִּפְקֹדוּן mais si le mot a un accent disjonctif, les modèles du singulier sont conservés et l'on a תִּפְקֹדוּ et תִּפְקֵדוּ *vous (masculin) visiterez.*

En outre, lorsque le mot précède un monosyllabique, il est permis d'employer shurekh[44] au lieu de gholem[13], car l'accent doit porter alors sur l'avant-dernière syllabe comme dans יִשְׁפּוּטוּ הֵם[45] *eux jugeront.* Enfin je crois que l'exemple du *Lévitique* ch. XXI, verset 5 לֹא יִקְרְחָה קָרְחָה[46] est une faute du copiste qui manifestement a écrit deux fois קָרְחָה.

— תִּפְקֹדְנָה et תִּפְקַדְנָה. Le ה peut être omis, comme dans תִּלְבַּשְׁןָ[47] *Elles revêtiront.* D'autre part, à partir de la troisième personne du féminin singulier תִּפְקֹד, on peut aussi former la troisième personne du féminin pluriel : תִּפְקְדוּ ; en sorte qu'aussi bien au pluriel qu'au singulier, la troisième personne du féminin est la même que la seconde du masculin.

Ainsi dans *Jérémie* ch. XLIX, v. 11 : וְאַלְמְנוֹתֶיךָ עָלַי תִּבְטָחוּ pour תִּבְטַחְנָה *et les veuves auront confiance en moi.* Le ט est ponctué ◌ֵ[7] au lieu de ◌ְ[32] ce qui — nous l'avons dit — se produit toujours à cause de l'accent סילוק[31].

43. *i* bref.
44. *ou* voyelle longue.
45. Orthographe et référence fautives de Van Vloten et Land. La référence exacte — *Ex.* XVIII, 26 — nous a été indiquée par M. Néher. Cf. aussi *Thesaurus* de Buxtorf *op. cit.*, p. 110.
46. *Ils ne se raseront pas.*
47. II-*Sam.* XIII, 18.

CHAPITRE XV

DU VERBE PASSIF

La caractéristique de la forme passive est la lettre נ. Cette lettre est placée devant le verbe. Cependant elle est souvent compensée par un dagesch[1] car jamais deux préfixes ne peuvent être employés devant un verbe. Les modèles de l'infinitif sont donc נִפְקַד, נִפְקוֹד, הִפָּקֵד[2] et הִפָּקוֹד. Dans ces deux derniers modèles la lettre נ est compensée par un dagesch[1] à cause de l'autre lettre caractéristique ה. A partir du premier exemple de ces deux groupes de modèles, on forme ainsi les temps :

Passé

fém.	masc.	
נִפְקְדָה	נִפְקַד ou נִפְקוֹד	3. *il a été visité.*
נִפְקַדְתְּ	נִפְקַדְתָּ	2.
	נִפְקַדְתִּי	1.
	נִפְקְדוּ	3. pluriel
נִפְקַדְתֶּן	נִפְקַדְתֶּם	2.
	נִפְקַדְנוּ	1.

Impératif

fém.	masc.
הִפָּקְדִי	הִפָּקֵד
הִפָּקַדְנָה	הִפָּקְדוּ

1. Point à l'intérieur de la première lettre de la racine.
2. I *Rois* XX, 39.

Autre modèle d'impératif

fém.	masc.
נִפְקְדִי	נִפְקַד
נִפְקֹדְנָה	נִפְקְדוּ

Futur

fém.	masc.	
	אִפָּקֵד et אֶפָּקֵד	1. sing.
תִּפָּקְדִי	תִּפָּקֵד	2.
תִּפָּקֵד	יִפָּקֵד	3.
	נִפָּקֵד	1. pl.
תִּפָּקַדְנָה et	תִּפָּקְדוּ	2.
תִּפָּקֵדְנָה	יִפָּקְדוּ	3.

Remarques

Bien que dans l'Écriture on ne trouve nulle part l'infinitif נִפְקַד, il est clair, cependant, en raison de ce qui a été dit plus haut, qu'à tous les modes, les modèles, employés de façon absolue comme des substantifs qui ne sont d'aucun genre, expriment l'infinitif. Il n'y a donc vraiment aucune raison pour que la forme נִפְקַד n'exprime pas l'infinitif comme le modèle נִפְקֹד, alors qu'au passé, on peut employer aussi bien l'une que l'autre forme. Ainsi נַחְתּוֹם[3] et נֶחְתַּם[4] *il a été scellé*.

En outre dans les verbes qui se terminent par la lettre ת, celle-ci est omise aux première et deuxième personnes ; elle est compensée par le point dagesch.

— Cette règle devra être observée par la suite dans tous les cas où ת, aussi bien qu'une autre lettre devrait être redoublée ;

3. *Esther* VIII, 8.
4. *Esther* III, 12.

et d'autre part lorsque la première de deux lettres semblables devrait avoir un schéva quiescent[5]. Ainsi תִּצְפֹּנָה pour תִּצְפֹּנְּה[6]. En effet, si la première lettre n'était pas compensée par un dagesch, on devrait prononcer le ְ[5] (d'après les règles énoncées au chap. III) alors que normalement il est toujours contracté.

On observera ensuite que lorsque le verbe est accentué de אתנח ou de סילוק[7], la dernière syllabe n'est pas modifiée en schéva[5] selon la règle courante, mais elle est conservée si elle est longue. Je dis bien *si elle est longue.* Mais lorsque la voyelle est pathagh[8], elle est changée en khamets[9].

Par exemple du futur אִפָּקֵד l'on a, si l'on ajoute un ה paragogique, אִפָּקְדָה *je serai visité.* Et si le verbe avait eu un accent disjonctif, le tséré aurait été conservé, d'où אִפָּקֵדָה. Mais si נִפְקְדָה *elle a été visitée* avait aussi un accent disjonctif, le pathagh[8] du masculin נִפְקַד ne serait pas conservé mais deviendrait ָ[9], d'où נִפְקָדָה ; par contre le gholem[10] du masculin נִפְקֹד qui est une voyelle longue, est conservé et l'on a נִפְקֹדָה ; on observera partout cette règle dans tous les verbes où l'avant-dernière syllabe a un schéva qui se prononce. Et il n'est pas nécessaire d'expliquer ceci maintenant.

L'impératif הִפָּקֵד est considéré comme régulier parce qu'il est fréquemment employé dans l'Écriture ; par contre נִפְקַד[11], נִפְקְדִי, etc., qui ne se trouve qu'une seule fois dans la Bible (*Joël* ch. IV, vers. 11), est considéré pour cette raison comme irrégulier ou est complètement négligé. — Sans doute a-t-on cru que l'Écriture avait pour but de nous enseigner la langue et non les choses[12].

5. *e* muet.
6. *Vous cacherez*, ou *Elles cacheront.*
7. Accents disjonctifs.
8. *a* bref.
9. *a* voyelle longue.
10. *o* voyelle longue.
11. Spinoza ne donne ici que le paradigme et la référence ; la citation est : וְנִקְבָּצוּ *Rassemblez-vous.*
12. Cf. *supra*, Ch. VII, note 3.

Enfin on peut avec élégance ajouter le ה paragogique au futur de cette conjugaison comme dans le verbe actif, ainsi אִכָּבְדָה[13] pour אִכָּבֵד *je serai honoré ;* et il n'y a aucune lourdeur à ajouter au pluriel après la voyelle וּ, un nun ן comme dans יִכָּרֵתוּן[14] pour יִכָּרֵתוּ *ils seront coupés ;* ce qui a lieu aussi dans les conjugaisons qui vont suivre.

13. *Ex.* XIV, 17.
14. *Ps.* XXXVII, 9.

CHAPITRE XVI

DU VERBE PONCTUÉ DAGESCH[1] OU INTENSIF A L'ACTIF

Nous avons dit plus haut[2] quelques mots de ce verbe parce que nous voulions seulement en exposer le principe. Mais étant donné qu'il va être maintenant question de son emploi, nous devons en expliquer de façon plus précise les nombreuses applications.

On l'emploie principalement et généralement pour exprimer l'action intensive du verbe simple. Ceci se fait de différentes manières : ainsi en rendant actif un verbe neutre, ou en l'employant dans un sens plus large, ou en l'exprimant avec passion, etc. Ex. שָׂמַח[3] veut dire *être joyeux*, שִׂמַּח[4] rend actif le verbe neutre et signifie *combler de joie quelqu'un*. Il faut ici ajouter les verbes dénominatifs[5] comme דִּבֵּר *proférer des paroles* ou *parler*, qui dérive de דָּבָר *parole*. D'autre part שָׁלַח signifie *envoyer quelqu'un à quelqu'un*, mais שִׁלַּח[6] *renvoyer quelqu'un*, par exemple *une assemblée*, *un serviteur*, etc., שָׁבַר signifie simplement *briser* (en belge *schillen*) mais שִׁבֵּר[7] *briser avec violence* ou *mettre en pièces*.

1. La caractéristique de la forme intensive est le redoublement de la deuxième lettre de la racine au moyen du point *dagesch* placé à l'intérieur de cette lettre. L'intensité du sens est donc exprimée par l'allongement de cette deuxième consonne au moyen du *dagesch*.
2. Cf. *supra*, au début du Ch. XII.
3. *Prov*. XIII, 9.
4. *Deut*. XXIV, 5.
5. C'est-à-dire les verbes qui dérivent d'un nom.
6. *Ex*. IX, 7.
7. *Ps*. CVII, 16.

Le verbe intensif a aussi la signification inverse du verbe simple, comme חָטָא *il a péché* et חִטֵּא[8] *il a expié*. Toutefois cette signification ne semble avoir été employée que dans ce cas particulier et a disparu avec la langue. Il n'est donc pas possible de former d'autres verbes que ceux que l'on trouve dans l'Écriture, avec cette signification[9].

Voici les modèles de l'infinitif[10] : פַּקֵּד, פִּקֵּד, פַּקּוֹד, et פִּקּוֹד.

Passé				*Impératif*		*Futur*		
fém.	masc.			fém.	masc.	fém.	masc.	
פִּקְּדָה	פִּקַּד	3.	sg.	פַּקְּדִי	פַּקֵּד		אֲפַקֵּד	1. sg.
פִּקַּדְתְּ	פִּקַּדְתָּ	2.		פַּקֵּדְנָה	פַּקְּדוּ	תְּפַקְּדִי	תְּפַקֵּד	2.
	פִּקַּדְתִּי	1.				תְּפַקֵּד	יְפַקֵּד	3.
	פִּקְּדוּ	3.	pl.				נְפַקֵּד	1. pl.
פִּקַּדְתֶּן	פִּקַּדְתֶּם	2.					תְּפַקְּדוּ	2.
						תְּפַקֵּדְנָה		
	פִּקַּדְנוּ	1.					יְפַקְּדוּ	3.

Remarques a propos de l'infinitif

Si on ajoute au modèle פַּקֵּד un ה eugraphique, on a פַּקְּדָה[11] et avec les accents athnagh ou silukh פַּקֵּדָה *visiter fréquemment;* schéva est changé en tséré.

On peut placer devant cette catégorie d'infinitifs le ה indicatif[12] et emphatique comme dans l'exemple[13] וְהַקִּטֵּר אשר יקטירן *cette*

8. *Lev.* XV, 52.

9. Cf. *Thesaurus* de Buxtorf (*op. cit.*, p. 119) « Monet Elias in libro *Habbachur (Liber Electus)* non licere nova talia effingere, sed tantum quae usus biblicus approbat, ea retinenda et observanda esse. »

10. Forme courante.

11. Spinoza ne donne que le paradigme modifié selon les voyelles de la forme intensive avec le ה paragogique. Exemples de cette forme : זַמְּרָה. *Ps.* CXLVII, 1 ; יַסְּרָה *Lév.* XXVI, 18.

12. Article défini que Spinoza appelle *indicatif*, cf. *supra*, Ch. IX, note 9.

13. La citation exacte (*Jérémie* XLIV, 21) est ...אֶת־הַקִּטֵּר ; cela ne change d'ailleurs rien au sens.

action là de brûler de l'encens (et illud suffumigare, quod suffumigabant) En dat geduurig wierooken. De même הַדִּבֵּר[14] *le parler (illud loqui), dat hoog spreken, dat kaekelen zal gedaan zijn.* Ainsi le ה[12] employé ici ne sert pas tant à faire connaître l'action qu'à l'exprimer avec indignation, reproche, aversion ou une autre affection. Pour cette raison, je crois que le ה indicatif[12] n'est placé que devant un verbe ponctué dagesch[1].

Lorsque la deuxième lettre de la racine est ר, lettre qui ne peut être ponctuée dagesch[1], la voyelle de la syllabe précédente qui est brève est changée en voyelle longue. La voyelle ַ[15] devient ָ[16] et ghirek[17] devient tséré[18]. Ainsi on emploie בָּרֵךְ pour בַּרֵךְ et בֵּרַךְ pour בִּרַךְ *bénir* (v. *Nbres* XXIII, 24)[19].

D'autre part la plupart des grammairiens pensent que le point dagesch[1] est remplacé par la voyelle gholem[20] — que la deuxième lettre de la racine soit ר ou tout autre lettre qui normalement doit avoir un point dagesch[1]. Mais ils sont dans l'erreur. En effet les verbes de cette conjugaison qui ont comme voyelles gholem[20] et tséré[18] ne sont pas des verbes intensifs, mais des verbes simples dont l'infinitif — ainsi que nous l'avons déjà dit[21] — a la forme du participe employé sans relation au genre. En effet זֹעֵם *détester* est un verbe simple dont l'infinitif est le participe employé sans substantif. Et lorsque l'on ajoute la lettre ה à la fin du mot, on a la forme זֹעֲמָה[22] employée aussi comme impératif[23] comme le sont

14. *Jérémie* V, 13.
15. *a* bref.
16. *a* long.
17. *i* bref.
18. *é* long.
19. La référence exacte est *Nombres* XXIII, 20.
20. *o* long.
21. Cf. *supra*, Ch. XIV, remarques à propos de l'infinitif et Ch. XV, remarques.
22. *Detestare* Nbres XXIII, 7. Spinoza considère cette forme comme venant du participe זֹעֵם détester. Il semble plutôt que זֹעֲמָה vienne de l'infinitif זְעֹם. Quoi qu'il en soit, du point de vue syntaxique, cet infinitif (ou comme le pense Spinoza ce participe employé comme infinitif) a bien le sens d'un impératif.
23. L'édition Van Vloten et Land porte *pro Infinitivo*. Nous avons corrigé en *pro imperativo* car d'une part la phrase n'aurait aucun sens, d'autre part les infinitifs *(observer* et *garder)* que cite Spinoza ont comme זֹעֲמָה *(detestare)* un sens impératif dans leur contexte biblique (V. note suivante).

les infinitifs[24] שָׁמוֹר *observer* et זָכוֹר *garder* dont nous parlerons dans la syntaxe. Mais je ne veux parler ici que des verbes de cette conjugaison[25]. Ainsi les verbes dont la deuxième lettre de la racine est vau ou jod[26] — comme בִּין *comprendre*, קוּם *se lever* — n'ont pas de point dagesch à la forme intensive car c'est la troisième lettre de la racine qui est redoublée au lieu de la seconde.

De בִּין on a donc בּוֹנֵן et de קוּם, קוֹמֵם. Nous reparlerons de ces verbes le moment venu[27].

Mais ce qui je pense a trompé les grammairiens est tout simplement qu'ils n'ont pas pensé qu'il existe un verbe simple neutre שָׁרַשׁ *pousser des racines*, de sorte qu'ils ont considéré que le participe[28] de ce verbe, שֹׁרֵשׁ, que l'on a dans *Esaïe* ch. XL, v. 24 était le passé du verbe intensif de la première conjugaison et ils ont pris שֵׁרֵשׁ[29] pour le passif du verbe intensif qui en réalité est שֹׁרַשׁ. Ce

24. Les deux infinitifs cités par Spinoza sont empruntés aux dix commandements ou ce qui est beaucoup plus conforme à l'hébreu (*Exode* XX, 1 et *Deutéronome* V, 22) au *Décalogue* (sur le sens du mot *parole* en hébreu, cf. *Tractatus* Ch. XII, Édition Gallimard *op. cit.*, p. 846). Ces deux infinitifs sont employés à propos du quatrième commandement. Le premier infinitif que Spinoza traduit par *observare* signifie littéralement *garder* (*Deut.* V, 12) ; le second traduit par *custodire* signifie littéralement *se souvenir* (*Exode* XX, 8). A propos d'*observare*, Mayer Lambert (*Éléments de grammaire hébraïque*, Paris 1920, p. 62) parle de l'infinitif employé « comme impératif légal » et traduit : « Tu observeras ». P. Joüon (*Grammaire de l'hébreu biblique*, *op. cit.*, p. 356) souligne que l'emploi de l'infinitif absolu dans les lois équivaut à un « futur injonctif » et traduit *observare* par « Tu garderas ». Mais c'est une constation plus qu'une explication. Relevons le commentaire analytique de Rachi (sur *Exode* XX, 8) qui estime que l'infinitif employé ici exprime l'idée de *permanence*. Selon Rachi, le quatrième commandement demande de se souvenir de la sanctification du Chabbat (septième jour qui rappelle que Dieu est créateur : *Exode* XX, 11) non seulement le septième jour mais « *toujours* » *(Tamid)*. Spinoza avait insisté sur les liens morphologiques existant entre l'état de régime de l'infinitif, l'impératif et le futur (cf. *supra*, Ch. XIV, note 36). Il indique ici une identité syntaxique — entre l'infinitif à l'état absolu et l'impératif — sur laquelle il comptait revenir ainsi que nous l'apprend la fin de la phrase. Mais le *Compendium* n'a pas été achevé. Spinoza donnera toutefois de nouvelles indications sur le sens de l'impératif à la fin du Ch. XIX.

25. C'est-à-dire des verbes dont la deuxième lettre de la racine n'est pas redoublée au moyen du point *dagesch* à la forme intensive.

26. Lettres muettes.

27. Au Ch. XXVII.

28. Spinoza considère שֹׁרֵשׁ comme le participe du verbe simple. C'est déjà l'opinion d'Ibn Ezra dans son commentaire sur *Esaïe* (Ch. XL, 24). Buxtorf dans son *Thesaurus* (*op. cit.*, p. 121) pense que c'est un verbe intensif.

29. Pour Spinoza : infinitif actif du verbe intensif.

à quoi n'a pas peu contribué la double signification du verbe, l'une étant exactement l'inverse de l'autre — si du moins on doit accorder foi à ceux qui ont ponctué la Bible[1]. Dans *Job* ch. 31, v. 8, il signifie *déraciner* et dans *Jérémie* ch. 12, v. 2, *enraciner*. En vérité, à propos de ce passage de *Jérémie*, je me demande si l'on n'a pas ponctué שֹׁרֵשׁ au lieu de שֹׁרָשׁוּ. Mais cela suffit sur ce sujet.

En outre dans פַּקֵּד, lorsque l'accent est déplacé, le ֵ[30] est changé en ֶ[31] comme dans דַּבֶּר לָךְ *le parler*[32].

Enfin dans les verbes où les deuxième et troisième lettres de la racine sont les mêmes, la forme intensive s'obtient généralement en redoublant la première lettre de la racine ; cette lettre supplémentaire est alors placée entre les deuxième et troisième lettre. Ainsi קִלְקֵל[33] de קָלַל *être poli*, סִכְסֵךְ *protéger* de סָכַךְ *couvrir*, גִּלְגֵּל[34] *faire rouler* de גָּלַל *rouler* et ainsi pour d'autres verbes.

Remarques a propos du passé

Au passé, tséré[30] est souvent changé en pathagh[35], comme שִׁבֵּר et שִׁבַּר[36] *il a mis en pièces*, ou en ségol comme דִּבֶּר[37] *il a parlé*.

Remarques a propos de l'impératif

A l'impératif aussi tséré[30] est changé en pathagh[35] et lorsqu'il est suivi de makhaf[38], en ségol[31] ; de פַּקֵּד l'on fait פַּקַּד ou פַּקֶּד et פַּקַּדְנָה au lieu de פַּקֵּדְנָה. Par ailleurs ce modèle concorde en tout point avec l'infinitif.

30. é voyelle longue.
31. é voyelle brève.
32. II *Rois* IV, 13.
33. *Ezech.* XXI, 26.
34. *Jér.* XLI, 25.
35. a bref.
36. *Ps.* CVII, 16.
37. *Gen.* XII, 4.
38. *Trait-d'union.*

REMARQUES A PROPOS DU FUTUR

Avec ה paragogique אֲפַקֵּד devient אֲפַקְּדָה, et avec l'accent athnagh ou silukh אֲפַקֵּדָה ; mais avec נ paragogique de יְפַקְּדוּ, תְּפַקְּדוּ l'on a יְפַקֵּדוּן. Donc le ה paragogique abrège, lorsqu'elle est longue, l'avant-dernière syllabe ; par contre le נ restitue, à partir de la voyelle brève, la voyelle longue perdue. Enfin, au lieu de תְּפַקֵּדְנָה, l'on a souvent comme à l'impératif, תְּפַקֵּדְנָה.

CHAPITRE XVII

DU VERBE INTENSIF PASSIF

Infinitif	*Passé*			*L'impératif manque*	*Futur*		
	fém.	masc.			fém.	masc.	
פֻּקֹּד	פֻּקְּדָה	פֻּקַּד	3. sing.			אֲפֻקַּד	1. sg.
	פֻּקַּדְתְּ	פֻּקַּדְתָּ	2.		תְּפֻקְּדִי	תְּפֻקַּד	2.
		פֻּקַּדְתִּי	1.		תְּפֻקַּד	יְפֻקַּד	1.
		פֻּקְּדוּ	3. plur.			נְפֻקַּד	3. pl.
	תֶּן	פֻּקַּדְתֶּם	2.		תְּפֻקַּדְנָה	תְּפֻקְּדוּ	2.
		פֻּקַּדְנוּ	1.			יְפֻקְּדוּ	1.

L'emploi de ce verbe est rare et il n'y a pas dans l'Écriture d'autre modèle d'infinitif (que celui cité plus haut). Bien plus, je ne me souviens d'en avoir vu qu'un seul exemple[1]. Je ne doute pas cependant que le futur אֲפֻקַּד soit formé à partir d'un autre modèle פֻּקַּד du même verbe et par conséquent qu'il y ait eu en hébreu outre פֻּקֹּד, l'infinitif פֻּקַּד. En effet nous avons montré que le futur est toujours formé à partir de l'infinitif[2] et de plus dans les autres conjugaisons, comme nous le verrons, les infinitifs du verbe intensif

1. David Kimhi dans sa grammaire (*op. cit.*, p. 69b) ne cite qu'un modèle d'infinitif פֻּקֹּד et qu'un seul exemple גֻּנֹּב, *Gen.* XL, 15. Cf. aussi le *Thesaurus* de Buxtorf, p. 129.

2. Cf. *supra*, Ch. XVI, note 24. Rappelons que le futur est formé à partir de l'impératif, qui lui-même dérive de l'infinitif.

passif ont un pathagh[3] comme dernière syllabe. Et de ce fait, cette conjugaison s'accorde avec les autres. Je ne doute pas ensuite qu'il y ait eu un troisième modèle encore avec khamets-ghatuph[4] פָּקַד car d'une part on le trouve dans d'autres conjugaisons[5] et d'autre part nous verrons plus loin au ch. XIX que ֻ[6] et ָ ghatuph[4] ont la même valeur.

En outre lorsque la lettre médiane de la racine est ר, elle ne peut être ponctuée de dagesh ; ֻ[6] est changé alors en gholem[7] comme dans טוֹרַף[8] *déchirer.*

Enfin cette forme passive se distinguant suffisamment de la forme active par les voyelles, la lettre נ — du moins celle qui est la caractéristique du passif — est très souvent omise dans cette conjugaison. Mais on peut aussi l'ajouter et au lieu de פֻּקַּד, écrire selon la règle נִפְקַּד, comme יְדֵיכֶם נְגֹאֲלוּ בַדָּם[9] *vos mains ont été souillées de sang;* dans cet exemple le נ est ponctué avec חֹלֶם[7] à cause du א suivant qui ne peut être ponctué dagesch. Les grammairiens[10] signalent ce verbe comme irrégulier — et composé de la forme passive du verbe simple et de la forme passive du verbe intensif — parce qu'on ne le trouve que rarement dans l'Écriture.
— Comme nous l'avons déjà dit[11], sans doute ont-ils écrit la grammaire de l'Écriture, non celle de la langue.

Je crois toutefois qu'au futur la lettre נ est complètement négligée. On devrait, à cause de la caractéristique des personnes, la remplacer par un dagesch, mais alors il faudrait redoubler les lettres פ et ק, ce que l'on peut difficilement prononcer.

3. *a* bref.
4. *o* bref.
5. Par exemple כָּרַּת *Ezechiel* XVI, 4.
6. *ou* bref.
7. *o* voyelle longue.
8. *Gen.* XXXVII, 33. En réalité sans le ו.
9. La citation exacte (*Esaïe* LIX, 3) est כַּפֵּיכֶם נְגֹאֲלוּ בַדָּם *Les paumes de vos mains ont été souillées de sang.*
10. Notamment Buxtorf (*Thesaurus, op. cit.*, p. 128) qui reprend l'opinion de David Kimhi (*Sepher Michlol, op. cit.*, p. 62b).
11. Au Ch. VII.

CHAPITRE XVIII

DU VERBE DÉRIVÉ DE SENS ACTIF

Nous avons montré plus haut au ch. XII que ce verbe est dérivé ou formé à partir de noms de choses ou de noms d'actions, c'est-à-dire aussi bien à partir du nom substantif que du verbe simple. Quand il est formé à partir du verbe simple, il a un accusatif d'agent — accusatif de la « personne visitant »[1] — et un nominatif de cause lointaine — nominatif de la « personne faisant visiter ». Mais lorsque ce verbe est formé à partir d'un nom, il a la valeur du verbe simple. On comprend facilement pourquoi d'après ce que nous avons dit ici. Nous avons dit, en effet, qu'on exprime par ce verbe que quelqu'un fait en sorte qu'une chose remplisse sa fonction, c'est-à-dire qu'elle ait son usage en acte. C'est pourquoi, quand ce verbe est formé à partir du verbe simple, il signifie alors que quelqu'un fait en sorte que la cause efficiente (ou bien ce que nous avons entendu par nominatif du verbe tant actif que neutre) ait son usage en acte. Mais quand il est formé à partir d'un nom, il ne signifie alors rien d'autre que le fait pour quelqu'un d'utiliser simplement une chose. Contrairement au dérivé formé à partir d'un verbe simple — actif ou neutre —, le dérivé formé à partir d'un nom n'a donc jamais d'accusatif d'agent. Nous l'avons montré plus haut par de nombreux exemples.

1. Le paradigme des modèles verbaux est פקד *visiter*. « *Accusatif d'agent* ». La cause lointaine est donc transitive. *Cf. Court Traité:* Premier dialogue *in fine*, et *Ethique* I, prop. XXVIII.

Les modèles de cet infinitif sont הִפְקִיד, הַפְקִיד, הַפְקֵד et הַפְקֵד etc. A partir de ces modèles, les temps sont formés de cette façon :

Passé

fém.	masc.	
הִפְקִידָה	הִפְקִיד	3 sing.
הִפְקַדְתְּ	הִפְקַדְתָּ	2
	הִפְקַדְתִּי	1
	הִפְקִידוּ	3 plur.
הִפְקַדְתֶּן	הִפְקַדְתֶּם	2
	הִפְקַדְנוּ	1

Impératif

fém.	masc.	
הַפְקִידִי	הַפְקֵד	2 sing.
הַפְקֵדְנָה	הַפְקִידוּ	2 plur.

Futur

fém.	masc.	
	אַפְקִיד	1 sing.
תַּפְקִידִי	תַּפְקִיד	2
תַּפְקִיד	יַפְקִיד	3
	נַפְקִיד	1 plur.
תַּפְקֵדְנָה (2 et 3)	תַּפְקִידוּ	2
	יַפְקִידוּ	3
תַּפְקֵדִי 2 fém. תַּפְקֵד 2	אַפְקֵד	1

Remarques

La caractéristique de ce verbe est ה ; cette lettre n'est jamais changée en ת comme le croient la plupart des grammairiens trompés par le texte de *Osée*, ch. XI, vers. 3[2]. En effet תִּרְגַּלְתִּי,

2. *Et moi je guidai les pas d'Ephraïm les prenant par les bras; mais ils n'ont pas compris que je les guérissais.*

ainsi que Moïse Khimghi[3] le comprend[4] bien, est un nom[5] ; c'est le nominatif du verbe qui suit : קָחָם. Le jod final est paragogique et eugraphique. Ainsi de même que de אַהֲבַת on a אַהֲבָתִי[6] et de אֹיֶבֶת, אוֹיַבְתִּי[7], ainsi de תִּרְגֶּלֶת on a aussi תִּרְגַּלְתִּי, qui signifie *femme qui élève ses enfants pour qu'ils s'habituent à marcher, à parler*, etc. Ceux[8] qui comprennent autre chose méconnaissent tout à fait le texte[9].

De plus les grammairiens croient que la caractéristique de ce verbe peut aussi être changée en א ainsi au ch. LXIII, v. 3 d'*Esaïe*[10].

3. קחם זכר תרגלתי נקבה על דרך תִּפְלַצְתְּךָ הִשִּׁיא אֹתָךְ. C'est-à-dire le mot קחם est du masculin et תרגלתי du féminin de la même manière que dans *Jér.* Ch. XLIX, 16 תִּפְלַצְתְּךָ הִשִּׁיא אֹתָךְ *(Note de Spinoza). Ta présomption t'a égaré.*

4. Moïse Kimhi (frère de David Kimhi déjà cité). Grammairien, exégète et poète liturgique du XIIe s., mort probablement à Narbonne en 1190 environ. On lui doit notamment l'introduction du paradigme פקד *visiter* pour l'étude des formes verbales de préférence à פעל et שמר employés avant lui, mais comportant des lettres gutturales. Son ouvrage grammatical principal est le מהלך שבילי הדעת ὁδοιπορία *ad scientiam* édité à Leyde en 1631 avec des annotations d'Elias Lévita et un commentaire en latin de Constantin l'Empereur. L'analyse grammaticale dont parle Spinoza est tirée d'un autre ouvrage de Moïse Kimhi : le ספר התחבושת *Liber emplastri* que nous n'avons malheureusement pas pu consulter.

5. C'est aussi l'opinion de David Kimhi (*Sepher Michlol, op. cit.*, p. 70b) qui cite et approuve l'opinion de Moïse Kimhi car dit-il « il n'y a pas d'exemple de permutation du ה en ת au début du mot ». Buxtorf (*Thesaurus*, p. 133) rapporte l'opposition d'Elias Lévita car si תִּרְגַּלְתִּי était un nom comme le pense Moïse Kimhi, le mot serait accentué sur la dernière syllabe et non sur l'avant-dernière. Mais par le choix d'exemples analogues et accentués eux-aussi sur l'avant-dernière syllabe (V. surtout *infra*, note 7), Spinoza réfute implicitement l'objection du grammairien Elias Lévita.

6. *Osée* X, 11 *qui aime.*

7. En réalité sans ו : *Michée* VII, 8 et 10 *ennemie.* Certains grammairiens considèrent la terminaison finale comme étant non pas une lettre paragogique — ce que pense Spinoza — mais le suffixe possessif de la première personne au singulier (Buxtorf *Lexicon hebraicum, op. cit.*, p. 19 Joüon, *Grammaire de l'hébreu biblique, op. cit.*, p. 256). Au contraire B. Davidson (*The analytical Hebrew and Chaldee lexicon, op. cit.*, p. XXII) pense — comme Spinoza — qu'il s'agit bien d'une terminaison paragogique.

8. Elias Lévita déjà cité et Ibn Djanah (*Le Livre des Parterres fleuris, op. cit* : p. 63).

9. Spinoza insiste beaucoup sur cet exemple du Livre d'Osée car si la forme, analysée par Moïse Kimhi comme un nom, était en réalité un verbe dérivé, ceci infirmerait le principe posé plus haut, selon lequel le Dérivé formé à partir d'un nom (*pied* dans l'exemple cité) n'a jamais un accusatif d'agent. Dans le verset en question, ce serait d'ailleurs un datif d'agent puisque *Ephraïm* (cf. *supra*, note 2) est précédé de ל, préposition exprimant le datif.

10. אֶגְאָלְתִּי *J'ai souillé.*

Mais je crois qu'il n'existe aucun exemple de ce changement dans l'Écriture. Je ne nie pas toutefois que la chose soit possible[11]. En effet, dans les verbes dont la caractéristique est הָהּ le ה est habituellement changé en א et ghirekh en ֵ. Voir à ce sujet le ch. XX.

11. Cf. Buxtorf (*Thesaurus, op. cit.*, p. 133) « compositam formam habet ex futuro et praeterito... *quidam volunt* א *simpliciter pro* ה ... *Quidam denique censent* א *ex usu chaldaico esse adjectum* ».

CHAPITRE XIX

DU VERBE DÉRIVÉ PASSIF

Les modèles de cet infinitif sont הָפְקַד et הֻפְקַד et je crois aussi הָפְקֵד. En effet, la forme passive du verbe dérivé se différencie de la forme active par les voyelles khamets ghatuph et khibbuts. On a donc les modèles suivants :

Passé			*Impératif*		
fém.	masc.		fém.	masc.	
הָפְקְדָה	הָפְקַד et הֻפְקַד	3 sing.	הָפְקְדִי	הָפְקַד	sing.
...הֻ			הָפְקַדְנָה	הָפְקְדוּ	plur.
הָפְקַדְתְּ	הָפְקַדְתָּ et הֻפְקַדְתָּ	2	*Futur*		
...הֻ			fém.	masc.	
				אָפְקַד et אֻפְקַד	1 sg.
etc.	הָפְקַדְתִּי	1	תָּפְקְדִי	תָּפְקַד	2
	הָפְקְדוּ	3 plur.	תָּפְקַד	יָפְקַד	3
....תֶּן	הָפְקַדְתֶּם	2		נָפְקַד	1 plur.
	הָפְקַדְנוּ	1	תָּפְקַדְנָה	תָּפְקְדוּ	2
				יָפְקְדוּ	3

L'impératif de ce verbe est très rare ; on le trouve cependant au ch. XXXII, verset 19 d'*Ézéchiel*, avec ה paragogique et au ch. XXI, verset 2 de *Job*[1]. Il semble avoir le sens de *Que l'on fasse*

1. Erreur de citation. En réalité *Job* XXI, 5 ; le verbe dérivé passif à l'impératif est הָשַּׁמּוּ *Soyez étonnés*.

que tu soies visité (fiat ut visiteris)... comme dans la citation d'Ézéchiel רְדָה וְהָשְׁכְּבָה אֶת עֲרֵלִים *Descends et qu'il soit fait en sorte que tu doives coucher avec des incirconcis.*

Pour le reste, la signification de ce verbe au passé et au futur se comprend facilement d'après le sens qu'il a à la voix active chose que j'ai expliquée de façon suffisamment détaillée.

On rejettera d'ailleurs facilement ce que disent la plupart des grammairiens[2] qui affirment que ces verbes n'ont pas d'impératif, car il est évident qu'on ne peut ordonner à quelqu'un ce qui dépend d'autrui.

En effet, l'impératif signifie aussi bien statuer qu'ordonner[3] : lorsque Dieu dit à Moïse : « *Meurs sur cette montagne* »[3] *(morere in hoc monte)*, il ne lui ordonne pas, en vérité, de mourir, mais exprime seulement son décret[4] et sa sentence au sujet de la vie de Moïse.

2. David Kimhi dans sa grammaire (*op. cit.*, p. 74b) affirme qu'il n'existe pas d'impératif du verbe dérivé passif car « l'action est entre les mains d'autrui et non entre celles du sujet passif ». Suivant cette opinion, Buxtorf (*Thesaurus*, p. 139) analyse la citation du livre d'*Ezéchiel* comme un infinitif. Mais les grammairiens modernes admettent — comme Spinoza — l'impératif à propos de cette référence. Ainsi Davidson (*Lexicon, op. cit.*, p. CCXXV) et Jouon — *Grammaire, op. cit.*, p. 108 — : « Aux conjugaisons proprement passives l'impératif n'existe pas. On signale deux exceptions : הָשְׁכְּבָה *Ezéchiel* XXXII, 19 qui signifierait probablement *Sois gisant...* ». On sait que tout au long du *Compendium*, Spinoza s'élève contre cette notion d'exception qui rétrécit le champ d'étude de la langue hébraïque. (Cf. aussi P. Auvray : *Initiation à l'hébreu biblique, op. cit.*, p. 42 « Le concept d'irrégularité n'a guère de sens en linguistique »).

3. Dans son commentaire sur la *Genèse* (XII, 2) et dans son livre de grammaire, David Kimhi explique que l'impératif peut être employé avec le sens d'un futur : « Monte... et *meurs* sur cette montagne (*Deutéronome* XXXII, 50) est employé pour *tu mourras* » (*op. cit.*, p. 42b). La citation est reprise par Spinoza. Sur le sens de l'impératif, cf. *supra*, Ch. XIV, notes 36 et 37.

4. Dans ce cas particulier, il semble bien que le futur est le temps le plus adéquat pour exprimer l'énoncé d'un décret. Dans le *Tractatus*, Spinoza insiste beaucoup sur le fait que « les affirmations et les négations de Dieu enveloppent toujours une nécessité, autrement dit une vérité éternelle » ; elles ne se présentent comme des lois que par suite du « défaut de connaissance » des hommes (Spinoza, *Œuvres complètes, op. cit.*, p. 729). Du point de vue de Dieu, on ne peut parler d'*impératif* mais uniquement d'*indicatif* exprimant un décret éternel.

CHAPITRE XX

DU VERBE RÉFLÉCHI ACTIF

Nous avons appelé ce verbe, réfléchi, parce que comme nous l'avons déjà dit, c'est par lui qu'on exprime que l'agent est à lui-même son propre patient ou plutôt parce que le terme qui suit[1] le verbe n'appartient pas à un cas différent du nominatif de ce verbe[2].

Par exemple : *l'homme s'inspecte, se guérit, prie pour lui-même, fait attention à lui-même.* Ou encore : *l'homme fait en sorte de visiter autrui, il s'applique à marcher, à comprendre, etc.*

Ce verbe a donc une double signification : l'une concerne le verbe פָּקַד[3] et l'autre le verbe הִפְקִיד[4].

En effet puisque פָּקַד signifie le fait que *quelqu'un visite autrui,* il a fallu un autre verbe par lequel pût être exprimé le fait que *quelqu'un se visite lui-même ;* et puisque הִפְקִיד signifie le fait que *quelqu'un fasse en sorte que quelqu'un d'autre visite,* de la même

1. En latin, ce terme — séparé — précède le verbe (homo *se* visitat). En hébreu, c'est la lettre ת *(thau)* de la syllabe préfixe qui indique la nuance réfléchie, il n'y a donc nul besoin d'un pronom personnel supplémentaire.

2. C'est la définition de la *cause immanente.* Cf. *supra,* Ch. XII, p. 129/30 : « Sed quia saepe evenit, ut *agens* et *patiens una eademque persona sit,* necesse fuit Hebraeis novam et septimam infinitivorum speciem formare, qua actionem exprimerent ad agentem et patientem simul relatam, hoc est, quae formam activi et passivi simul haberet... Ideo que necesse fuit aliam infinitivorum speciem excogitare, quae actionem exprimeret ad *agentem sive causam immanentem relatam* ».

3. Verbe simple de voix active.

4. Verbe dérivé (causatif) à l'actif.

façon, il a fallu un verbe par lequel pût être exprimé le fait que *quelqu'un se constitue lui-même visitant*[5].

On reconnaît ce verbe grâce à la syllabe הִתְ placée devant les modèles פַּקֵּד[6] et פָּקַד ; comme הִתְפַּקֵּד *se visiter* ou *se constituer visitant*[5], הִתְיַצֵּב *s'arrêter* (en espagnol : *pararse*), הִתְהַלֵּךְ *se consacrer à la promenade* (en espagnol : *pasearse, andarse*). Cette syllabe peut cependant être supprimée à cause des caractéristiques des temps et être compensée par le point dagesch, comme je le montrerai bientôt.

Ensuite, si la première lettre de la racine appartient au groupe des dentales ס ou שׁ, alors ת[7] est déplacée ; mais si la première lettre est ז ou צ, alors ת[7] est non seulement déplacée, mais en outre est remplacée, à côté du ז par la lettre ד[8] et à côté du צ en ט[9]. En effet, de שָׁמַר *garder* découle הִשְׁתַּמֵּר[10] *se garder*, ou *se constituer gardant* et de צָדַק *être juste*, הִצְטַדֵּק[11] *se justifier*, en belge *(belgice) : zich ontschuldigen* et enfin de זַמֵּן *préparer quelque chose à temps* découle הִזְדַּמֵּן[12] *se préparer à temps.*

Enfin, on peut changer ה[13] en א et par conséquent ghirekh[14] en ségol[15], comme אֶתְחַבַּר[16] *s'unir* pour הִתְחַבֵּר.

Les modèles de cet infinitif sont donc הִתְפַּקֵּד[5] הִתְפַּקֵּד אֶתְפַּקֵּד הִשְׁתַּמֵּר[10] הִצְטַדֵּק[11] et הִזְדַּמֵּן[12], auxquels je ne doute pas que de plus le modèle הִתְפַּקַּד doive être ajouté. En effet, il est reconnu que le passé de ce verbe se termine aussi en ghirekh[14], voir chap. XI, verset 44, et XX, 7 du *Lévitique*, et chap. XXXVIII dernier

5. Spinoza traduit littéralement le paradigme. Dans la Bible le paradigme (visiter) employé au réfléchi a le sens de « être passé en revue », « être dénombré » (par exemple *Juges* XX, 15 ; XXI, 9) (Cf. *supra*, Ch. XII, note 16).

6. Modèles du verbe intensif.

7. Lettre *thau*. L'une des deux lettres du préfixe caractéristique du verbe réfléchi.

8. *d* (autre lettre dentale).

9. *t*.

10. II *Sam*. XXII, 24...

11. *Gen*. XLIV, 16 ; futur 1re pers. du pluriel.

12. En araméen : *Daniel* II, 9.

13. Lettre *hé* : première lettre du préfixe caractéristique du verbe réfléchi.

14. *i* voyelle brève.

15. *é* voyelle brève.

16. En réalité אֶתְחַבַּר (II *Chron*. XX, 35). Cf. l'araméen אֶתְכְּרִיַּת *Il fut troublé* (*Dan*. VII, 15).

verset d'*Ézéchiel*. On doit ajouter que, puisque la première de ses significations concerne le verbe פָּקַד ou פָּקֵד et la deuxième le verbe הִפְקִיד[17], il doit se terminer aussi bien en ghirekh[18] qu'en pathagh[19] ou en tséré[20].

Passé

fém.	masc.	
הִתְפַּקְּדָה	הִתְפַּקֵּד et הִפַּקֵּד	3 sing.
הִתְפַּקַּדְתְּ	הִתְפַּקַּדְתָּ	2
	הִתְפַּקַּדְתִּי	1
	הִתְפַּקְּדוּ	3 plur.
תֶּן	הִתְפַּקַּדְתֶּם	2
	הִתְפַּקַּדְנוּ	1

Impératif

fém.	masc.
הִתְפַּקְּדִי	הִתְפַּקֵּד
הִתְפַּקֵּדְנָה	הִתְפַּקְּדוּ

17. Verbe dérivé actif (cf. *supra*, note 2). En réalité morphologiquement le verbe réfléchi actif est formé en ajoutant un préfixe non pas à la forme dérivée active mais, ainsi que Spinoza le dit lui-même plus haut (cf. *supra*, note 6 et surtout Ch. XII, note 14), en ajoutant le préfixe à la forme intensive. Cette inexactitude morphologique sur laquelle Spinoza se serait peut-être expliqué si le *Compendium* avait été achevé n'enlève rien à la valeur des développements syntaxiques qui vont suivre sur le sens du réfléchi actif ou passif, car en pratique la forme *intensive* est souvent employée avec le sens de la forme dérivée (causative). J. Touzard (*Grammaire, op. cit.*, p. 179) explique bien comment le glissement du sens intensif au sens causatif peut s'effectuer. « L'intensité de l'action ou sa répétition entraîne parfois un effet moral de l'agent principal sur d'autres agents pour la production du même acte ou du même état. De là le *sens causatif* attaché souvent aux formes intensives : les verbes qui sont intransitifs à la forme fondamentale deviennent transitifs ou « factitifs » à la forme intensive et les transitifs deviennent parfois doublement transitifs : *il a été fort*, forme intens., *il a fortifié ; il a appris*, forme intens., *il a enseigné* ». Citons d'autres exemples de verbes intensifs se rattachant au sens causatif : *provoquer* (la colère, la jalousie) *laisser* (impuni, en vie), *conserver* (pur, caché), *déclarer* ou *estimer* (juste, pur, impur, innocent). Or les sens du réfléchi que Spinoza donne dans la dernière phrase du Ch. XII *(constituere se visitantem, praebere se visitantem)* correspondent bien aux nuances causatives du verbe intensif, ajoutées au sens fondamental du verbe réfléchi.

18. *i* voyelle brève.

19. *a* voyelle brève.

20. *é* voyelle longue.

Futur

fém.	masc.	
	אֶתְפַּקֵּד	1 sing.
תִּתְפַּקְּדִי	תִּתְפַּקֵּד	2
תִּתְפַּקֵּד	יִתְפַּקֵּד	3
	נִתְפַּקֵּד	1 plur.
תִּתְפַּקֵּדְנָה	תִּתְפַּקְּדוּ	2
	יִתְפַּקְּדוּ	3

Remarques

Ce verbe[21] a ceci de commun avec les verbes simple et intensif que le tséré[20] de la dernière syllabe est changé en pathagh[19] ; mais ghirekh[18] est maintenu. Il n'est pas changé en pathagh[19] — alors que cela a lieu au הִפְקִיד[17] — du moins avec les premières et deuxièmes personnes. C'est ainsi que dans *Ézéchiel*, ch. XXXVIII, dernier verset, on a la forme הִתְגַּדִּלְתִּי *j'ai fait en sorte d'être grand* et la forme הִתְקַדִּשְׁתִּי *j'ai fait en sorte d'être saint*. Dans le *Lévitique*, chap. XI, verset 44 et chap. XX, verset 7 וְהִתְקַדִּשְׁתֶּם *et faites en sorte d'être saints*.

D'autre part aussi bien au passé qu'à l'impératif et qu'au futur pathagh[19] est partout conservé ; mais lorsque la syllabe a comme accent athnagh[22] ou bien silukh[22], pathagh est alors changé en ָ[23].

Ensuite les verbes dont la première lettre de la racine est ת[24], ט[9] ou ד[8] perdent la caractéristique ת[7] au réfléchi ; celle-ci est compensée par un dagesch, comme dans הִטַּהַר[25] *il s'est purifié* pour הִתְטַהַר.

21. Le verbe réfléchi actif.

22. Principaux accents disjonctifs.

23. *a* voyelle longue. Spinoza ne donne pas d'exemples. Voici deux citations יִתְגַּדָּל (*Daniel* XI, 37) et תִּתְהַלָּל (*Esaïe* XLI, 16).

24. *Th.*

25. *Ezra* VI, 20.

Au futur ה[13] est toujours omis à cause de la caractéristique des personnes, mais on peut compenser ת[7] par un dagesch, comme dans תִּנָּבֵא[26] au lieu de תִּתְנַבֵּא *tu feras en sorte d'être prophète*. La compensation du ת[7] par un dagesch a lieu aussi au passé comme dans הִנַּבֵּאתִי[27] pour הִתְנַבֵּאתִי *j'ai fait en sorte d'être prophète* ou *je me suis appliqué à prophétiser*.

Pour le reste, j'ai omis de signaler pour ce verbe[19], par des exemples, les règles qu'il a en commun avec le verbe simple où elles ont déjà été notées, à savoir : que schéva[28] qui se prononce est changé en ָ[29] à cause des accents athnagh[22] ou silukh[22], qu'avec élégance on ajoute la lettre ן[30] aux pluriels terminés en וּ[31] et la lettre ה[32] aux infinitifs comme à tous les mots qui se terminent de la même façon que les infinitifs, enfin qu'au futur la troisième personne du féminin pluriel est la même que la deuxième du masculin pluriel comme cela a lieu au singulier.

26. *Jér.* XI, 21.
27. *Ezéch.* XXXVII, 10.
28. *é* très bref.
29. *a* voyelle longue.
30. Lettre *n*.
31. Masculins pluriels.
32. Lettre *hé*.

CHAPITRE XXI

DU VERBE RÉFLÉCHI PASSIF

Tous les grammairiens que je connais semblent avoir ignoré ce verbe[1], c'est pourquoi j'ai préféré n'en rien dire jusqu'au moment où il en serait expressément question.

Bien que la signification du verbe réfléchi actif concerne tantôt le verbe פָּקַד[2], tantôt le verbe הִפְקִיד[3], celle du passif[4] ne concerne jamais le נִפְקַד[5], mais toujours le הָפְקַד[6]. En effet, il ne signifie jamais *être visité par soi-même*, mais *se donner à être visité* ou *faire en sorte qu'il soit lui-même visité (facere ut ipse visitetur)*.

La raison en est, comme je le montrerai dans la syntaxe, qu'en hébreu les verbes passifs ne sont jamais suivis d'un ablatif d'agent. Les Hébreux n'emploient en effet le passif que de façon abrégée, c'est-à-dire quand ils n'ont à indiquer que le patient et non l'agent[7].

1. Aucun des grammairiens juifs cités ou supposés connus de Spinoza ne compte comme huitième forme verbale le passif du réfléchi. Signalons toutefois que selon L. Kukenheim (*Contributions à l'histoire de la Grammaire grecque, latine et hébraïque... op. cit.*, p. 108) Thomas Sertinus (1546), rééditant la *Grammaire hébraïque* de Pagninus (1526), compte comme forme à part le passif du verbe réfléchi.

2. Verbe simple (visiter) à la forme active.

3. Verbe dérivé ou causatif à la forme active. Cf. *supra*, Ch. XVIII.

4. La signification du verbe réfléchi passif.

5. Verbe simple (visiter) à la forme passive.

6. Verbe causatif à la forme passive.

7. Les grammairiens modernes confirment cette règle de syntaxe posée par Spinoza. Ainsi Joüon (*op. cit.*, p. 400 et 401) : « En principe une forme proprement passive ne s'emploie que si l'auteur de l'action (l'âgent) n'est pas nommé. Ainsi une phrase telle que *le sang innocent versé par Joab* doit normalement devenir en hébreu : *le sang innocent qu'a versé Joab*, I *Rois* II, 31 ». Joüon note, d'autre part, que le passif en grammaire arabe se définit comme *l'action dont l'auteur n'est pas nommé*. Ajoutons que David Kimhi définit de même les conjugaisons passives en hébreu, celles dont *le nom de l'agent* (l'auteur de l'action) *n'est pas mentionné*.

Par exemple, קוֹלִי נִשְׁמַע *ma voix est écoutée.* Mais lorsque le patient et l'agent doivent être indiqués comme dans *ma voix est écoutée par Dieu,* alors les Hébreux emploient le verbe actif. Ainsi ה׳ שָׁמַע קוֹלִי *Dieu a écouté ma voix.* En effet קוֹלִי נִשְׁמַע מֵה׳ *ma voix est écoutée par Dieu* serait contraire à l'usage courant de la langue[7].

Par conséquent le verbe הִתְפַּקֵד[8] en tant qu'il signifie *se visiter soi-même*[9] ne peut avoir de passif[10], mais en tant qu'il signifie que *quelqu'un se constitue visitant,* il a un passif qui — comme nous l'avons dit — signifie *se donner à être visité* ou *faire en sorte qu'on soit visité (efficere ut visitetur),* comme à l'avant-dernier verset du ch. II des *Nombres :* וְהַלְוִיִּם לֹא הָתְפָּקְדוּ : *Et les Lévites ne se sont pas donnés*[11] *à être comptés au milieu des fils d'Israel.*

Autre exemple au verset 4 du ch. XXIV du *Deutéronome :* אַחֲרֵי אֲשֶׁר הֻטַּמָּאָה *après qu'elle se soit donnée à être souillée* ou *après qu'elle ait fait en sorte d'être souillée.* Dans cet exemple la caractéristique ת[12] se trouvant à côté de ט[13] est compensée — comme à l'actif — par un dagesch[14].

Ce verbe diffère en outre de l'actif de la même façon que le passif du verbe dérivé diffère de l'actif הִפְקִיד. En effet de même que de l'actif הִפְקִיד on a le passif הָפְקַד et הֻפְקַד, de même de l'actif הִתְפַּקֵד on a les passifs הָתְפָּקַד et הֻתְפַּקַּד, ainsi que nous venons de le montrer par des exemples.

D'autre part, on peut aussi — comme à l'actif — remplacer la caractéristique ת de ce verbe par un dagesch[14]. Par exemple אַחֲרֵי הֻכַּבֵּס אֶת הַנֶּגַע *après qu'il ait fait en sorte que cette plaie soit*

8. Verbe réfléchi à la forme active.

9. Spinoza traduit littéralement le paradigme. Dans la Bible, ce verbe a le sens de *se compter.* Cf. *supra,* Ch. XII, note 16.

10. *Puisque l'auteur de l'action est connu.* Cf. *supra,* note 7.

11. La nuance introduite par Spinoza est tout à fait conforme à l'hébreu. Les traductions n'en tiennent généralement pas compte.

12. Caractéristique du verbe réfléchi : lettre dentale, disparaît lorsque la première lettre de la racine est aussi une dentale.

13. Autre lettre dentale : première consonne de la racine.

14. Point placé à l'intérieur de la première lettre de la racine.

lavée[15] *(postquam fecit ut plaga ipsius levaretur).* Notez que *plaga* est à l'accusatif[16]. Nous expliquerons cet accusatif dans la syntaxe.

Enfin on peut employer la lettre נ[17] (caractéristique du passif des verbes simple et intensif) au lieu de la lettre ה[18] et compenser, d'autre part, la lettre ת par le dagesch. Par exemple au ch. XXI, verset 8 du *Deutéronome* où au lieu de וְנִתְכַּפֵּר on a וְנִכַּפֵּר להם הדם *Et le sang se donnera en expiation pour eux.*

Cet exemple me donne à penser que la lettre נ[17] est la caractéristique générale du passif ; mais sauf au verbe simple, cette caractéristique est habituellement omise pour la raison indiquée au ch. XVII.

Les modèles de l'infinitif du verbe réfléchi passif sont donc הָתְפַּקַּד, הָתְפַּקֵּד ou הָפַּקֵּד, נִתְפַּקֵּד ou נִפַּקֵּד. Le passé, l'impératif et le futur concordent pour le reste avec l'actif.

15. Le verbe n'a pas ici le sens du réfléchi. Cf. *supra*, au début du chapitre : *facere ut ipse visitetur*. Ipse a le sens de *aliquis* (V. note suivante). *Lévit.* XIII, 55.

16. *Plaga* est à l'accusatif dans l'exemple cité en hébreu. Ceci confirme le sens donné par Spinoza au verbe de la phrase (sens passif sans nuance réfléchie). En effet si le verbe avait le sens du réfléchi « le terme qui suit le verbe n'appartiendrait pas à un cas différent du nominatif » (Cf. *supra*, Ch. XX, p. 163). Si donc *plaga* est à l'accusatif, c'est que le verbe n'a pas le sens réfléchi ; mais ce n'est pas non plus un simple passif *(facere ut)*.

17. *n*.

18. Lettre *hé :* première lettre du préfixe caractéristique du verbe réfléchi.

CHAPITRE XXII

DES VERBES DE LA SECONDE CONJUGAISON

Nous avons dit[1] que les verbes de la seconde conjugaison sont ceux qui se terminent par א, c'est-à-dire par une lettre gutturale et quiescente. Et à partir du paradigme, l'on verra clairement en quoi ils diffèrent des verbes de la première conjugaison.

Paradigme du verbe simple actif

Les modèles de l'infinitif sont מְצוֹא, מְצָא, מוֹצֵא, מָצוֹא, מָצֵא, מָצָא, ou avec ה paragogique מְצָאָה et מְצֹאת, au lieu de מְצֹאֶת.

1. *Passé*			2. *Autrement*			3. *Autrement*		
fém.	masc.		fém.	masc.		fém.	masc.	
מָצָאת ou מָצְאָה	מָצָא	3 sg.	מָצְאָה	מָצֵא	3.	מָצְאָה	מָצָא	3.
מָצָאת	מָצָאתָ	2.	מָצֵאת	מָצֵאתָ	2.	מָצִאת	מָצִאתָ	2.
	מָצָאתִי	1.		מַצֵאתִי	1.		מַצִאתִי	1.
	מָצְאוּ	3 pl.		מָצְאוּ	3.		מָצוּ	3.
תֶן	מְצָאתֶם	2.	תֶן	מְצֵאתֶם	2.	תֶן	מָצִאתֶם	2.
	מָצָאנוּ	1.		מָצֵאנוּ	1.		מָצִאנוּ	1.

Dans ces verbes la forme פָּקַד n'existe pas ; pour cette raison on maintient aux autres personnes le second ָ[2] et tséré[3] ; cette

1. Cf. *supra*, Ch. XIII, p. 135.
2. *a* voyelle longue.
3. *é* voyelle longue.

voyelle n'est pas changée en pathagh[4] comme dans les verbes de la première conjugaison. En outre la forme מְצוֹא ne se maintient pas ; je ne crois d'ailleurs pas qu'elle ait été en usage.

Enfin, dans les deuxième et troisième modèles, א est souvent omis, comme מְלֵתִי[5] au lieu de מְלֵאתִי *je suis rempli.*

Impératif			*Futur*		
fém.	masc.		fém.	masc.	
מִצְאִי	מְצָא	sing.		אֶמְצָא	1 sg.
	ou		תִּמְצְאִי	תִּמְצָא	2 sg.
	מְצוֹא		תִּמְצָא	יִמְצָא	3 sg.
מְצֶאנָה	מִצְאוּ	plur.		etc.	
ou					
מְצֶאןָ					

A l'impératif avec ה paragogique, le schéva[6] n'est pas changé en ghirekh[7] comme dans les verbes de la première conjugaison ; il est conservé avec le premier khamets[2] et à la place de מְצָא[8], on a la forme מְצָאָה *toi, trouve.* Cela, ainsi que ce que nous avons noté au sujet du passé, est particulier à ce verbe. Le reste concorde avec les verbes de la première conjugaison. Aussi je passe au paradigme du verbe passif de cette conjugaison.

Paradigme du verbe passif simple

Infinitif

1	2		3
נִמְצָא	נִמְצוֹא	et	הִמָּצֵא

4. *a* voyelle brève.
5. *Job* XXXII, 18.
6. *é* très bref.
7. *i* voyelle brève.
8. Spinoza ne donne que le paradigme modifié. Buxtorf (*Thesaurus, op. cit.*, p. 241) cite רְפָאָה *Guéris*, Ps. XLI, 5.

Passé

1			2			ou, א étant omis :		
fém.	masc.		fém.	masc.		fém.	masc.	
נִמְצָאָה	נִמְצָא		נִמְצָאת	נִמְצֵא	3	נִמְצָתָה	נִמְצָא	3
	et	3 sg.	נִמְצֵאת	נִמְצֵאת	2	נִמְצֵת	נִמְצֵתָ	2
נִמְצְאָה	נִמְצֵא			נִמְצֵאתִי	1		נִמְצֵתִי	1
ou				נִמְצְאוּ	3		נִמְצוּ	3
נִמְצְאָתָה			תֶן	נִמְצֵאתֶם	2	אֶן	נִמְצֵתֶם	2
נִמְצֵאת	נִמְצֵאתָ	2		נִמְצֵאנוּ	1		נִמְצֵנוּ	1
	נִמְצֵאתִי	1				ou		
	נִמְצְאוּ	3 pl.				נִמְצִת	נִמְצִתָ	
תֶן	נִמְצֵאתֶם	2					נִמְצִתִי	
	נִמְצֵאנוּ	1						

L'impératif et le futur coïncident en tout point avec l'impératif et le futur de la première conjugaison. En outre, les autres verbes de cette conjugaison diffèrent des verbes de la première conjugaison de la même façon que nous avons vu les deux verbes מָצָא et נִמְצָא différer des verbes פָּקַד et נִפְקַד ; c'est-à-dire que, au lieu de pathagh[4], on doit écrire partout ָ[2], ou à sa place employer ghirekh[7] aux secondes et premières personnes ; excepté dans הִמְצִיא[9], dont le ghirekh[7], à la première et à la deuxième personnes, est changé en tséré[3], comme dans הִמְצֵאתָ, הִמְצֵאתִי, הִמְצִיאוּ, הִמְצֵאתֶם, etc. D'autre part, comme pour פָּקֵד et פִּקֵּד, tséré[3] est toujours maintenu ; il ne se change donc pas en pathagh[4] ; et enfin א peut aussi être omis.

9. *Trouver* à la forme causative.

CHAPITRE XXIII

DES VERBES DE LA TROISIÈME CONJUGAISON

Cette conjugaison — c'est-à-dire celle des verbes qui se terminent par la lettre ה[1] — ne diffère pas beaucoup de la précédente. Ces deux conjugaisons ont de nombreux points communs car la lettre א[2] peut être employée pour la lettre ה[1] — ou en compenser la valeur — et inversement la lettre ה[1] peut remplacer la lettre א[2] — ou en compenser la valeur.

La principale différence consiste en ce que les verbes qui se terminent par la lettre א[2] perdent généralement cette lettre au cours de la conjugaison et ne changent que rarement ָ[3] en ghirekh[4] aux deuxièmes et premières personnes. Alors qu'au contraire, les verbes qui se terminent par la lettre ה[1] ne conservent cette lettre que très peu souvent et changent généralement ָ[3] en ghirekh voyelle longue[5] ; quelquefois en ghirekh voyelle brève.

Autre différence, le point מַפִּיק[6] peut être marqué dans la lettre ה[1] ; le verbe est alors ponctué non pas avec ָ[3] géminé mais avec les voyelles ָ[3] et ַ[7] comme dans les verbes de la première conju-

1. Lettre muette *hé*.
2. Autre lettre muette.
3. *a* voyelle longue.
4. *i* voyelle brève.
5. C'est-à-dire suivie de la lettre muette yod.
6. Cf. *supra*, Ch. II, note 14.
7. *a* voyelle brève.

gaison. On remarque quatre exemples de ce genre — גָּבַה[8], כָּמַה[9], נָגַה[10], תָּמַה[11] — qui se conjuguent comme les verbes de la première conjugaison ; c'est pourquoi je les rapporte à celle-ci.

Nous noterons plus tard, après leur paradigme, les particularités de certains verbes qui se terminent en ה[1]. Je n'ajouterai ici que les règles générales qui sont la conséquence de cette terminaison.

Premièrement lorsque le ה[1] est précédé de ghirekh[4], de tséré[12] ou de shurekh[13], il est changé en י[14] ; précédé de חוֹלָם[15], il est changé en ו[16]. Deuxièmement le ה[1] est changé en ת[17] soit lorsque le mot est augmenté d'une syllabe, soit à cause de l'état de régime, etc. Et enfin, l'on peut employer l'une pour l'autre les lettres quiescentes et gutturales, ou même les omettre ; ainsi nous avons déjà montré plus haut que généralement le ה[1] est omis après schéva. Et d'après le paradigme qui suit, il sera évident que ces particularités sont observées dans les verbes de la même façon que dans les noms.

Paradigme du verbe simple de la troisième conjugaison

L'infinitif comporte les modèles suivants :

א / ה } גָּלָ, גָּלֹא, גָּלוֹ, גְּלֵי, גָּלוֹת, גְּלֹה et גְּלוֹת, ou, avec י paragogique גְּלוֹתִי.

Passé		*Impératif*		*Futur*	
fém.	masc.	fém.	masc.	fém.	masc.
גָּלְתָה גָּלָה גָּלָת	3 גָּלָה	גְּלִי	גְּלֵה		1 אֶגְלֶה
גָּלִית et גָּלִיתְ	2 גָּלִיתָ	גְּלֶינָה	גְּלוּ	תִּגְלִי	2 תִּגְלֶה
	1 גָּלִיתִי		et	תִּגְלֶה	3 יִגְלֶה

8. *Il a élevé : Ps.* CXXXI, 1.
9. *Il a désiré : Ps.* LXIII, 2.
10. *Il a resplendi : Esaïe* IX, 1.
11. *Il a admiré.*
12. *é* voyelle longue.
13. *ou* voyelle longue.
14. *yod :* autre lettre muette.
15. *o* voyelle longue.
16. Lettre *vau.*
17. *Thau.*

גָּלָיו ou	3 גָּלוּ	גָּלְיוּ	1 נִגְלֶה
תֶן	2 גְּלִיתֶם		2 תִּגְלוּ
		תִּגְלֶינָה	
	1 גָּלִינוּ		3 יִגְלוּ
			et
		יִגְלָיוּ et	יִגְלְיוּ

Remarques

Nous avons déjà noté que א[2] peut être employé au lieu de ה[1], ou complètement omis dans les premières et secondes personnes du passé et au futur à toutes les personnes ; que le jod[14] ne peut être mis à sa place ; quoi qu'il en soit ce verbe se conjugue entièrement comme מָצָא[18]. D'autre part, on doit surtout noter ici que, si l'on omet le ה[1] du futur, l'accent passé à la première syllabe et le schéva se change en ségol[19] ; on a donc la forme 1. אֶגֶל, 2. תֶּגֶל, 3. יֶגֶל, etc.

Mais si la lettre médiane de la racine est muette ou quiescente[20], le schéva est conservé comme dans l'exemple יִשְׁבְּ[21] employé au lieu de יִשְׁבֶּה *prendre captif* et יַשְׁקְ *boire*[22]. Mais si le ה[1] est changé en jod[14], alors on transpose les voyelles de la façon suivante : 1. אֶגְלִי, 2. תֶּגְלִי, 3. יֶגְלִי, etc. à la place de אֶגְלֶה, תִּגְלֶה, יִגְלֶה.

Ensuite, si à ces verbes on doit ajouter[23] un autre ה[1], le ה[1] de la racine est alors changé en jod[14] et non en ת[17]. Ainsi חָסָה[24] a comme

18. Paradigme des verbes de la deuxième conjugaison.
19. *é* voyelle brève.
20. Il s'agit vraisemblablement d'une erreur. Les exemples que cite Spinoza montrent que la lettre médiane ב *(b)* et ק *(k)* de la racine ne fait pas partie des lettres muettes énumérées au Ch. II. Buxtorf dans son *Thesaurus* (*op. cit.*, p. 271) considère de façon également erronée que le schéva est conservé lorsque la lettre médiane de la racine est l'une des lettres faibles בגדכפת. En réalité la règle morphologique énoncée par Buxtorf et Spinoza s'applique lorsque la deuxième lettre de la racine est l'une des suivantes ב ט ק ד כ ת פ (cf. S. Klein *Grammaire Hébraïque*, Mulhouse 1846, p. 109).
21. *Nbres* XXI, 1.
22. En réalité יַשְׁקְ *Gen.* XXIX, 10...
23. Au passé, à la troisième personne du féminin singulier.
24. Troisième personne du masculin singulier au passé.

féminin חָסָיָה[25] et non חָסְתָה. Et de même אֶגְלֶה ne donnera pas אֶגְלְתָה avec ה paragogique, mais אֶגְלָיָה.

Enfin ce n'est pas aux deuxième et troisième personnes du futur תִּגְלוּ et יִגְלוּ que le נ[26] paragogique est employé mais aux deuxième et troisième personnes du second modèle : תִּגְלָיוּ et יִגְלָיוּ. Ainsi יִרְוְיֻן[27], יִשְׁתָּיוּן[28], etc.

Paradigme du verbe passif de la troisième conjugaison

Modèles de l'infinitif

1. נִגְלָה 2. נִגְלֹה 3. נִגְלוֹת 4. הִגָּלֵה 5. הִגָּלוֹת

Passé

fém.	masc.			
1			2	
נִגְלַת et נִגְלְתָה	נִגְלָה	ou	נִגְלְתָה	נִגְלָה
נִגְלֵית	נִגְלֵיתָ		נִגְלִית	נִגְלִיתָ
	etc.			

Impératif

הִגָּלִי	הִגָּלֵה
הִגָּלֶינָה	הִגָּלוּ
ou	
נִגְלִי	נִגְלֶה
נִגְלֶינָה	נִגְלוּ

Futur

fém.	masc.	
	אֶגָּלֶה	sing.
תִּגָּלִי	תִּגָּלֶה	
תִּגָּלֶה	יִגָּלֶה	
	נִגָּלֶה	plur.
תִּגָּלֶינָה	תִּגָּלוּ / יִגָּלוּ	

Ce verbe n'a rien de particulier que nous n'ayons noté précédemment, si ce n'est que, le ה[1] du futur étant supprimé, ni l'accent, ni les syllabes ne sont pour cela modifiés.

25. *Elle a cherché refuge*, *Ps.* LVII, 2.
26. Lettre *noun*.
27. *Ils se rassasieront*, *Ps.* XXXVI, 9.
28. *Qu'ils puissent boire*, *Ps.* LXXVIII, 44.

En effet, si le ה[1] est supprimé, on conjugue de la façon suivante : 1. אֲגַל, 2. תְּגַל, 3. יְגַל, etc. D'autre part, la deuxième et la troisième personnes du pluriel omettent-elles toujours ה[1], ou comme à l'actif le changent-elles aussi en jod[14] ? Je ne sais. Je crois cependant que toutes les remarques que nous avons notées pour le verbe précédent s'appliquent ici.

Paradigme du verbe intensif de la troisième conjugaison

Les modèles de l'infinitif sont :

1. גְּלָה 2. גַּלֵּה ou גַּלֵּי 3. גַּלֹּה 4. גַּלּוֹת et avec ה paragogique גַּלְּוֹתִי.

Passé fém.	*Passé* masc.		*Impératif* fém.	*Impératif* masc.		*Futur* fém.	*Futur* masc.	
גֻּלְּתָה	גֻּלָּה	3	גַּלִּי	גַּלֵּה	2		אֲגַלֶּה	1
גֻּלֵּית	גֻּלֵּיתָ	2		גַּל		תְּגַלִּי	תְּגַלֶּה	2
etc.						תְּגַלֶּה	יְגַלֶּה	3
ou							נְגַלֶּה	1
	גֻּלָה	3	גַּלֶּינָה	גַּלּוּ	2	תְּגַלֶּינָה	תְּגַלּוּ et תְּגַלְּיוּ	2
גֻּלִּית	גֻּלִּיתָ			גַּלְּיוּ			יְגַלּוּ, יְגַלְּיוּ	3
etc.								

Si le ה[1] du futur de ce verbe est supprimé, le verbe reste מִלְרַע[29] et les syllabes ne sont pas modifiées. En effet ה[1] étant supprimé, l'on a 1. אֲגַל, 2. תְּגַל[30], 3. יְגַל, etc.

29. C'est-à-dire accentué sur la dernière syllabe.

30. Spinoza ne cite que le paradigme modifié ; Buxtorf cite comme référence תְּכַס *oblegas* — *Néhémie* IV, 5 (*Thesaurus*, p. 280).

Paradigme du verbe passif intensif de la troisième conjugaison

Infinitif : 1. גֻּלָּה 2. גֻּלֹּה ou גֻּלּוֹת

Passé fém.	masc.			*Futur* fém.	masc.	
גֻּלְּתָה	גֻּלָּה	3	ou גֻּלָּה		אֲגֻלֶּה	1 sing.
גֻּלֵּית	גֻּלֵּיתָ	2	גֻּלֵּיתָ	תְּגֻלִּי	תְּגֻלֶּה	2
	גֻּלֵּיתִי	1	etc.	תְּגֻלֶּה	נְגֻלֶּה	3
	גֻּלּוּ	3	pl.			
תֶּן	גֻּלֵּיתֶם	2				
	גֻּלֵּינוּ	1				

Nous avons noté au chap. XVII[31] que ָ ghatuph[32] pouvait être employé à la place de ֻ[33]. Les exemples ne manquent pas, contrairement à ce qui a lieu pour les autres verbes de cette conjugaison. Ainsi au chap. XXIV, vers. 31 des *Proverbes* כָּסּוּ פָנָיו *ses faces ont été couvertes* et au Psaume 72, dernier verset, כָּלּוּ תְפִילּוֹת *elles sont tout à fait terminées les prières de David.*

D'autre part, ce verbe a ceci de commun avec les verbes de la première conjugaison que ֻ[33] est changé en gholem[15] quand la lettre médiane de la racine ne peut être ponctuée dagesch ; j'ai décidé de ne noter, dans ces conjugaisons, que ce par quoi elles diffèrent des verbes de la première conjugaison.

Paradigme du verbe dérivé actif de la troisième conjugaison

Les modèles de cet infinitif sont :

1. הִגָּלָה 2. הַגְּלָה 3. הַגְלֵה 4. הַגְלוֹת 5. הִגְלוֹת.

31. *Cf. supra*, p. 156.
32. *o* bref.
33. *ou* bref.

Passé		*Impératif*		*Futur*	
fém.	masc.	fém.	masc.	fém.	masc.
הִגְלְתָה	הִגְלָה 3 sg.	הַגְלִי	הַגְלֵה sing.		אַגְלֶה 1 sing.
et	et			תַּגְלִי	תַּגְלֶה 2
הִגְלַת	הֶגְלָה				etc.
הִגְלַת	הִגְלֵיתָ 2	הַגְלֶינָה	הַגְלוּ plur.		
	etc.				
הִגְלְתָה	הִגְלָה 3				
הִגְלִית	הִגְלִיתָ 2				
	etc.				

Lorsque le ה[1] est supprimé, le futur et l'impératif sont ponctués de ségol géminé ; on a donc אֶגֶל, תֶּגֶל au lieu de אַגְלֶה, תַּגְלֶה, etc.

Si la lettre médiane de la racine est muette ou quiescente[20], ַ[7] est alors maintenu, et ֶ[19] est changé en ְ[34]. Ainsi יַשְׁק pour יַשְׁקֶה *il a fait boire*, c'est-à-dire *il a donné à boire*, יַרְא[35] pour יַרְאֶה *il a fait voir*, ou *il a montré...*

D'autre part le passif de ce verbe : הָגְלָה, הָגְלֵה ou הָגְלוֹת, et de même le passif du réfléchi[36] הִתְגַּלֵּה, הִתְגַּלָּה ou הִתְגַּלּוֹת, ont la même terminaison que les verbes précédents au passé, à l'impératif et au futur et n'ont rien de particulier qui n'ait été noté dans le verbe simple de cette conjugaison.

34. *e* muet.

35. Buxtorf (*Thesaurus*, p. 289) cite comme référence II *Rois* XI, 4. La citation complète est וַיַּרְא.

36. Les formes verbales citées par Spinoza sont celles de *l'actif* du réfléchi.

CHAPITRE XXIV

DES VERBES DE LA QUATRIÈME CONJUGAISON

Toutes les particularités de ces verbes proviennent de ce que les lettres ח[1] et ע[1] ne peuvent jamais être reliées dans la prononciation à la voyelle longue qui les précède ; d'autre part que ces lettres ne peuvent être ponctuées de schéva[2] si la voyelle précédente est longue ou si la consonne suivante a un schéva[2] qui ne se prononce pas ; enfin lorsqu'elles sont précédées d'une voyelle brève, ces lettres ont un schéva[2] — cela se produit rarement.

Il suit de là que lorsque les lettres ח[1] et ע[1] sont placées à la fin du mot et qu'elles sont précédées de tséré[3], de ghirekh[4], de gholem[5] ou de schurekh[6], le mot a un pathagh[7] furtif — nous en avons parlé[8] au chap. III. D'autre part la deuxième personne du féminin, dont les deux dernières consonnes ont généralement un schéva[2], a un pathagh[7] à la place du premier schéva[2].

Aussi, les verbes simples de cette conjugaison ont à l'actif les modèles d'infinitif suivants :

1. שָׁמוֹעַ, 2. שָׁמַעַ ou שָׁמֵעַ, 3. שְׁמוֹעַ ou שְׁמֵעַ[9], avec ה paragogique שֵׁמְעָה et שָׁמְעָה.

1. Lettre gutturale.
2. *e* muet.
3. *é* voyelle longue.
4. *i* voyelle brève.
5. *o* voyelle longue.
6. *ou* voyelle longue.
7. *a* voyelle brève.
8. Cf. *supra*, p. 44.
9. *Ecouter.*

Il n'y a pas d'exemples avec deux ָ[10] — שָׁמָע comme פָּקָד — car, nous l'avons dit, les lettres ח[1] ou ע[1] ne peuvent être reliées à une voyelle longue.

Toutefois le passé n'a pas de pathagh furtif mais seulement un pathagh voyelle brève. Ainsi שָׁמַע *il a entendu*, שָׁמַעְתָּ *tu as entendu*, etc. Au féminin שָׁמְעָה *elle a entendu*, שָׁמַעַתְּ *toi, — femme — tu as entendu* pour שָׁמַעְתְּ. En effet — comme je l'ai dit — les lettres ע[1] et ח[1] lorsqu'elles sont suivies d'un schéva contracté ne peuvent être ponctuées d'un autre schéva (A ce sujet, voir le chapitre III vers la fin).

D'autre part, le passé פָּקַד devrait être ici שָׁמַע et au lieu de פָּקֹד, שָׁמוֹעַ ; mais ces modèles sont généralement contractés — nous l'avons dit — en שָׁמַע et de même l'impératif שְׁמַע de שְׁמוֹעַ et le futur אֶשְׁמַע de אֶשְׁמוֹעַ.

Ces règles doivent aussi être observées dans les verbes qui viennent après le verbe simple et il n'est pas nécessaire de les expliquer plus longuement.

J'ajoute seulement que l'on a au chapitre XIX, verset 6 d'Esaïe הֶאֶזְנִיחוּ au lieu de הֻזְנְחוּ ou de הִזְנִיחוּ *il fera en sorte qu'il soit rejeté en arrière ;* cette forme du verbe dérivé passif[11] est-elle propre à cette conjugaison ou commune à toutes et au lieu de הָפְקַד[12] peut-on employer הֶאֶפְקִיד comme pour הִזְנַח et הִשְׁמַע, הֶאֱזְנִיחַ et הֶאֱשְׁמִיעַ ? Je ne puis le dire avec certitude.

10. *a* voyelle longue.
11. Les grammairiens y voient plutôt une forme aramaïsante du dérivé actif.
12. Paradigme du verbe dérivé passif de la première conjugaison (visiter).

CHAPITRE XXV

DES VERBES DE LA CINQUIÈME CONJUGAISON

Le י[1] quiescent, première lettre des verbes de cette conjugaison est souvent omis, ou bien changé en ו[2].

Ainsi les verbes simples à l'actif au lieu des infinitifs יָשַׁב[3], יָשֵׁב, יָשׁוֹב ou יְשֹׁב peuvent avoir les modèles שַׁב, שֵׁב et שֹׁב.

De même י[1] est souvent omis si l'on ajoute les lettres paragogiques ה[4] ou ת[5] ; on a donc שְׁבָה au lieu de יְשְׁבָה et שֶׁבֶת au lieu de יְשֶׁבֶת. Au passé י[1] est toutefois maintenu. A l'impératif il est généralement omis. Enfin au futur il est quiescent ou il disparaît.

Exemples : l'impératif שַׁב et שֵׁב est formé à partir des modèles יָשַׁב et יָשֵׁב.

Ces verbes diffèrent donc aussi de ceux de la première conjugaison en ce que l'impératif n'est pas formé à partir de l'infinitif ישׁב. Cela a lieu peut-être pour qu'on ne puisse pas les confondre avec les verbes dont la lettre médiane du radical est ו[2] — nous en parlerons en temps voulu.

Les verbes de la cinquième conjugaison se conjuguent donc à l'impératif de la façon suivante :

1. *Yod.*
2. *Vau.*
3. Paradigme : *s'asseoir.*
4. *Hé.*
5. *Thau.*

Impératif		*Futur*		
fém.	masc.	fém.	masc.	
	שֵׁב		אֵשֵׁב ou אֵשַׁב	1
	ou	תֵּשְׁבִי	תֵּשֵׁב ou תֵּשַׁב	2
שְׁבִי	שֵׁב		etc.	
	ou			
	שְׁבָה		ou, avec י quiescent :	
			אֵישֵׁב ou אֵישַׁב	
שֵׁבְנָה	שְׁבוּ	תֵּישְׁבִי	תֵּישֵׁב ou תֵּישַׁב	
			etc.	

Les accents athnagh[6] ou silukh[6] entraînent la transformation du schéva[7] de l'impératif en ..[8] ; on a donc שֵׁבָה, שֵׁבִי, et שֵׁבוּ au lieu de שְׁבָה, שְׁבִי et שְׁבוּ.

Bien qu'on ne trouve pas dans la Bible l'impératif יְשֵׁב et יְשַׁב, je crois cependant qu'il a été en usage et que la forme du futur אֵישֵׁב[9] et אֵישַׁב a été formée à partir de cet impératif[10].

En effet le verbe יָרֵא[11] — composé de cette conjugaison et de la deuxième — a l'impératif יְרָא *crains ;* de même à partir de יְכַל *fais que tu puisses*, on forme le futur אוּכַל, תּוּכַל, יוּכַל, etc. ; le י[1] est changé en ו[2] pour que ce futur ne soit pas confondu avec celui du verbe passif réfléchi, futur que le verbe יָכוֹל n'a pas. Cette transformation du י[1] en ו[2] ne se produit pas dans d'autres verbes.

D'autre part, dans les verbes passifs du verbe simple, le י[1] est changé en ו[2]. L'infinitif est הוּשַׁב pour הִישַׁב et — sauf erreur — נוֹשַׁב pour נִישַׁב ; d'où le passé 3e personne נוֹשַׁב, 2e נוֹשַׁבְתָּ, etc.

6. Accents disjonctifs.
7. *é* très bref.
8. *é* voyelle longue.
9. Spinoza ne cite que le paradigme modifié. David Kimhi dans sa Grammaire (*op. cit.*, p. 96a) donne la citation biblique אֵילְכָה. *J'irai ; Michée* I, 8.
10. L'impératif lui-même est formé à partir de l'infinitif.
11. *Craindre.*

De même à partir de l'infinitif הִוָּשֵׁב on forme l'impératif :

fém.	masc.	
הִוָּשְׁבִי	הִוָּשֵׁב	2 sing.
הִוָּשַׁבְנָה	הִוָּשְׁבוּ	2 plur.

ainsi que le futur 1. אִוָּשֵׁב 2. תִּוָּשֵׁב, etc.

Les verbes intensifs à l'actif comme au passif concordent en tout point avec ceux de la première conjugaison.

En effet, ils conservent la lettre י et d'autre part celle-ci n'est pas quiescente[1]. Toutefois si le verbe au passif a la caractéristique נ — qui comme nous l'avons dit au chap. XVII peut aussi être placée devant le verbe intensif au passif — alors dans ce cas le י[1] est changé en ו[2] comme dans נוּלְּדוּ[12] pour יֻלְּדוּ et נוּלַד pour יֻלַּד.

Ensuite à l'actif le futur peut aussi être contracté et, à la place de יְיַשֵּׁב être écrit יַשֵּׁב ; ainsi יַבֵּשׁ pour יְיַבֵּשׁ.

Cependant, dans les dérivés, ou bien le י[1] est quiescent, ou bien, ce qui arrive généralement, il est changé en ו[2]. Les verbes dérivés ont en effet à l'infinitif הוֹשִׁיב à la place de הַיְשִׁיב, הוֹשֵׁב ou הֵישֵׁב à la place de הַיְשֵׁב.

Aussi, à partir du premier modèle הוֹשִׁיב *est formé le passé.*

fém.	masc.	
הוֹשִׁיבָה	הוֹשִׁיב	3
הוֹשַׁבְתְּ	הוֹשַׁבְתָּ	2

etc.

A partir du second modèle הושב *et* הישב *est formé l'impératif.*

הוֹשֵׁב, הוֹשִׁיב הוֹשִׁיבִי et הֵישִׁיבִי
הוֹשִׁיבוּ הוֹשֵׁבְנָה

Dans ces exemples י[1] est quiescent, ou est changé en ו[2].

Enfin la terminaison du futur, dans ces verbes comme dans ceux de la première conjugaison, est ghirek[13] aussi bien que tséré[8] ; י[1] cependant, comme à l'impératif, est quiescent, ou est changé

12. *Ceux qui lui naquirent.* I *Chron.* III, 5 ; XX, 8.
13. *i* voyelle longue.

en וֹ^{2} ; le futur a donc les modèles suivants : הוֹשֵׁב et הוֹשִׁיב, fém. הוֹשִׁיבִי, etc.

Futur

1		2		3		4	
fém.	masc.	fém.	masc.	fém.	masc.	fém.	masc.
	1 אוֹשֵׁב		1 אוֹשִׁיב		1 אֵישֵׁב		אֵישִׁיב
תּוֹשִׁיבִי	2 תּוֹשֵׁב	תּוֹשִׁיבִי	2 תּוֹשִׁיב	תֵּישְׁבִי	2 תֵּישֵׁב	תֵּישִׁיבִי	תֵּישִׁיב
תּוֹשָׁב	3 יוֹשֵׁב	etc.		etc.		etc.	
etc.							

Et on notera ici particulièrement qu'il n'est pas nécessaire dans ces verbes de supprimer la caractéristique du verbe à cause de la caractéristique du temps ; mais on peut, comme l'on veut, dans le premier modèle et le second, soit la maintenir, soit l'omettre et, dans les troisième et quatrième modèles, employer à sa place י^{1}. Ainsi, au lieu de 1. אוֹשֵׁב, תּוֹשֵׁב, יוֹשֵׁב, on peut écrire אֲהוֹשֵׁב, תְּהוֹשֵׁב, יְהוֹשֵׁב, etc. et au lieu de 3. אֵישֵׁב, תֵּישֵׁב, יֵישֵׁב, écrire אֲיֵשֵׁב, תְּיֵשֵׁב, יְיֵשֵׁב, etc., c'est-à-dire en changeant la caractéristique ה^{4} en י^{1}. De même, à la place de אוֹשִׁיב et אֵישִׁיב, on écrit sans irrégularité אֲהוֹשִׁיב et אֲיֵשִׁיב.

On notera ensuite que le verbe dérivé de ישר *être droit* conserve la plupart du temps י^{1} à l'infinitif, à l'impératif et au futur ; et que ces verbes[14] concordent avec ceux de la première conjugaison. En effet, ils ont pour infinitif הַיְשֵׁר, pour impératif fém. הַיְשִׁרִי et masc. הַיְשֵׁר[15] et pour futur 1. אֵישֵׁר 2. תֵּישֵׁר 3. יֵישֵׁר, etc.

Ensuite, pour le dérivé de יָצָא *sortir*, il semble aussi en être de même, en ce que le י^{1} est conservé, puisque les scribes[16], au

14. Verbes dérivés ou causatifs.

15. *Ps.* V, 9.

16. C'est-à-dire les Massorèthes. Spinoza qui critique violemment dans le *Tractatus* l'œuvre des Massorèthes (cf. *supra*, Ch. IV, notes 2 et 4, p. 51 et 52) admet dans ce cas particulier la lecture massoréthique. C'est que cette lecture coïncide ici avec celle qui découle de l'application des « règles certaines déduites des principes de la langue » (cf. *supra*, Ch. V, note 4). Mais l'on doit penser que ce sont les notations grammaticales des Massorèthes qui, dans certains cas, ont permis à Spinoza la découverte des principes de la langue. Il nous semble, en effet, que dans le *Compendium*, Spinoza applique la méthode définie au Ch. VII du *Tractatus* à propos de l'Interprétation de l'Écriture.

chap. VIII, vers. 17 de la *Genèse*, ont admis l'un et l'autre impératifs[17] הוֹצֵא et הַיְצֵא. Qu'il n'y ait eu quelque chose de particulier que dans ces deux derniers verbes[18], j'en doute. Ceci en ce qui concerne le verbe dérivé actif.

Au passif, י est changé en ו, ou bien est omis. En effet, les modèles de l'infinitif sont הוּשַׁב et הֻשַּׁב, ou הוּשֶׁבֶת et הֻשֶּׁבֶת. Le passé 3 masc. הוּשַׁב, fém. הוּשְׁבָה, 2. הוּשַׁבְתָּ, etc. ; ou bien 3. הֻשַּׁב, 2. הֻשַּׁבְתָּ, etc. L'impératif masc. הוּשַׁב, fém. הוּשְׁבִי, etc. Le futur 1. אוּשַׁב, 2. masc. תּוּשַׁב, fém. תּוּשְׁבִי, etc.

En outre les verbes actifs réfléchis de cette conjugaison, ou bien conservent י[1] et concordent complètement avec les verbes de la première conjugaison, ou bien le changent en ו[2]. Ils ont en effet pour infinitif הִתְיַשֵּׁב et הִתְוַשֵּׁב, et à part cela, ils ne présentent aucune différence avec les verbes de la première conjugaison.

Enfin au passif, dans les verbes qui ont la lettre נ[19] comme caractéristique et où la lettre ת[5] est généralement compensée par un dagesch (nous avons montré au chap. XXI que les verbes réfléchis passifs ont entre autres cette forme), le י[1] est changé en

Cette méthode, rappelons-le, ne diffère pas de celle employée pour l'interprétation de la nature : « De même que la méthode dans l'interprétation de la nature consiste essentiellement à réunir les résultats de notre enquête *(concinnanda historia Naturae)*, donnée certaine à partir de laquelle nous concluons les définitions des choses naturelles, de même pour interpréter l'Écriture, il nous faut ordonner, sans préjugés, les éléments *(sincerum historiam adornare)*, données et principes certains à partir desquels nous pourrons conclure par voie de légitime conséquence la pensée des auteurs de l'Écriture ». (B.D.S. *Opera*, *op. cit.*, tome II, p. 38). Or, l'exemple que cite Spinoza montre comment le travail des Massorèthes éclaire l'histoire de la langue (V. note suivante).

17. Les scribes ont admis l'un et l'autre impératif, c'est-à-dire l'impératif usuel avec la lettre *vav* et l'impératif où la lettre *(yod)* est conservée. Ils ont admis ces deux impératifs par un *Keré Qetib* (le texte est *écrit* d'une manière et *lu* d'une autre). Ainsi le texte primitif de la Bible qui ne comporte que des consonnes porte au verset cité par Spinoza la lettre *vav*, mais les scribes ont porté en note marginale qu'il fallait, dans la lecture, corriger le *vav* en *yod* (lire *HaYÇé* le texte écrit *HOÇé*). Il s'agit donc là d'une activité grammaticale très positive selon Spinoza. Or au Ch. IX du *Tractatus* parlant de ces notes marginales (Spinoza, *Œuvres complètes*, *op. cit.*, p. 814 à 820), Spinoza n'y voit que des leçons douteuses *(dubiae lectiones)* que les Pharisiens ont conservées par pure superstition. Il est vrai qu'à la fin du chapitre (*op. cit.*, p. 819, *in fine*) il admet sans s'y attarder l'opinion selon laquelle les scribes ont peut-être voulu indiquer non des leçons douteuses mais des variantes *(variae lectiones)*. Quoi qu'il en soit, le *Compendium* nous permet ici de nuancer notablement l'opinion violemment critique du *Tractatus* sur le travail des Massorèthes.

18. *Etre droit* et *sortir*.

19. *Noun*.

ו² comme dans וְנִוַּסְּרוּ *Et elles se donneront à être instruites — Ézéchiel*, ch. XXIII, verset 48[20].

Les autres modèles, à savoir נִתְיַשֵּׁב, הִתְיַשֵּׁב, etc., n'existent pas, à ma connaissance, mais ne doivent pas pour cela être rejetés.

Pour le reste, on doit indiquer ici certains verbes dont la première lettre de la racine est indifféremment י¹ ou נ¹⁹. Ainsi dans יָקַשׁ *tendre un piège*, la première lettre est souvent נ¹⁹ au lieu de י¹ ; on a donc נָקַשׁ pour יָקַשׁ. Aussi comme les verbes dont la première lettre de la racine est נ¹⁹ sont en général défectifs — ainsi que je le montrerai plus bas — il s'en est suivi que les verbes de cette cinquième conjugaison ont semblé suivre pour certaines formes les verbes défectifs.

Une autre cause de cette ressemblance que l'on notera particulièrement ici est que les lettres, à l'intérieur de la même racine, sont très souvent transposées. Ainsi חָתַר et חָרַת *percer*, כֶּשֶׂב et כֶּבֶשׂ *agneau*. Cette transposition est très souvent observée dans les verbes de cette conjugaison. Ainsi יָעַף et עָיַף *être fatigué*, יָצַר et צָיַר *donner forme*. Il en résulte que les verbes de cette conjugaison suivent les règles de ceux de la sixième conjugaison. Dans ces verbes la lettre médiane qui est quiescente fait défaut la plupart du temps.

En effet, en transposant, comme nous l'avons dit, le י¹ on obtient, à partir de יָצַר, צָיַר dont l'infinitif צִיוֹר se contracte en צוֹר, c'est-à-dire en la forme de l'infinitif de la sixième conjugaison ; ainsi יָגוֹר *craindre* a comme infinitif גּוּר en transposant puis en changeant comme précédemment le י en ו et יָבוֹשׁ *rougir de honte* a aussi comme infinitif בּוֹשׁ.

Pour cette même raison aussi יָצַק[21], יָצַג[22] et d'autres verbes encore dont la première lettre est י, suivent de façon tout à fait régulière tantôt cette conjugaison, tantôt la sixième conjugaison dont il sera question plus tard.

20. Spinoza n'admet pas du tout l'opinion de Buxtorf (*Thesaurus, op. cit.*, p. 205) selon laquelle c'est une forme composée du passif du verbe simple *(Niphal)* et du réfléchi actif *(Hithpaël)*.

21. *verser*.

22. *poser*.

CHAPITRE XXVI

DES VERBES COMPOSÉS A PARTIR DE LA CINQUIÈME CONJUGAISON ET DES TROIS PRÉCÉDENTES

Les verbes composés, dont je veux dire ici quelques mots, sont ceux dont la première lettre est י[1] et la troisième א[2] ou ה[2] ou bien ע[3]. Mais puisqu'on connaît facilement à partir des précédents la façon de les conjuguer, j'ai jugé tout à fait superflu de m'en occuper expressément et d'augmenter le nombre des conjugaisons. Cependant j'ai pensé qu'il valait la peine d'en dire quelques mots.

Nous n'en connaissons que deux qui se terminent en א[4], ainsi יָצָא *sortir* et יָרֵא *craindre*, qui, à cause de la lettre quiescente א, ont toujours longue la dernière voyelle, selon les verbes de la deuxième conjugaison. Mais, pour le reste, יָצָא[5] concorde avec les verbes de la cinquième, excepté pour l'infinitif, צֵאת au lieu de צְאֹת.

Ensuite le verbe יָרֵא[6] conserve toujours י[1] à l'actif du verbe simple et cette lettre[1] n'est quiescente qu'au futur ; en effet l'infinitif et l'impératif sont יְרָא et יְרֹא, et avec ה paragogique יִרְאָה. Mais le futur : 1. אִירָא, 2. תִּירָא, 3. יִירָא.

1. *Yod.* Par cette première lettre muette, les verbes étudiés dans ce chapitre concernent aussi la cinquième conjugaison.
2. Autre lettre muette.
3. Lettre gutturale.
4. Et dont la première lettre est *Yod.*
5. *Sortir.*
6. *Craindre.*

Quant aux verbes qui se terminent en ה[2], ils changent, comme les verbes de la deuxième conjugaison, ה[2] en י[1] ou en ו[7], et se terminent de la même façon. En ce qui concerne la lettre י[1], celle-ci est quiescente à l'actif simple, du moins au futur, ou bien est changée en ו[7], mais n'est jamais omise. Ex. gr. יָפֶה, יָפֹה, יָפוֹת, etc., *être beau* a comme impératif יְפֵה, et au futur : 1. masc. אֵיפֶה, 2. תִּיפֶה, fém. תִּיפִי, etc. Et, ה étant supprimé, le futur a la forme 1. אִיף, 2. תִּיף, 3. יִיף, etc. D'autre part, יָרֹה *lancer* a pour impératif יְרֵה et au futur le י[1] est changé en וֹ[8] ; il en résulte : 1. אוֹרֵה, 2. תּוֹרֵה, 3. יוֹרֵה.

Si le ה est supprimé, on a les formes אוֹר, תּוֹר, יוֹר, etc.

En outre, les autres verbes — passif, dérivé, réfléchi — suivent le paradigme de la cinquième conjugaison.

Enfin les verbes qui se terminent en ח[3] ou en ע[3] suivent les paradigmes de la quatrième et de la cinquième conjugaison.

Par exemple יָדֹעַ, יָדֵעַ, *connaître*, sont abrégés en יָדַע et dans les formes où le י[1] est supprimé : דַּעַ, דַּע, דֹּעַ. De là l'impératif דַּע *connais* et le futur אֵדַע, תֵּדַע ; avec ה[2] paragogique : אֵדְעָה. En outre le passif simple a pour infinitif נוֹדַע et הִוָּדַע.

Le relatif actif[9] est הוֹדִיעַ et הוֹדַע ; au passif הוּדַע.

Enfin le réfléchi à l'actif est הִתְוַדַּע, au passif הָתְוַדַּע, נִתְוַדַּע. Telles sont les remarques que je voulais noter au sujet de ce verbe.

7. *Vav*.
8. *o* voyelle longue.
9. Il s'agit du verbe dérivé ou causatif.

CHAPITRE XXVII

DES VERBES DE LA SIXIÈME CONJUGAISON

Ces verbes qui ont pour lettre médiane les quiescentes א[1], י[2] ou ו[3] la perdent généralement. Il faut entendre lorsque ces lettres sont effectivement quiescentes.

Ainsi dans קאם *se lever,* שׁוּב *revenir.* גִּיל *être joyeux.* Dans le cas contraire[4], elles sont toujours maintenues comme dans שָׁאוֹל *demander*, עָוֹת *endommager*, אָיֹב *haïr.*

D'autre part, étant donné qu'on ne peut citer que trois ou quatre exemples de verbes ayant pour lettre médiane la quiescente א[1] et que par ailleurs le א[1] est généralement changé en ו[3], les grammairiens n'admettent donc que deux catégories de verbes à lettre médiane quiescente : celle des verbes dont la lettre médiane est ו[3] et celle des verbes dont la lettre médiane est י[2].

Et ils notent comme irréguliers[5] קָאם *il s'est levé*[6] et רָאם *être élevé*[7], parce qu'on ne les trouve qu'une seule fois dans l'Écriture, comme aussi אָדוֹשׁ[8] *fouler*, dont le א[1] est transposé — ce qui, nous l'avons vu, arrive souvent.

1. *Aleph.*
2. *Yod.*
3. *Vav.*
4. C'est-à-dire lorsqu'elles se prononcent.
5. De façon générale, les grammairiens ne considèrent pas la lettre médiane *Aleph* comme faisant partie de la racine, mais y voient un *Aleph* épenthétique.
6. *Osée* X, 14.
7. *Zach.* XIV, 10.
8. *Esaïe* XXVIII, 28.

Mais pourtant, les verbes qui ont י[2] aussi bien que ceux qui ont א[1] pour médiane, ont l'habitude de changer ces lettres en ו[3]. En effet, de même que, pour קָאם, on emploie קוּם *se lever*, de même on emploie souvent, au lieu de שִׂישׂ *se réjouir*, שׂוּשׂ, et au lieu de לִין *passer la nuit*, לוּן, etc. ; et c'est pourquoi je ne doute pas que les trois catégories de quiescentes se rapportent à une seule et particulièrement parce que leur façon de se conjuguer est la même.

Ainsi le verbe actif simple a généralement comme modèles d'infinitif קוֹם et קוּם, ou, ו[3] étant omis, קָם et קֻם. En effet, on le trouve très rarement avec א[1] et, quant à ceux qui ont י[2], comme שִׂישׂ, לִין, etc., nous avons montré que ce même י[2] se change souvent en ו[3]. Mais au passé, ו[3], quiescent la plupart du temps, est supprimé ; en effet la forme courante est :

	fém.		masc.	
	קָמָה		קָם	3 sing.
	קַמְתְּ		קַמְתָּ	2
			קַמְתִּי	1
etc.	קָמוּ	ou	קָמוּ	3 plur.

Le passé peut aussi être ponctué avec ַ[9], ֵ[10] et gholem[11], au lieu de ָ[12], comme dans בַּז[13] *il a méprisé*, אוֹר *il a éclairé*, בּוֹשׁ *il a rougi de honte*, מֵת *il mourut*.

En effet, puisque la lettre médiane fait défaut, la première lettre de la racine est ponctuée avec la voyelle qui précède, dans les verbes de la première conjugaison, la troisième lettre de la racine. C'est pourquoi les verbes cités ci-dessus ont autant de modèles de passé que les verbes de la première conjugaison dont la seconde voyelle est ָ[12], ַ[9], ֵ[10] ou ֹ[11] et à laquelle est rattachée la troisième lettre de la racine — ainsi que nous l'avons montré au chap. XIV.

9. *a* voyelle brève.
10. *é* voyelle longue.
11. *o* voyelle longue.
12. *a* voyelle longue.
13. *Zach.* IV, 10.

Ensuite aux premières et deuxièmes personnes ָ[12] et ַ[10] sont changés en ַ[9] et gholem[11] conservé, ceomme dans les verbes de la première conjugaison. La seule particularité est qu'à la troisième personne du féminin, au singulier et au pluriel, gholem[11], ָ[12] et ַ[9] ne sont pas changés en schéva[14], ceci même si l'accent est autre que אתנח[15] ou que סילוק[15]. En effet, si ce changement avait lieu, la première lettre de la racine devrait au passé être ponctuée d'une voyelle très brève, contrairement à la règle générale du verbe simple au passé.

D'autre part les verbes qui ont pour lettre médiane י[2] conservent généralement cette lettre au passé.

Par exemple רִיב *lutter* a comme passé :

3. רָב, 2. רַבְתָּ, etc. au lieu de 3. רִיב, 2. רִיבוֹתָ[16], fém. רִיבוֹת, 1. רִיבוֹתִי, etc. Mais des grammairiens croient, non sans raison d'ailleurs, que cette forme est celle du verbe intensif[17] employée au lieu de רוֹבֵב — il en sera bientôt question — ; d'autres encore qu'il s'agit du verbe réfléchi et que la lettre ה est omise, pourquoi je l'ignore.

L'impératif est formé d'après tous les modèles de l'infinitif, ainsi :

קָם קָמִי   קֹם קֹמִי   קוֹם קוֹמִי   קוּם קוּמִי

קוּמוּ קוּמְנָה

D'où les modèles du futur אָקוּם et אָקָם ou אָקוֹם ct אָקֹם.

Et on peut ajouter avec élégance le ה paragogique à tous les modèles d'impératif et de futur, comme קוּמָה *lève-toi*, שָׁבָה *revenir*[18], אָקוּמָה *je me lèverai*, etc.

Le passif conserve la forme de l'actif קוּם et le modèle הִפָּקֵד donne הִקּוֹם ; à la place de נִפְקוֹד je crois que l'on a נָקוֹם ; d'où :

14. *e* très bref.

15. Accent disjonctif.

16. *Job* XXXIII, 13.

17. Les grammairiens auxquels pense Spinoza ne croient pas qu'il s'agit du verbe *intensif*, mais du verbe *causatif;* ainsi Buxtorf (*Lexicon*, *op. cit.*, p. 719).

18. D'après l'hébreu : *reviens*.

Passé fém.	Passé masc.		Impératif fém.	Impératif masc.		Futur fém.	Futur masc.	
נָקוֹמָה	נָקוֹם	3 sg.	הִקּוֹמִי	הִקּוֹם	sg.		אֶקּוֹם	1 sg.
נְקוּמוֹת	נְקוּמוֹתָ	2	הִקּוֹמְנָה	הִקּוֹמוּ	pl.	תִּקּוֹמִי	תִּקּוֹם	2
	נְקוּמוֹתִי	1				תִּקּוֹם	יִקּוֹם	3
	נָקוֹמוּ	3 pl.				etc.	נִקּוֹם	1 pl.
תֶּן	נְקוּמוֹתֶם	2					תִּקּוֹמוּ	2
	נְקוּמוֹנוּ	1						

Dans le verbe intensif, la médiane א[1] ne peut être redoublée étant gutturale. Elle peut être compensée par une voyelle longue ; en vérité, étant donné qu'elle est omise la plupart du temps, comme aussi ו[3] et י[2], cette deuxième lettre est rarement redoublée dans les verbes de cette conjugaison et on redouble, la plupart du temps la troisième[19]. L'on a donc, à partir de קוֹם *se lever*, קוֹמֵם *élever ;* d'où, au passé, 3. masc. קוֹמֵם, fém. קוֹמְמָה, 2. masc. קוֹמַמְתָּ, fém. קוֹמַמְתְּ, etc. ; à l'impératif, le masc. קוֹמֵם, le fém. קוֹמְמִי, etc. ; et enfin au futur, 1. אֲקוֹמֵם, 2. תְּקוֹמֵם, fém. תְּקוֹמְמִי, etc.

Le passif de ce verbe se distingue de l'actif par pathagh[9] seulement, c'est-à-dire qu'à partir de l'actif קוֹמֵם, l'on a le passif קוֹמַם *être élevé*. D'où au passé : 3. masc. קוֹמַם, fém. קוֹמְמָה, 2. קוֹמַמְתָּ ; et, au futur : 1. אֲקוֹמַם, 2. תְּקוֹמַם, fém. תְּקוֹמְמִי. C'était la façon courante chez les anciens, de conjuguer les verbes intensifs de cette conjugaison. Mais par la suite, de חוֹב *devoir* ou *dû*, on a inventé le verbe intensif חִיֵּב — peut-être pour qu'on ne puisse pas le confondre avec חוֹבֵב *aimer* — et à partir de קוֹם le verbe קִיֵּם *il a fortifié, il a consolidé, il a préservé ;* et ainsi pour d'autres exemples.

Il existe de nombreux verbes où la première lettre de la racine est redoublée, comme כִּלְכֵּל de כּוּל[20]. On se reportera à ce sujet au chap. XXXI.

19. Cf. David Kimhi : *Sepher Michlol, op. cit.*, p. 109/b et 110/a.
20. *Contenir.*

En plus de ces modèles, certains grammairiens[21] attribuent aux verbes intensifs[22] une autre forme : ainsi 3. קִים[22], 2. masc. קִימוֹתָ[17], fém. קִימוֹת, 1. קִימוֹתִי, etc. ; ils ne semblent pas s'écarter de la vérité.

Dans les verbes dérivés la lettre médiane quiescente est omise. L'infinitif est הָקֵם, הָקִים et הֵקִים ; au passé, ces verbes ont la même terminaison que celle du verbe à l'actif ou — ce que l'on remarque très fréquemment dans la Bible — au passif. En effet,

Le passé est

fém.		masc.			fém.	masc.
הֵקִימָה	sing.	הֵקִים	3	ou bien	הֵקִימָה	הֵקִים 1
הֲקִימוֹת		הֲקִימוֹתָ	2		הֵקַמְתְּ	הֵקַמְתָּ 2
		הֲקִימוֹתִי	1		etc.	הֵקַמְתִּי 3
	plur.	הֵקִימוּ	3			
תֶן		הֲקִימוֹתֶם	2			
		הֲקִימוֹנוּ	1			

L'impératif

fém.	masc.		
הָקִימִי	הָקֵם ou	הָקִים	sing.
הָקֵמְנָה	הָקִימוּ		plur.

Et, de là, le futur 1 :

fém.	masc.	
	אָקִים	1
תָּקִימִי	תָּקִים	2
תָּקִים	יָקִים	3
etc.		

et le deuxième futur :

fém.	masc.	
	אָקֵם	1 sing.
תָּקִימִי	תָּקֵם	2
תָּקֵם	יָקֵם	3
etc.	נָקֵם	plur.
	תָּקֵמוּ	

21. C'est aux verbes dérivés ou causatifs que certains grammairiens attribuent la forme que cite Spinoza, non aux verbes intensifs ; ainsi Ibn Ezra et David Kimhi dans leurs commentaires sur *Gen.* XXIV, 23.

22. Cf. *supra*, note 17.

Mais si l'accent est déplacé sur la première syllabe, -[10] est changé en ◌ֶ[23]. Ainsi אָקֶם, תָּקֶם, etc.

Au passif du dérivé la même lettre quiescente est aussi omise. L'infinitif est הוּקַם et הוּקֵם ou bien הֻקַם et הֻקֵם.

Le passé est : 3. הוּקַם, 2. masc. הוּקַמְתָּ, fém. הוּקַמְתְּ ; ou bien 3. הֻקַם, 2. masc. הֻקַמְתָּ, et ainsi de suite.

Le futur se rattache aux mêmes modèles ; on a en effet, soit 1. אוּקַם, 2. masc. תּוּקַם, fém. תּוּקְמִי, etc., soit 1. אֻקַם, תֻּקַם, etc.

Enfin le verbe réfléchi est formé comme dans les autres conjugaisons à partir de la forme intensive קוֹמֵם en plaçant devant celle-ci, la syllabe הִתְ ; mais bien que cette forme intensive ne se termine jamais en -[9] mais toujours en -[10], le réfléchi se termine aussi bien en -[9] qu'en -[10].

Ainsi l'infinitif est הִתְקוֹמֵם et הִתְקוֹמַם ; le passé 3. masc. הִתְקוֹמֵם, fém. הִתְקוֹמְמָה, etc. ; l'impératif הִתְקוֹמֵם ; le futur אֶתְקוֹמֵם, etc. Et il n'y a rien d'autre à noter qui ne soit commun avec les verbes de la première conjugaison.

D'autre part il n'existe pas de verbes composés à partir de la troisième conjugaison et de celle que nous étudions. En effet, dans les verbes qui ont pour lettre médiane ו[3] ou י[2] et pour troisième lettre ה, la lettre médiane n'est pas quiescente.

Ainsi dans טָוָה[24] *tisser*, לָוָה[25] *recevoir en prêt*, הָיָה *être*, etc.

Les verbes qui se terminent par la lettre א[1] sont uniquement בּוֹא *venir* et נוֹא *être mécontent* dont le verbe simple à l'actif conserve toujours ◌ָ[12] au passé à cause de א qui est quiescent — comme dans מָצָא[26].

L'impératif a toujours gholem[11]. Ainsi au masc. sing. בּוֹא, fém. בּוֹאִי et בֹּאִי, masc. plur. בּוֹאוּ et בֹּאוּ, fém. בֹּאנָה et בִּינֶאָה[27].

23. *é* voyelle brève.
24. *Exode* XXXV, 25 et 26.
25. *Néhémie* V, 5.
26. *Trouver.*
27. En réalité בּוֹאנָה ou בֹּאֶינָה d'après les futurs dans 1. *Sam.* X, 7 ; *Ps.* XLV, 16.

Le futur, en plus du modèle, 1. אָבוֹא, 2. masc. תָּבוֹא, fém. תָּבֹאִי, etc. comporte le fém. 1. אָבֹאָה, 2. תָּבֹאתִי, 3. תָּבֹאתָה[28]. Aucun des deux modèles n'a de passif simple, d'actif et de passif intensifs.

Le réfléchi[29] se termine la plupart du temps comme מָצָא ; ainsi le passé de l'actif : 3. masc. הֵבִיא, fém. הֵבִיאָה, 2. הֵבֵאתָ, fém. הֵבֵאת, 1. הֵבֵאתִי, etc. Mais on a aussi très souvent : 3. הֵבִיא, 2. הֲבִיאוֹתָ, fém. הֲבִיאוֹת, comme הֵקִים, הֲקִימוֹתָ.

Par ailleurs, le passif est 3. הוּבָא, 2. הוּבָאתָ, etc. Enfin aucun des deux, c'est-à-dire ni בּוֹא ni נוֹא, n'ont de verbe réfléchi.

D'autre part, au sujet des verbes dont la troisième lettre est ח[30] ou ע[31], on notera seulement les remarques énoncées au chap. XXIV.

28. *Deut.* XXXIII, 16.
29. D'après exemples il s'agit du verbe *causatif* et non du *réfléchi*.
30. *Het :* lettre gutturale.
31. *Aïn :* lettre gutturale.

CHAPITRE XXVIII

DES VERBES DE LA SEPTIÈME CONJUGAISON

Nous avons dit plus haut, aux chap. II et III, que les lettres gutturales ne sont jamais redoublées mais que, en compensation, la syllabe précédente brève est changée en longue. D'autre part, les lettres gutturales ont rarement un schéva contracté et jamais un schéva qui se prononce, mais l'on emploie pour le remplacer l'un des trois « schéva » composés. Et on observera particulièrement ces règles en ce qui concerne les verbes de cette conjugaison et des suivantes ; en outre, le schéva composé n'est jamais suivi d'un schéva simple ; en effet, tous les deux devraient alors être prononcés, ce qui ne peut se faire, en raison de ce qui a été dit au chap. III.

Soit le paradigme אָזַר *ceindre*. Les modèles de l'infinitif sont : 1. אֲזַר 2. אָזֹר, 3. אָזוֹר et 4. אֱזוֹר.

Passé			*Impératif*		
fém.	masc.		fém.	masc.	
אָזְרָה	אָזַר	3 sing.	אִזְרִי	אֱזוֹר	sing.
אָזַרְתְּ	אָזַרְתָּ	2	אֱזֹרְנָה	אִזְרוּ	plur.

Futur

fém.	masc.	
	avec ה paragogique אֶאֶזְרָה et אֶאֱזוֹר	1 sing.
תַּאַזְרִי	תַּאֲזוֹר	2

ou	ou
תַּאַזְרִי	תֶּאֱזֹר etc.
	נֶאֱזֹר plur.
תֶּאֱזֹרְנָה	תֶּאֶזְרוּ
	etc.

Au futur cependant, א[1] est très souvent quiescent et habituellement il est omis à la première personne ; mais alors le verbe est terminé en -[2], comme אֹמַר *je dirai*, תֹּאמַר *tu diras*, fém. תֹּאמְרִי, etc.

Ensuite ח[3] peut avoir, au futur, ֱ[4] abrégé, comme dans תַּחְפֹּץ *tu voudras*. Et ici, pour éviter que deux schéva[4] ne se trouvent au début du mot, on ne change pas le premier en ghirek[5], comme on en a l'habitude, mais en la même voyelle à partir de laquelle ֱ[4] est composé.

Le passif simple a pour modèles d'infinitif : הֵאָזוֹר, הֵאָזֵר, נֵאָזוֹר et נֵאָזֵר. D'où :

Passé			*Impératif*		*Futur*		
fém.	masc.		fém.	masc.	fém.	masc.	
נֶאֶזְרָא	נֶאֱזַר	1 sg.	הֵאָזְרִי	הֵאָזֵר sg.		אֵאָזֵר	1
נֶאֱזַרְתְּ	נֶאֱזַרְתָּ	2		etc.	תֵּאָזְרִי	תֵּאָזֵר	2
	etc.					etc.	

A partir de נֶאֶזְרָה, quand l'accent est athnagh ou silukh[6], l'on a נֶאֱזָרָה ou נֶאֱזָרָה avec א[1] quiescent et de cette manière à la place de נֶאֶזְרוּ vient נֶאֱזָרוּ.

L'intensif, aussi bien actif que passif, n'a rien de particulier que l'on doive noter. Par ailleurs, le dérivé actif a pour modèles d'infinitif : הֶאֱזִיר, הַאֲזֵר et הֶאזִיר.

1. *Aleph.*
2. *a* voyelle brève.
3. Lettre gutturale *hét.*
4. *e* très bref.
5. *i* voyelle brève.
6. Accents disjonctifs.

Passé				*Impératif*		*Futur*		
fém.		masc.		fém.	masc.			
הֶאֱזִירָה	sg.	הֶאֱזִיר	3		הַאֲזֵר		אַאֲזִיר	1
רְתְּ		הֶאֱזַרְתָּ	2	הַאֲזִירִי	et	תַּאֲזִירִי	תַּאֲזִיר	2
	etc.				הַאֲזִיר	ou		
				הַאֲזֵרְנָה	הַאֲזִירוּ		אַאֲזֵר	1
							תַּאֲזֵר	2

Ici aussi א[1] est souvent quiescent au futur et l'on a : 1. אֹזִיר ou אָזִיר ou אָזֵר, 2. תֹּזִיר ou תָּזִיר, etc.

Le passif a pour infinitif הָאֳזַר. D'où :

Passé			*Impératif*		*Futur*		
fém.	masc.		fém.	masc.	fém.	masc.	
הָאָזְרָה	הָאֳזַר	3		הָאֳזַר		אָאֳזַר	1
רְתְּ	הָאֳזַרְתָּ		הָאָזְרִי	et	תָּאָזְרִי	תָּאֳזַר	2
etc.				הָאֳזַר	etc.		
			הָאֳזַרְנָה	הָאָזְרוּ			

Le réfléchi, aussi bien actif que passif, n'a rien de particulier que l'on doive noter. Enfin, chacun pourra connaître la façon de conjuguer les verbes composés de cette conjugaison et des précédentes — à partir de ce qui a déjà été enseigné.

CHAPITRE XXIX

DES VERBES DE LA HUITIÈME CONJUGAISON

Au sujet de ces verbes, on notera surtout les remarques que nous avons faites au chapitre précédent et qu'il n'est pas nécessaire d'illustrer par des exemples.

Ces verbes, toutefois, se distinguent surtout en ce que la forme intensive n'a absolument pas de dagesch, c'est-à-dire qu'à la place du point dagesch qu'ils ne peuvent admettre, la voyelle qui précède la lettre qui devrait être ponctuée de dagesch n'est pas changée de brève en longue. — Dans les autres conjugaisons, nous l'avons dit, on redouble généralement la lettre médiane de la racine des verbes intensifs, ou lorsque cela ne peut se faire on change en voyelle longue la voyelle brève qui précède cette lettre ; comme dans בֵּרֵךְ pour בִּרֵךְ et אֲבָרֵךְ pour אֲבַרֵךְ. Mais dans les verbes de cette conjugaison, dis je, la lettre médiane de la racine ne peut être redoublée et pourtant la voyelle précédente n'est généralement pas modifiée. En effet שָׂחַק *jouer* a pour intensif שִׂחֵק *jouer avec (illudere)*, בָּעַר *brûler* donne בִּעֵר *incendier;* טָהַר, טִהֵר *purifier;* כִּהֵן *servir* ou *exercer l'office du sacerdoce*, נִאֵץ *irriter.*

Cependant la plupart des verbes qui ont comme lettre médiane א modifient la voyelle précédente en longue, comme dans בֵּאֵר *expliquer*, מֵאֵן *ne pas vouloir*, תֵּאֵב *dédaigner*, et ainsi pour d'autres verbes.

Enfin ce que l'on doit noter au sujet des verbes composés de cette conjugaison et des précédentes se comprend facilement à partir des conjugaisons déjà étudiées.

CHAPITRE XXX

DES VERBES DÉFECTIFS

Par verbes défectifs j'entends les verbes dans lesquels une lettre de la racine disparaît habituellement ; ainsi les verbes des deuxième et troisième conjugaisons, ou ceux dont la première lettre est י[1] ou נ[2], ou encore ceux dont la lettre médiane est א[3], נ[2] ou י[1], enfin ceux dont la deuxième et troisième lettres sont identiques.

Nous avons parlé aux chapitres XXII, XXIII, XXV, XXVI et XXVII des verbes de la première et de la deuxième conjugaison, de ceux dont la première lettre est י[1] ou dont la lettre médiane est א[3] ou ו[4]. Il nous reste à étudier deux catégories de verbes défectifs.

Tout d'abord celle des verbes dont la première lettre est נ[2]. Parmi ces verbes un grand nombre — mais non tous — dans certains cas ou bien conservent le נ[2] ou bien l'omettent. Et lorsque cela peut se faire, le נ[2] est compensé par un point dagesch, autrement dit ces verbes sont défectifs uniquement en ce qui concerne l'écriture ; ils ne sont pas défectifs du point de vue du langage parlé ; et bien que quelquefois une syllabe fasse défaut, ceci, je le répète, ne les rend pas défectifs. En effet, les verbes monosyllabiques, à condition qu'aucune lettre de la racine ne manque, ne sont généralement pas appelés défectifs, pas plus que les polysyllabiques — comme יָדַע[5] — ne sont appelés redondants.

1. *Yod.*
2. *Noun.*
3. *Aleph.*
4. *Vav.*
5. *Savoir* ; cf. *supra*, Ch. XXVI, *in fine.*

Soit comme paradigme le verbe de la première conjugaison נָגַשׁ *approcher*, la forme de l'infinitif du verbe simple est aussi גַּשׁ et avec ה paragogique גְּשָׁה dont l'état de régime est גֶּשֶׁת. Le passé est régulier à toutes les formes.

	Impératif		*Futur*		
	fém.	masc.	fém.	masc.	
	גְּשִׁי גְּשִׁי	גַּשׁ גַּשׁ		אֶגַּשׁ	1
	גְּשְׁנָה	גְּשׁוּ	תִּגְּשִׁי	תִּגַּשׁ	2

Et avec ־ָה paragogique אֶגְּשָׁה ; lorsque le mot est accentué de athnagh[6] ou de silukh[6], אֶגָּשָׁה.

Le verbe נָתַן *donner*, *concéder* a comme infinitif תֵּת au lieu de תֶּנֶת. L'impératif est תֵּן *donne;* d'où le futur אֶתֵּן, תִּתֵּן etc.

נָשָׂא *porter*, *lever* de la deuxième conjugaison suit le verbe נָגַשׁ[7].

Les verbes de la troisième conjugaison ont outre le futur régulier, l'actif simple régulier ; ainsi נְטֹה ou נְטוֹת, etc., *étendre*, *incliner*, dont l'impératif est נְטֵה et le futur אֶטֶּה, etc. De ces formes découle, en supprimant le ה, אֵט, תֵּט, יֵט, etc.

Les verbes de la quatrième conjugaison suivent le paradigme de la première conjugaison, ainsi נָפַח *souffler*, פַּח ; avec ה paragogique פְּחָה, et avec ת, פַּחַת.

Les verbes de la sixième conjugaison sont partout réguliers, comme aussi ceux de la huitième conjugaison excepté pour le verbe araméen נְחַת[8] *descendre* au sujet duquel j'ai cependant quelque doute.

Le passif simple est régulier si ce n'est au passé où à cause de la caractéristique נ[2] on omet et on compense par un dagesch le נ[2] de la racine, comme נִגַּשׁ[9] pour נִנְגַּשׁ. Mais il est clair que ce verbe est régulier d'après ce que nous avons dit au chapitre XV.

6. Accent disjonctif.
7. *Approcher*.
8. Cf. Buxtorf : *Lexicon...*, *op. cit.*, p. 463.
9. Littéralement : *il a été approché*.

Le verbe intensif aussi bien actif que passif est partout régulier et le dérivé est הִגִּישׁ, הַגֵּשׁ et הַגִּישׁ au lieu de הִנְגִּישׁ, הַנְגֵּשׁ et הַנְגִּישׁ. D'où :

Passé		*Impératif*		*Futur*	
fém.	masc.	fém.	masc.		
הִגִּישָׁה	הִגִּישׁ 3	הַגִּישִׁי	הַגֵּשׁ	אַגִּישׁ et	אַגֵּשׁ 1
שְׁתְּ	הִגַּשְׁתָּ 2			תַּגִּישִׁי	תַּגֵּשׁ 2
	הִגַּשְׁתִּי 1		הַגִּישׁ	תַּגִּישׁ	יַגֵּשׁ 3
		הַגֵּשְׁנָה	הַגִּישׁוּ pl.	etc.	

Ainsi le verbe de la troisième conjugaison נָטָה a pour dérivé הַטֵּה, הַטָּה et הַטּוֹת ; d'où le passé הִטָּה, fém. הִטְּתָה, 2. הִטֵּיתָ, l'impératif הַטֵּה, et le futur אַטֶּה, 2. תַּטֶּה, fém. תַּטִּי, etc., ou bien, ה[10] étant supprimé, on a אַט, יַט, etc. Et de même, נָסַע *décamper*, de la quatrième conjugaison, a pour réfléchi הַסִּיעַ ou, à la forme contractée, הַסַּע, d'où le futur אַסִּיעַ, אַסַּע, etc.

On notera d'autre part que dans le verbe dérivé, le נ est beaucoup plus fréquemment supprimé que dans le verbe simple ; excepté pour les verbes de la sixième et de la huitième conjugaisons qui, comme nous l'avons dit, sont toujours réguliers. Le dérivé actif a, pour passif, soit l'infinitif הֻגַּשׁ, soit הֻגַּשׁ.
D'où :

Passé		*Impératif*		*Futur*	
fém.	masc.	fém.	masc.	fém.	masc.
הֻגְּשָׁה	הֻגַּשׁ 3	הֻגְּשִׁי	הֻגַּשׁ		אֻגַּשׁ 1
	הֻגַּשְׁתָּ 2	etc.		תֻּגְּשִׁי	תֻּגַּשׁ 2
					etc.

Le réfléchi, aussi actif que passif, est régulier.

Enfin le verbe לָקַח[11] *prendre* doit être mentionné ici, puisque lui seul suit ce paradigme. En effet tous ceux dont la première lettre de la racine est ל[12] sont réguliers.

10. Lettre *hé*.
11. Dont la première lettre de la racine est *Lamed (L)*.
12. *Lamed*.

CHAPITRE XXXI

DE LA SECONDE CATÉGORIE DE DÉFECTIFS

Les verbes qui ont pour deuxième et troisième radicale la même lettre ont très souvent l'habitude d'en perdre une. Ex. gr. סָבַב *entourer* a très fréquemment pour infinitif סֹב[13], ou, non accentué סָב avec ָ ghatuf[14]. Il a en outre très souvent סוּב[15] et סַב[16], ainsi[17] בְּרָן־יַחַד[18] *lorsqu'ils chantent ensemble.* D'où au passé, au lieu de סָבַב, il a fréquemment :

Passé			*Impératif,* à la place de סְבֹב		*Futur*		
fém.	masc.		fém.	masc.	fém.	masc.	
סַבָּה	סַב	3	סֹבִּי	סוֹב		אָסוֹב	1
סַבּוֹתְ	סַבּוֹתָ	2	סֳבֶינָה	סֹבּוּ	תַּסוֹבִּי	תָּסוֹב	2
	סַבּוֹתִי	1	סַבִּי	סַב	תָּסוֹב	יָסוֹב	3
	סַבּוּ	3	סַבְנָה	סַבּוּ		נָסוֹב	1
תֶּן	סַבּוֹתֶם	2	סוּבִּי	סוּב	תְּסֻבֶּינָה	תָּסוֹבּוּ	2
	סַבּוֹנוּ	1	סוּבֶּינָה	סוּבּוּ		יָסוֹבּוּ	3

13. *Deut.* II, 3.
14. *o* voyelle brève.
15. Spinoza ne cite que le paradigme modifié. On trouve dans la Bible la forme בּוּר (*Eccl.* IX, 1) comprendre (cf. David Kimhi : *Sepher Michlol, op. cit.*, p. 142/a).
16. *Esaïe* XLV, 1 racine : רדד terrasser.
17. L'exemple qui suit renvoie au dernier membre de la phrase précédente : « ou non accentué... »
18. *Job* XXXVIII, 7.

La troisième personne du passé, aussi bien au singulier qu'au pluriel peut, au lieu de ַ[19], avoir gholem[20], comme סֹב pluriel סֹבּוּ ; ensuite, très souvent, וֹ[4] est omis et l'on a סַבֹּתָ, סֹב, אָסֹב, à la place de סַבּוֹתָ, סוֹב et אָסוֹב. D'autre part le futur concorde souvent avec le futur des verbes dont la première lettre est נ[2], ainsi à la place de אָסוֹב, תָּסוֹב, יָסוֹב, etc., l'on a souvent אֶסּוֹב, תִּסּוֹב, יִסּוֹב, etc., en compensant la voyelle longue par dagesch. Enfin, à partir de la forme d'impératif סוֹב, on forme aussi le futur אָסוֹב, תָּסוֹב, יָסוֹב, etc.

Le passif de l'infinitif a pour modèles נָסֵב et הִסּוֹב, et הִסֵּב ou הִסַּב.

Passé		Impératif		Futur	
fém.	masc.	fém.	masc.	fém.	masc.
נָסַבָּה נְסֻבָּה	3 נָסַב	הִסַּבִּי	הִסַּב		1 אָסַב
וֹת	2 נְסַבּוֹתָ	הִסַּבְנָה	הִסַּבּוּ	תִּסַּבִּי	2 תִּסַּב
	1 נְסַבּוֹתִי				3 יִסַּב
	3 נָסַבּוּ	הִסְבִּי	הִסּוֹב		
תֶן	2 נְסַבּוֹתֶם	הִסֹּבֶינָה	הִסּוֹבּוּ		1 אָסוֹב
	1 נְסַבּוֹנוּ			תִּסְוֹבִּי	2 תִּסּוֹב

Le passé concorde aussi avec les verbes dont la première radicale est נ[2] et à la place de נָסַב, נְסַבּוֹתָ l'on a נִסַּב, נִסַּבְתָּ ; ensuite, la troisième personne, aussi bien du singulier que du pluriel, a aussi ֵ[21] ou gholem[20] au lieu de ַ[19], ainsi נָסֵב ou נָסֹב à la place de נָסַב, et נָסֵבִּי ou נָסֹבִּי à la place de נָסַבִּי et נָסַבּוּ.

Beaucoup de verbes intensifs suivent le cas général, comme כִּתֵּת *broyer*, חִלֵּל *profaner* et כִּהָה[22] *importuner, être recouvert d'une enveloppe;* mais très souvent la première lettre est redoublée et intercalée entre les lettres géminées (comme סִכְסֵךְ *couvrir* au lieu de סִכֵּךְ et גִּלְגֵּל *rouler* au lieu de גִּלֵּל) ; particulièrement si les verbes ayant des lettres géminées sont de la deuxième, de la troisième

19. *a* voyelle brève.
20. *o* voyelle longue.
21. *é* voyelle longue.
22. I *Sam.* III, 16.

ou de la quatrième conjugaisons, comme טַאטֵא, intensif du verbe de la deuxième טָאָא[23] *balayer*, לִהְלֵהַּ du verbe de la troisième לָהָה *être fatigué*, שִׁעֲשַׁע du verbe de la quatrième שָׁעַע *être charmé, se divertir*, enfin תִּעֲתַע à partir de תָּעַע *se jouer de* et ערער à partir de ערר *être seul*. La plupart du temps l'actif aussi bien que le passif semblent concorder avec les verbes intensifs de la sixième conjugaison. En effet, de même qu'à partir de קום l'on a l'actif קוֹמֵם et le passif קוֹמַם, de même à partir de סוב l'intensif est סוֹבֵב et le passif סוֹבַב.

Il faut observer que le dérivé est peu régulier ; il a pour infinitif la plupart du temps הֵסֵב, ou הָסֵב, et הֵסַב. D'où :

Passé הֵסַב		ou	*Impératif*		*Futur*	
fém.	masc.		fém.	masc.	fém.	masc:
הֵסַבָּה	הֵסַב 3 sg.		הָסֵבִּי	הָסֵב sg.		אָסֵב 1
הֲסִבּוֹת	הֲסִבּוֹתָ 2		הֲסִבֶּינָה	הָסֵבּוּ pl.	תָּסֵבִּי	תָּסֵב 2
	הֲסִבּוֹתִי 1				תָּסֵב	יָסֵב 3
	הֵסַבּוּ 3 pl.					נָסֵב 1
תֶן	הֲסִבּוֹתֶם 2					תָּסֵבּוּ 2
	הֲסִבּוֹנוּ 1				תְּסִבֶּינָה	יָסֵבּוּ 3

Lo ָ[24] du futur, ici comme dans le verbe simple, est compensé habituellement par dagesch et l'on emploie à la place de אָסֵב, אֵסֵּב ; d'autre part, si l'accent est déplacé sur la première lettre de la racine, ֵ[21] est changé en ֶ[25], comme יָסֶךְ־לָךְ[26] *il te couvrira*. Le passif a comme infinitif הוּסַב, הוּסֵב et הָסֵב, et avec ה paragogique הָסַבָּה, en changeant וּ en ָ ghatuf.

Passé		*Impératif*		*Futur*	
fém.	masc.	fém.	masc.	fém.	masc.
הוּסַבָּה	הוּסַב 3	הוּסַבִּי	הוּסַב sg.		אוּסַב 1

23. Racine controversée ; pour Buxtorf : טאט.
24. *a* voyelle longue.
25. *é* voyelle brève.
26. *Ps.* XCI, 4.

ות 2 הוּסַבּוֹתָ   תּוּסַבִּי 2 תּוּסַב
1 הוּסַבּוֹתִי הָסַבִּי הָסַב   etc.

et :   ou :
הָסַבָּה הָסַב הוּסַבֶּינָה הוּסַבּוּ pl.   1 אָסַב
etc.   תָּסַבִּי 2 תָּסַב
                etc.

Le réfléchi suit la plupart du temps le paradigme de la sixième conjugaison ; mais les verbes des deuxième, troisième et quatrième conjugaisons forment le réfléchi à partir de leur propre intensif, comme : הִשְׁתַּעְשֵׁעַ *s'amuser*, הִתְלַהְלַהַּ *se fatiguer*, הִתְמַהְמַהַּ *s'empêcher longtemps*. Mais שָׁחַח *être humilié* et כָּהָה *être fermé*, *être importuné*, suivent le paradigme de la sixième.

Ces remarques montrent clairement que les verbes défectifs peuvent facilement être confondus, de sorte que l'on se demande souvent au sujet de certains d'entre eux si leur radical appartient à la deuxième, à la troisième, à la cinquième ou à la sixième conjugaisons ; je vais en montrer ici la raison en quelques mots. Et une fois celle-ci connue, je crois que ces verbes seront bien plus clairs. Dans toutes les catégories de défectifs, on compense habituellement la lettre qui fait défaut par le redoublement de la deuxième ou de la troisième lettre de la racine.

Par exemple בָּזָא est de la deuxième conjugaison et signifie *piller ;* mais très souvent א est omis et la lettre médiane de la racine est redoublée pour le remplacer et l'on a בָּזַז — ou encore בזז[27]. De même aussi le verbe de la deuxième conjugaison זָכָה et qui signifie *être pur ;* très souvent au lieu du ה, la lettre du milieu est redoublée, ce qui donne זָכַךְ. Il en résulte que ce verbe suit tantôt la troisième conjugaison, tantôt les verbes géminés ; de même les verbes סָלָה[28] et סִלְסֵל[29], חָרָה[30] et חַרְחַר[31].

27. Cet exemple ainsi que la règle précédente est cité par Spinoza dans la première annotation marginale du *Tractatus* (Ch. Ier, B.D.S. *Opera*, *op. cit.*, tome II, p. 174).

28. *Il a élevé.*

29. *Il a glorifié.*

30. *Il a brûlé.*

31. *Il a enflammé.*

D'autre part, de même que les verbes géminés suivent aussi la forme de l'infinitif de la troisième conjugaison, ainsi l'on a l'infinitif שְׁמוֹת *dévaster* pour שָׁמוֹם ou שׁוֹם, חֲמוֹת *devenir chaud* pour חָמוֹם ou חוֹם et de même pour d'autres verbes.

Le verbe de la cinquième conjugaison יָזַם qui signifie *penser, réfléchir*, lorsque le י est supprimé, devient זָמַם[32] comme חָמוֹם ou חוֹם à la place de יָחוֹם *devenir chaud* et comme רוֹק employé pour יָרוֹק *cracher*, etc.

Il en résulte que ces verbes géminés suivent aussi la cinquième conjugaison.

Les verbes de la sixième conjugaison redoublent la troisième lettre de la racine : שׂוֹךְ devient שָׂכַךְ *couvrir* et à la place de מָס *se fondre* on a מָסַס ou מוֹס ; צָר *il a lié* devient צָרַר. Il en résulte donc que les verbes géminés suivent aussi la sixième conjugaison. Voir à ce sujet ce que nous avons noté à la fin du chapitre XXV — et inversement les verbes de la sixième conjugaison suivent la conjugaison des verbes géminés, en particulier de nombreux verbes intensifs redoublent la première lettre de la racine selon la règle courante des verbes géminés. Ainsi פּוּר[33] a pour verbe intensif פּוֹרֵר[34] et פִּרְפֵּר[35].

A ces verbes doivent aussi être assimilés les défectifs dont la première lettre de la racine est נ[36].

En effet au lieu de נָאַר *exécrer*, on a אָרַר *maudire*, de נָקַב *prononcer*, קָבַב ; de נָצַל on a צָלַל d'où la troisième personne du féminin pluriel au futur : תְּצִלֶּינָה[37] et תְּצַלְנָה[38] *elles sauveront*.

32. D'où le substantif *Mezima* (cf. *Tractatus*, Ch. IV, dernière note de Spinoza « proprie cogitationem, deliberationem et vigilentiam significat » B.D.S. *Opera*, *op. cit.*, tome II, p. 10).
33. Briser : *Esaïe* XXIV, 19.
34. *Ps.* LXXIV, 13.
35. *Job* XVI, 12.
36. *Noun*.
37. I *Sam.* III, 11.
38. II *Rois* XXI, 12 ; *Jér.* XIX, 3.

Enfin à la place de נָשַׁב[39] on a le verbe שָׁמַם *dévaster* et ainsi pour d'autres exemples du même genre.

En conclusion, les verbes géminés et tous les défectifs suivent tantôt les règles de la conjugaison défective, tantôt celles d'autres conjugaisons. Et il m'a semblé important d'enseigner cela ici aux hébraïsants, car grâce aux remarques qui ont été notées, ils pourront selon une méthode sûre *(certa methodo)* et sans hésitation retrouver la racine de tous les verbes défectifs.

39. En réalité : נשם.

CHAPITRE XXXII

DES VERBES DÉPONENTS, DES VERBES QUADRILITTÈRES ET AUSSI DES VERBES, MODES ET TEMPS COMPOSÉS

Il n'y a que deux ou trois verbes déponents à la forme simple : נִשְׁבּוֹעַ *jurer*, נִלְחַם *combattre* et peut-être aussi נִשְׁעַן *être soutenu*. Je dis bien à la forme simple. En effet il n'y a pas de verbes intensifs, dérivés ou réfléchis qui aient la forme passive et le sens actif. Aussi נִשְׁבַּע *jurer* a pour dérivé הִשְׁבִּיעַ *faire jurer* dont aussi bien la forme que le sens sont actifs.

D'autre part les grammairiens[1] comptent beaucoup plus de verbes, dont la racine a plus de trois lettres, que je n'accepterai pour ma part de reconnaître.

Il s'agit de פַּרְשֵׁז employé pour פּוֹרֵשׂ *déployer* — voir *Job* ch. XXIII, v. 9 —, יְכַרְסְמֶנָּה[3] pour יְרַמְסֶנָּה *il la broiera* — voir *Psaume LXXX*[2], v. 14 —, et מְכֻרְבָּל pour מְחֻגָּר *ceint, revêtu* — voir les *Chroniques*, ch. XV, verset 27. Ce dernier verbe semble formé à partir du nom araméen כַּרְבַּלְתָּא qui signifie *manteau, bonnet de couleur rouge*[4], ou *crête de coq*[5]. Quant aux premiers, je croirais

1. Par exemple David Kimhi (*Sepher Michlol, op. cit.*, p. 149/a-151/b).
2. En réalité Ch. XXVI.
3. Joüon (*op. cit.*, p. 128) y voit un verbe quadrilittère. Signalons l'intéressant commentaire de « Meçoudat Sion » (D. Altschul) (?-1680) qui voit dans ce verbe une autre forme du verbe araméen קרסם employé dans le *Targoum Yerouchalmi* (paraphrase araméenne sur le *Pentateuque*) sur *Deut.* XXVIII, 38. Ce verbe araméen est aussi employé dans *Péah* II, 7. « Meçoudat Sion » signale la permutation possible du כ en ק, ces deux lettres étant toutes deux palatales (commentaire analytique sur le *Psaume* LXXX).
4. *Talmud Babli : Traité Berakhoth*, p. 20/a.
5. *Talmud Babli : Traité Berakhoth*, p. 7/a.

facilement que ce sont des fautes de copies. En effet, ils ne se trouvent qu'une seule fois dans la Bible, nous ne connaissons aucun verbe primitif dont ils dériveraient et ils semblent se rapporter à un verbe employé avec le même sens.

Mais en dehors de ces hypothèses, notons qu'en règle générale, on ne trouve aucun verbe *(nonnulla observari verba)* qui en dehors des caractéristiques de verbe *(verbi)*, de temps ou de personne ait plus de trois lettres. Cette règle toutefois ne s'applique pas aux verbes intensifs formés à partir d'un nom substantif ou adjectif — nous avons dit, en effet, plus haut au ch. XVI, que ces verbes sont formés aussi bien à partir du nom que du verbe simple.

Par exemple à partir de חֲצֹצְרָה *trompe*, on a le verbe à la forme intensive חִצֵּר *sonner de la trompe* et de חֲמַרְמַר diminutif *(sic)* de חָמַר, on a חֲמַרְמַר *il a été rendu souillé;* de יְפֵיפֶה, diminutif de יָפֶה *belle*, on a יָפְיָפִיתָ *tu as été rendu plus beau.*

Les verbes formés à partir des monosyllabiques suivent les règles des verbes intensifs de la sixième conjugaison ou de celle des géminés. Ainsi קַרְקַר *démolir un mur* formé à partir de קִיר *mur* comme שֵׁרֵשׁ *déraciner* dérivé de שֹׁרֶשׁ *racine.* Voir à ce propos le chap. XVI. Mais cela suffit sur ce sujet.

Il reste, pour terminer ce qui se rapporte à la conjugaison des verbes, à ajouter quelques mots au sujet des verbes composés. Les grammairiens appellent ainsi les verbes qui sont composés soit de deux verbes de conjugaison différente, soit de deux verbes d'une même racine, soit à partir d'un nom, d'un participe et d'un verbe ; à ceux-ci on ajoute généralement certains verbes qui expriment en même temps deux modes ou deux temps.

Par exemple, on rencontre deux verbes composés des cinquième et sixième conjugaisons ; ce sont הוֹשְׁבוֹתִים[6] composé à partir de

6. *Zach.* X, 6.

יָשַׁב *s'asseoir* et de שׁוּב *revenir* — si le verbe venait de la racine יָשַׁב on aurait la forme הוֹשַׁבְתִּי et s'il venait de la racine שׁוּב on aurait la forme הֲשִׁבוֹתִי.

L'autre exemple est הֵיטִיבוֹתָ[7] composé à partir de יָטַב et de טוֹב *être bon* — si le verbe venait de la racine יָטַב on aurait la forme הֵיטַבְתָּ, et s'il venait de la racine טוֹב, la forme serait הֲטִיבוֹתָ.

Le premier exemple exprime les deux sens en même temps et il semble que le prophète ait voulu les indiquer tous les deux. Mais le second, quelle que soit la forme employée, exprime le même sens, aussi je ne doute pas qu'il soit permis de composer de la même manière d'autres verbes de la cinquième et de la sixième conjugaison.

Mais en dehors de ces exemples, les grammairiens, les uns par ignorance, les autres abusés par des fautes de copistes, signalent d'autres verbes composés.

Par exemple אֶתְּקֶנְךָּ — *Jérémie* ch. XXII, vers. 24 — qu'ils croient composé des verbes נָתַק *arracher* et תִּקֵּן *arranger*. Pourtant il n'est pas rare de trouver au futur la lettre נ[8] avant le suffixe. Quant à מְקַלְלָונִי[9] pour מְקַלְלֵנִי — *Jérémie*, ch. XV, vers. 10 — il s'agit manifestement de l'erreur[9] d'une plume hâtive.

Ils notent aussi, surtout par ignorance, plusieurs verbes qui seraient composés à partir de deux verbes de même racine.

Par exemple וְנִכַּפֵּר[10] *Il se donnera à être expié*, וְנִוַּסְּרוּ[11] *elles se donneront à être instruites*, נִשְׁתָּוָה[12] *elle est devenue égale (aequalis facta est)*.

7. N'existe pas avec deux *Yod*. Sans doute הֲטִיבוֹתָ (II *Chron*. VI, 28).

8. *Noun* épenthétique.

9. *Ils me maudissent*. L'explication de David Kimhi (*Sepher Michlol*, p. 67/b et 68/a) — qui voit dans ce mot un verbe composé de façon abrégée des racines קלל *(maudire)* et קלה *(être de peu de valeur)* — ne paraît pas invraisemblable du point de vue morphologique. Cette analyse (qui exclut la faute d'un copiste) est reprise par Buxtorf dans son *Lexicon*, p. 679).

10. *Deut*. XXI, 8.

11. *Ezech*. XXIII, 48.

12. *Prov*. XXVII, 15.

Si les grammairiens croient que ces verbes sont composés à partir du passif simple et du réfléchi, c'est parce qu'ils ont totalement ignoré la forme passive du réfléchi comme nous l'avons déjà dit au chapitre XXI.

Ils croient aussi, sans fondement d'ailleurs, que יֹלַדְתְּ[13], שֹׁכַנְתְּ[14], יֹשַׁבְתְּ[15] et מְקֻנַּנְתְּ[16] sont composés du participe et du passé[17]. Mais où ont-ils appris que le participe ne peut avoir la même terminaison que le passé et qu'on ne peut dire יוֹשַׁבְתְּ[15] au lieu de יוֹשֶׁבֶת ?

Le verbe מִשְׁתַּחֲוִיתֶם que l'on trouve dans *Ézéchiel*, chap. VIII, v. 16 au lieu de מִשְׁתַּחֲוִים paraît être visiblement l'erreur d'une plume hâtive.

Les grammairiens[18] signalent enfin le verbe תָּבֹאתִי comme composé à partir du passé et du futur au lieu de תָּבֹאִי, sans voir qu'il s'agit d'un futur dans lequel le ה[20] paragogique est changé en ת[21] à cause de la syllabe supplémentaire, ainsi que nous l'avons déjà montré au chapitre XXVII.

Mais je ne veux nullement lasser les hébraïsants par ce genre d'exemples, mais au contraire leur apprendre à ne pas s'en préoccuper outre mesure.

13. *Enfantant : Gen.* XVI, 10.
14. *Résidant : Jér.* LI, 13.
15. *Demeurant : Jér.* XXII, 23.
16. *Nichée : Jér.* XXII, 23.
17. Spinoza critique l'opinion de David Kimhi (*op. cit.*, p. 59/b, 60/a) et suit celle déjà énoncée par Ibn Djannah et citée par D. Kimhi.
18. Notamment David Kimhi (*op. cit.*, p. 122/b, 123/a).
20. *Hé.*
21. *Thau.*

CHAPITRE XXXIII

DU NOM PARTICIPE

Les participes sont des adjectifs qui expriment une action[1] ou tout ce qui est généralement indiqué par un verbe, en tant qu'affection d'une chose, ou mode en relation au temps.

Il en résulte qu'il existe autant de catégories de participes que de verbes, c'est-à-dire simples, intensifs, dérivés, réfléchis et aussi bien à l'actif qu'au passif.

A partir des verbes, on forme les participes de la façon suivante :

Le verbe simple פָּקַד a aussi, nous l'avons dit, le modèle פֹּקֵד[2] ; c'est cette dernière forme que prend le participe.

Le participe simple au masculin est donc פּוֹקֵד et avec י[3] paragogique, פּוֹקְדִי ; le féminin est פּוֹקְדָה, פּוֹקֶדֶת ou פּוֹקַדְתְּ et, avec י[3] paragogique, פּוֹקַדְתִּי.

A partir du passif נִפְקַד le masculin est נִפְקָד[4] et avec י[3] paragogique נִפְקָדִי ; au féminin נִפְקָדָה ou נִפְקֶדֶת.

A partir du verbe intensif פִּקֵּד, le participe intensif au masculin est מְפַקֵּד, au féminin מְפַקְּדָה ou מְפַקֶּדֶת ; à partir du passif פֻּקַּד du

1. Il faut ici rappeler les remarques et définitions de Spinoza à propos du verbe *causatif* ou *dérivé* (cf. *supra*, p. 128 et 129, 157) :

a) les Hébreux avaient l'habitude de rapporter l'action à sa cause principale (cause efficiente, dans certains cas cause lointaine) ;

b) la cause principale est celle qui fait : — qu'une action est produite par quelqu'un, — qu'une chose remplit sa fonction, c'est-à-dire a son usage en acte (V. *infra*, note 9).

2. Aux endroits où Spinoza cite ces modèles d'infinitif ou de passé du verbe simple, on ne trouve pas פָּקֹד.

3. Lettre *Yod*.

4. Participe passé.

même verbe le masculin est מְפַקֵּד, etc., ou bien פַּקֵּד, le féminin פַּקְּדָה, פַּקֶּדֶת ou פַּקַּדְתְּ, etc.

A partir du dérivé הִפְקִיד le masculin est מַפְקִיד, le féminin מַפְקִידָה ; et à partir du passif הָפְקַד ou הֻפְקַד du même verbe, le masculin est מָפְקָד ou מֻפְקָד, etc.

Enfin à partir du réfléchi הִתְפַּקֵּד, le masculin est מִתְפַּקֵּד, etc. Il n'y a aucun participe du passif réfléchi en dehors de מִתְנוֹאָץ ou (ת[5] étant compensé par dagesch) מִנּוֹאָץ[6] ; dans cet exemple, la caractéristique מִתְ a forme d'actif et le verbe נוֹאָץ, contrairement à l'usage courant de ce verbe, a forme de passif (à ce sujet, voir le chap. XXI) ; c'est pourquoi je n'ose rien décider à ce sujet.

En outre, pour les participes simples formés à partir des verbes neutres, on a l'habitude d'employer le modèle d'infinitif פָּקַד comme יָשֵׁן *dormant*, דָּבֵק *s'attachant à*, etc.

D'autre part, les participes passifs simples sont très souvent formés à partir de l'actif, d'où à partir de פָּקֹד (en changeant gholem[7] en וּ[8] פָּקוּד *visité*. Mais très souvent, ces participes dégénèrent[9] en adjectifs.

Je les appelle participes dans la mesure où ils indiquent le mode par lequel une chose est considérée comme affectée dans le présent. En vérité, très souvent, ils dégénèrent[9] eux-mêmes en purs adjectifs indiquant les attributs des choses ; ex. gr. סוֹפֵר est un participe qui signifie *homme comptant*, c'est-à-dire *qui est occupé à compter en ce moment*, mais la plupart du temps il est employé comme attribut sans aucune relation au temps[10] et il

5. *Thau.*
6. *Esaïe* LII, 5.
7. *o* voyelle longue.
8. *ou* voyelle longue.
9. Pour le mode, l'existence est la production d'une action ou l'usage en acte de la fonction d'une chose. Privé de cette durée d'existence, le mode dégénère en idée générale. Cf. : V. Delbos : *Le Spinozisme*, Paris, Vrin 1950, p. 64 ; F. Alquié : *Nature et Vérité dans la Philosophie de Spinoza*, C.D.U. Paris 1958, p. 30.
10. Sans relation au temps présent de l'acte.

signifie *homme qui a pour fonction de compter*, à savoir *scribe*[11]. De même שׁוֹפֵט signifie *homme qui est occupé à juger* et la plupart du temps il est l'attribut de l'homme qui a pour fonction de juger ; c'est-à-dire qu'il a le même sens qu'en latin : *judex*. De même le participe passif נִבְחָר *(choisi*, c'est-à-dire *homme* ou *chose qui en ce moment est choisi en acte*[9]*)* est très souvent l'attribut d'une chose *étant supérieure*, c'est-à-dire d'une chose choisie par tous ; et ainsi les participes intensifs ainsi que ceux des autres verbes dégénèrent souvent en attributs, c'est-à-dire en adjectifs qui n'ont aucune relation au temps.

Je crois que l'on doit aussi écarter de la classe des participes les verbes simples devant lesquels est placée la lettre מ[12] ainsi מְשׁוֹפֵט *celui qui juge*, מְלוֹשֵׁן *celui qui fait du tort en parlant.* — A moins de décider plutôt que les verbes simples aussi, comme les intensifs et les autres ont une commune caractéristique du participe, la lettre מ[12], mais que dans le verbe simple ce מ[12] a été négligé par la suite. Ou peut-être s'agit-il de participes intensifs formés à partir du modèle du verbe simple parce que la racine verbale en question n'a pas de modèle du verbe intensif.

Telles sont les remarques concernant les participes en général et ceux formés à partir des verbes de la première conjugaison.

Les participes masculins des verbes de la deuxième conjugaison sont formés selon les mêmes règles que les précédents. Mais au

11. *Cf. Talmud Traité Kiddouchin(e)*, p. 30/a « Les premiers scribes furent appelés (littéralement) *ceux qui comptent* car ils comptaient toutes les lettres de la *Thora (Pentateuque)* ». Jorge Luis Borges a remarquablement analysé l'attitude des cabbalistes envers l'Écriture, attitude à laquelle fait déjà allusion la citation du *Talmud* que nous reproduisons : « Les Cabbalistes juifs ont pensé que le texte étant absolu, la part du hasard dans sa composition pouvait être évaluée à zéro. Partant de cette idée prodigieuse d'un livre impénétrable à la contingence, d'un livre qui est un engrenage de desseins infinis, ils ont été conduits à pratiquer dans l'Écriture des permutations de mots, à additionner la valeur numérique des lettres, à tenir compte de leur forme, à observer les minuscules et les majuscules, à rechercher des acrostiches et des anagrammes, et à d'autres subtilités exégétiques dont il est aisé de se moquer. Leur justification est que rien ne peut être contingent dans l'œuvre d'une intelligence infinie. » *Le Miroir des Enigmes*, « *Les Temps Modernes* », juin-juillet 1955, p. 2142.

12. *Mem.*

féminin ils n'ont pas de ségol[13] géminé et la troisième lettre א[14] de la racine est généralement quiescente. Au lieu de מוֹצְאָה, נִמְצְאָה, etc., la forme est מֹצֵאת, נִמְצֵאת, etc. Mais on trouve aussi le verbe simple מְצֵאת.

D'autre part, dans les participes de cette conjugaison, א[14] est généralement négligé et toutes les règles dont nous avons parlé à propos de ces verbes s'appliquent entièrement.

Les participes de la troisième conjugaison ont très souvent ségol[13] au lieu de ֵ[15], ainsi גֹּלֶה ; au féminin le ה[16] est soit omis — ainsi גֹּלָה au lieu de גֹּלְהָה — soit changé en י[13] et ְ[17] changé en ghirek[18] — ainsi פּוֹרִיָּה *fructifiant*.

Dans les adjectifs de cette conjugaison et dans ceux de la seconde qui suivent la forme פָּקוּד, les lettres א[14] ou ה[16] sont changées en י[13] comme dans מָצוּי *existant* ou *trouvé* de מָצָא, et גָּלוּי *révélé* de גָּלָה.

Et il n'est pas nécessaire de noter ici un par un tous les adjectifs de cette conjugaison puisqu'ils suivent les règles des verbes à partir desquels ils sont formés.

Les adjectifs formés à partir des verbes dont la première lettre est נ[19] suivent la forme du verbe ; c'est-à-dire si le passé n'a pas le נ[19] de la racine, le participe ne l'aura pas non plus et de même si le passé est régulier le participe l'est aussi.

Par exemple, le verbe simple à l'actif נְגֹשׂ[20] a pour passé נָגַשׂ et pour participe נוֹגֵשׂ, chacun des deux verbes est régulier comme on peut le voir.

Le réfléchi[21] הַגֵּשׁ a comme passé הִגִּישׁ et comme participe מַגִּישׁ, chacun des deux est défectif.

13. *é* voyelle brève.
14. *Aleph.*
15. *é* voyelle longue.
16. *Hé.*
17. *e* très bref.
18. *i* voyelle brève.
19. *Noun.*
20. *Approcher.*
21. D'après les exemples, il s'agit non pas du verbe réfléchi, mais du verbe *dérivé*.

En outre, les adjectifs formés à partir des défectifs des verbes géminés sont réguliers à l'actif du verbe simple comme סוֹבֵב[22]. Les autres suivent le passé du verbe.

Ainsi à partir du verbe simple passif נָסַב le participe masculin eet נָסָב, le féminin נְסַבָּה ; à partir du verbe intensif סֹבֵב, le participe est מְסוֹבֵב et de סוֹבַב, מְסוֹבָב.

De la même façon, du dérivé au passé הֵסֵב, le participe est מֵסֵב et de הוּסַב, מוּסָב.

Enfin, à partir du réfléchi הִסְתּוֹבֵב le participe est מִסְתּוֹבֵב.

De plus, en ce qui concerne la flexion du singulier au pluriel[23], le participe suit les règles générales du nom. Voir à ce sujet le chapitre VI.

[*Le reste manque*]

22. *Entourant.*
23. En hébreu, le participe est un nom.

BIBLIOGRAPHIE DES OUVRAGES CITÉS OU CONSULTÉS

I. Spinoza

Textes

B.D.S. Opera posthuma quorum series post praefationem exhibetur, 1677.

Benedicti de Spinoza, *Opera :* J. Van Vloten et J. P. N. Land. Editio Altera : Hagae Comitum, apud Martinum Nijhoff, MDCCCVC.

Spinoza. *Éthique :* traduction par Ch. Appuhn ; Paris Garnier 1953.

— *Œuvres complètes :* texte traduit, présenté et annoté par Roland Caillois, Madeleine Francès et Robert Misrahi ; bibliothèque de la Pléiade, Paris 1954. (Malgré le titre de l'ouvrage, les œuvres publiées ne sont pas complètes).

Études

F. Alquié. *La Nostalgie de l'Etre ;* P.U.F. Paris 1950, ch. V.

— *Spinoza :* cours professé à la Sorbonne en 1953-1954 ; inédit.

— *L'Expérience ;* P.U.F. 1958, ch. IV.

— *Nature et Vérité dans la Philosophie de Spinoza ;* C.D.U. Paris 1958.

— *Servitude et Liberté selon Spinoza ;* C.D.U. Paris 1959.

E. Benamozegh. *Spinoza et la Kabbale ; L'Univers Israélite*, 1863.

E. Bréhier. Études de Philosophie antique : *Néoplatonisme et Spinozisme ;* P.U.F. Paris 1955.

L. Brunschvicg. *Spinoza et ses contemporains ;* P.U.F. Paris 1951.

V. Delbos. *Le Spinozisme ;* Vrin, Paris 1950.

Chronicon Spinozanum : Tomus Primus 1921.

J. Gordin. *Le Cas Spinoza : Évidences* n° 42, Paris 1954.

M. Guéroult. Article *Spinoza :* Dictionnaire biographique des auteurs de tous les temps et de tous les pays ; Laffont-Bompiani, Paris 1956.

J. Hillesum. *De Spinozistische Spraakkunst : Chronicon Spinozanum :* Tomus Primus.

J. LAGNEAU. *Quelques mots sur Spinoza: Revue de Métaphysique et de Morale*, 1893.
E. LASBAX. *La Hiérarchie dans l'Univers chez Spinoza;* Vrin, Paris 1926.
E. Amado LÉVY-VALENSI. *De la Mystique Juive à Spinoza: Les Niveaux de l'Etre;* P.U.F. Paris 1962.
E. RENAN. *Nouvelles Études d'Histoire Religieuse: Spinoza;* Paris 1884.
A. RIVAUD. *Documents inédits sur la vie de Spinoza: Revue de Métaphysique et de Morale*, n° 2, avril 1934.
M. VEXLER. *De « l'Apologie » de Spinoza: Revue des Études Juives* LXV, Paris 1913.
P. VULLIAUD. — *Spinoza d'après les livres de sa bibliothèque;* Chacornac, Paris 1934.
J. WEILL. *Spinoza et le Judaïsme: Revue des Études Juives* XLIX, Paris 1904.
H. A. WOLFSON. *The Philosophy of Spinoza;* Harvard (U.S.A.) 1934.
S. ZAC. *Le Problème du Christianisme de Spinoza: Revue de Synthèse*, n° 8, 1957.
— *Spinozisme et Judaïsme: Foi et Vie*, 1958.

II. LANGUE HÉBRAÏQUE, JUDAÏSME, LINGUISTIQUE

Textes

BIBLE HÉBRAÏQUE : *Pentateuque, Prophètes, Hagiographes:* Édition courante comprenant les traductions araméennes (Targoumim) et les commentaires rabbiniques en hébreu.
TALMUD de Babylone : *Traités Berakhoth et Kiddouchine.*
F. LACHOVER et I. TISHBY : *The Wisdom of the Zohar*, Jérusalem 1957 (Anthologie du Zohar en hébreu selon les grands thèmes doctrinaux avec introductions et annotations).
Rabbi Juda L. ASCHLAG : Édition du *Zohar* en 21 volumes : texte araméen ; la traduction hébraïque est insérée dans le commentaire de l'auteur ; Jérusalem 1945-1955.

Traductions consultées

Ancien Testament: exemplaire en langue grecque : Version des Septante ; Paris Firmin-Didot 1840.
La Sainte Bible, par L. SEGOND ; Genève 1949.
Anthologie juive des origines à nos jours, par E. FLEG ; Flammarion, Paris 1951.
The Babylonian Talmud, TRACTATE BERAKOT, by the Rev. A. COHEN ; Cambridge 1921.

Grammaires et dictionnaires

D. Askénazi. *Méthode d'hébreu;* Oran 1941.
P. Auvray. *Initiation à l'hébreu biblique;* Desclée et Cie 1955.
A. de Balmes. *Miknéh Abram (Peculium Abrami);* 1523.
J. Buxtorf. *Thesaurus Grammaticus Linguae Sanctae Hebraeae;* Bâle 1651.
J. Buxtorf. *Lexicon Hebraicum et Chaldaicum;* Bâle 1735.
J. Buxtorf. *Libri tres Grammaticae Chaldaicae et Syriacae;* Bâle 1685.
C. Brockelmann. *Précis de linguistique sémitique;* Paris 1910.
B. Davidson. *The Analytical Hebrew and Chaldee Lexicon;* London, sans date.
Profiat Duran. *Maasé Efod;* Vienne 1865.
Ibn Djanah. *Le livre des parterres fleuris*, traduit par M. Metzger ; Paris 1889.
— *Opuscules et Traités*, traduits par J. et H. Dérenbourg ; Paris 1890.
M. Jaïs. *Grammaire hébraïque élémentaire;* Paris 1948.
M. Jastrow. *A Dictionary of the Targumim, the Talmud Babli and Yerushalmi, and the Midrashic Literature;* New York 1950.
P. Joüon. — *Grammaire de l'hébreu biblique. Institut biblique pontifical;* Rome 1947.
D. Kimhi. *Sepher Michlol*, avec les annotations d'Elias Lévita (Édition de Venise 1545) : Fürth 1793.
M. Kimhi. Οδοιπορία *ad scientiam* (en hébreu) ; Leyde 1631.
S. Klein. *Grammaire hébraïque;* Mulhouse 1846.
M. Lambert. *Éléments de grammaire hébraïque;* Paris, Durlacher, 1930.
E. Levita. *Liber Electus;* Bâle 1543.
S. Mandelkern. *Concordantiae Hebraicae atque Chaldaicae Editio altera locupletissime aucta et emendata cura* F. Margolin, 1955 Graz.
M. L. Margolis. *A Manual of the Aramaic Language of the Babylonian Talmud;* München 1910.
Pagninus. *Epitome Thesauri Linguae Sanctae ex Officina Plantiniana*, 1709.
J. Touzard. *Grammaire hébraïque;* Paris, V. Lecoffre, 1905.

Études

J. Barr. *The Semantics of Biblical Language;* Oxford 1961.
Z. Ben-Hayyim. *La Tradition Samaritaine et sa parenté avec les autres Traditions de la Langue hébraïque: Mélanges de Philosophie et de Littérature juives;* P.U.F. Paris 1962.

J. L. BORGES. *Le Miroir des Énigmes: Les Temps Modernes* 1955, p. 239-242.

M. D. CHENU. *Grammaire et Théologie aux XIIe et XIIIe siècles: Archives d'Histoire doctrinale et littéraire du Moyen Age;* Paris, Vrin 1936, p. 5 à 28.

A. CHOURAQUI. *Histoire du Judaïsme;* P.U.F. Paris 1957.

M. COHEN. *Le Système Verbal Sémitique et l'Expression du Temps;* Paris 1924.

— *Aspect et Temps dans le Verbe: Journal de Psychologie* 1927, p. 618-620.

— *Faits linguistiques et Faits de pensée: Journal de Psychologie* 1947, p. 385-402.

F. M. Jr. CROSS. *The Ancient Library of Qumran and Modern Biblical Studies;* New York 1958.

A. J. HESCHEL. *La notion du temps dans la Bible: Évidences* n° 74, p. 33-38.

J. KOENIG. *L'activité herméneutique des Scribes dans la transmission de l'Ancien Testament: Revue d'Histoire des Religions* 1962, n° 2 et 3.

L. KUKENHEIM. *Contributions à l'Histoire de la Grammaire grecque, latine et hébraïque, à l'époque de la Renaissance;* Leiden 1951.

M. LAMBERT. *Le Vav conversif: Revue des Études Juives*, tome XXVI 1893, p. 47-62.

A. LODS. *Histoire de la Littérature hébraïque et juive;* Payot 1950.

MAIMONIDE. *Le Guide des Égarés*, traduit de l'arabe par S. Munk ; Paris 1960 (1re édition 1856-1866).

M. L. MARGOLIS. *La Formation de la Bible hébraïque;* Adrien Maisonneuve, Paris 1953.

L. MASSIGNON. *Voyelles sémitiques et Sémantique musicale: Encyclopédie de la Musique*, Fasquelle, tome I, 1958.

— *L'involution sémantique du Symbole dans les Cultures sémitiques: Polarité du Symbole*, Desclée de Brower, 1960.

F. MICHAELI. *Grammaire hébraïque et Théologie biblique: Hommage à W. Vischer;* Causse, Graille et Castelnau, Montpellier 1960.

A. NEHER. AMOS. *Contribution à l'étude du Prophétisme;* Paris, Vrin 1950.

— *L'Essence du Prophétisme;* P.U.F. Paris 1955.

— *De la Loi écrite à la Loi orale: L'Existence juive*, p. 73-79 ; Éditions du Seuil, Paris 1962.

— *Le Conflit du Sacré et du Profane dans la Renaissance de l'Hébreu: L'Existence juive*, p. 105-120.

E. ORTIGUES. *Le Discours et le Symbole;* Paris, Aubier 1962.

E. RENAN. *Les traductions de la Bible: Nouvelles études d'Histoire Religieuse*, Paris 1884.

P. RICOEUR. *Introduction au Problème des signes et du langage:* Cahiers publiés par le groupe d'Étude de Philosophie, Paris 1963.

G. VAJDA. *Introduction à la Pensée juive du Moyen Âge ;* Paris, Vrin 1947.

— *La Foi et la Raison dans la Philosophie du Moyen Âge : Revue de la Pensée juive*, n° 1, Paris, 1949.

L. VOGUE. *Histoire de la Bible et de l'Exégèse biblique ;* Paris, 1881.

J. WEILL. *La prononciation de l'Hébreu pré-massorétique : Revue des Études Juives*, 1928, p. 214-221.

A. J. WENSINCK. *Some Aspects of Gender ;* Amsterdam, 1927.

III. COMPLÉMENTS POUR LA TROISIÈME ÉDITION

J. ASKÉNAZI. *La Grammaire hébraïque de Spinoza : Le Rayon*, n° 75, juillet 1969.

— *La parole de l'écriture selon Spinoza : Les nouveaux cahiers*, n° 26, automne 1971.

— *Spinoza, critique historique et philosophie critique :* dans *Analyses et réflexions sur l'histoire*, Paris, Ellipses, 1980.

— *Le langage de la pensée :* dans *Analyses et réflexions sur le langage*, t. II, Paris, Ellipses, 1986.

— *Une opinion sur Spinoza : Les nouveaux cahiers*, n° 108, printemps 1992.

— *Le corps dans la pensée spinoziste :* dans *Analyses et réflexions sur le corps*, t. II, Paris, Ellipses, 1992.

P. GRASSI. *L'interpretazione dell'immaginario. Uno studio in Spinoza ;* Pise, Editions ETS, 2002.

A. HATCHUEL. *Hébraïsme et philosophie, le détour spinoziste de Joël Askénazi :* dans « Spinoza, *benedictus ? maledictus ?* », *Les nouveaux cahiers*, n° 124, printemps 1996.

J. SEKNADJÉ. *La philosophie de la grammaire :* dans « Spinoza, *benedictus ? maledictus ?* », *Les nouveaux cahiers*, n° 124, printemps 1996.

INDEX DES NOMS PROPRES CITÉS

INDEX DES CITATIONS HÉBRAÏQUES ET ARAMÉENNES

N. B. — Pour les citations bibliques, nous avons suivi l'ordre de la Bible juive : Thora (Pentateuque), Nebiim (Prophètes), Kethoubim (Hagiographes).

TABLE DES MATIÈRES

Ce livre a été imprimé
en France par **ICN**

Zone Industrielle des Saligues
98, rue Louis Rabier
64300 Orthez

05 59 69 77 80
icn@imprimerie-icn.fr

Dépôt legal : Mai 2006